LAZAR DZAMIC
JUSTIN KIRBY

CONTENT MARKETING

Conceitos, estratégias e novos formatos

TRADUÇÃO
UBK Publishing House

ubook ubk
Publishing House

Publicado mediante acordo com Kogan Page. Edição original do livro, *The Definitive Guide to Strategic Content Marketing: Perspectives, Issues, Challenges and Solutions*, publicada por Kogan Page.

COORDENAÇÃO Alessandra Brito
EDIÇÃO Ana Paula Pinho
COPIDESQUE Gregory Neres
REVISÃO Isis Pinto, Raquel Freire e Marcela Barros
REVISÃO TÉCNICA Felipe Nyland
ADAPTAÇÃO DE CAPA E PROJETO GRÁFICO Bruno Santos

Dados Internacionais de Catalogação na Publicação (CIP)
(Câmara Brasileira do Livro, SP, Brasil)

Dzamic, Lazar
Content marketing : conceitos, estratégias e novos formatos / Lazar Dzamic, Justin Kirby. -- 1. ed. -- Rio de Janeiro : Ubook Editora, 2020.

Bibliografia
ISBN 978-65-87549-73-6

1. Administração de empresas 2. Estratégia empresarial 3. Marketing 4. Marketing - Administração 5. Marketing - Estudo de casos 6. Negócios I. Kirby, Justin. II. Título.

20-40429 CDD-658.8

Ubook Editora S.A
Av. das Américas, 500, Bloco 12, Salas 303/304,
Barra da Tijuca, Rio de Janeiro/RJ.
Cep.: 22.640-100
Tel.: (21) 3570-8150

Lazar

A Marc Nohr, Vonnie Alexander, Paul Kitcatt, Jeremy Shaw e Richard Madden, que me ensinaram a pensar, a escrever — a agir como um adulto. A Patrick Collister, Steve Paler e à equipe Google ZOO, pela oportunidade de uma vida inteira.

Justin

À minha mulher e aos meus filhos, que não tiveram o suficiente da minha atenção enquanto eu escrevia este livro.
A Sophie Berke, que foi a catalisadora para nossa conceituação mais aprofundada desse espaço.
A Mathias Bauer (in memoriam), meu ex-sócio de negócios, para quem ainda levo as minhas ideias.
A todos aqueles acadêmicos e especialistas ao redor do mundo que gentilmente me deram seu precioso tempo nos últimos cinco anos como parte da minha pesquisa em andamento.

Ambos

Agradecimentos especiais a Chris McCarthy, do Google ZOO, por ter nos apresentado.

SUMÁRIO

Prólogo

Vivemos em uma era de grandes mudanças. Profissionais ao redor do mundo querem ser rápidos tanto para se adaptar como para mostrar a todos que estão mudando. Isso significa que a maioria das áreas de trabalho se encontra em meio ao caos: as pessoas se sentem vulneráveis ao seguirem as táticas e estratégias que obtiveram êxito no passado, pois há uma necessidade crescente de mostrar um novo pensamento e, assim, abraçar o que está por vir.

Em nenhuma outra área do conhecimento esse aspecto é mais sentido do que no campo do marketing e da publicidade. Há um sentimento coletivo, não declarado, de que devemos seguir em direção a tudo que é novo, atraente e baseado em tecnologia. Porém, para isso, sentimos que devemos nos afastar das táticas e estratégias enfadonhas, testadas ao longo do tempo, comprovadas e profundamente eficazes utilizadas no passado.

A TV ainda tem seu papel, mas não é mais tão sedutora; o rádio pode alcançar mais pessoas no planeta do que qualquer outro meio, mas é chato. A construção de marcas ainda cria as bases fundamentais de toda a nossa indústria, vamos tentar nos divertir usando novidades como a realidade aumentada.

Há áreas do nosso mercado que funcionaram por gerações, que foram reformuladas, recicladas e relançadas no turbilhão de hoje em dia. O que já chamamos de informe publicitário, na era moderna transforma-se em publicidade nativa. As recomendações de celebridades fazem parte de nossa história há muito tempo, mas agora temos uma gama maior de pessoas com seguidores, e atualmente classificamos isso como marketing de influência.

É o content marketing que se configura profundamente tanto como sendo uma das técnicas mais antigas da publicidade, como também é proclamada como uma das mais novas e interessantes técnicas do mercado. O que precisamos é de um guia concreto capaz de conduzir o processo de mudança na indústria, ouvir especialistas que abrangem o velho e o novo e aprender com pensadores de vanguarda que ousam desafiar a sabedoria convencional. É aqui que entra este livro.

É um privilégio conhecer Justin e Lazar e ter acesso prévio a esta obra. Aqui você vai encontrar uma liderança real para guiá-lo pelo campo do content marketing. Finalmente, veremos esse conceito definido de forma clara e concisa, e o seu potencial discutido de forma prática, sensata e otimista, porém levando em consideração o contexto do passado e de outros meios de comunicação. Ouviremos uma série de especialistas da indústria oferecendo perspectivas únicas e valiosas a partir de muitos ângulos. Este livro, portanto, é um grande guia para todas as pessoas que querem descobrir como responder com maturidade às oportunidades oferecidas pelo marketing disponíveis atualmente. Você não vai querer largá-lo.

Tom Goodwin, vice-presidente executivo,
chefe de inovação da Zenith e autor
de Darwinismo Digital: a sobrevivência
do mais forte na era da disrupção
(Ubook, 2020)

Prefácio

Por que escrevemos este livro?

Um fantasma assombra o mundo do marketing. O fantasma do "Conteúdo".

Escrito com letras minúsculas, a palavra apenas define qualquer coisa que as pessoas possam ler, assistir ou usar em qualquer lugar e para qualquer coisa. Não é nada controverso, portanto. É o que os meios de comunicação e a "produção cultural" têm feito desde o início.

Escrito com um "C" maiúsculo, a palavra descreve um esforço consciente e direcionado de profissionais de marketing de todos os tipos para encontrar uma alternativa às deficiências do modelo de publicidade tradicional no espaço digital. É uma tentativa de "camuflar" anúncios como algo diferente, ou de, genuinamente, conquistar a atenção dos consumidores. Essa versão maiúscula gera muita confusão, ilusão, escárnio e rupturas. Mas também gera engajamento, experimentação, inovação e mudança na comunidade do marketing global. O termo *É* controverso.

O digital agitou o marketing e o levou a um estado de incerteza. A certeza é uma mercadoria muito procurada, tanto pelos clientes como pelas agências, mas o marketing oferece tudo, menos *certeza*. As verdades universais ainda são poucas e distanciadas umas das outras. Vale tudo: algumas formas tradicionais, até mesmo antigas, de se pensar ainda funcionam muito bem, outras nem tanto. Novas abordagens, por vezes, também são aplicadas com sucesso, fundindo comunicação de marketing com serviço, educação ou entretenimento. O Conteúdo, como um novo termo genérico para "anúncio não tradicional", chegou; ou, mais precisamente, está sendo redescoberto.

Como em qualquer outro assunto, há quem seja a favor e quem seja contra. As escolas de pensamento estão lutando e debatendo entre si. Porém, muitas agências e clientes parecem estar mudando a maneira como trabalham por causa disso: suas práticas criativas, conjunto de habilidades, processos, fluxos de receita, modelos de avaliação e, também — esperamos —, a ética de sua atenção.

Nós começamos a pensar e escrever sobre esse espaço a partir da nossa experiência como profissionais do marketing que estão fazendo a transição para a área acadêmica. Somamos mais de 45 anos de bagagem nas áreas de comunicação de marketing, digital e Conteúdo. Vimos novas tecnologias entrando e saindo; trabalhamos em (e com) algumas das agências e plataformas mais relevantes do mercado e com alguns dos clientes mais importantes do mundo.

Essa experiência deu-nos um ponto de vista único entre os profissionais — plataformas, agências, clientes e consultores — que tinham muito em jogo e precisavam defender o segmento, e os pesquisadores acadêmicos que não tinham a experiência do dia a dia na criação de campanhas publicitárias. Neste debate acalorado, tomamos consciência das lacunas intelectuais, da falta de perspectiva e dos filtros impostos pelas bolhas. Ninguém, ao que parece, está disposto a ouvir o outro e as vozes não concordam entre si. Quanto mais observávamos, mais percebíamos que a indústria do marketing trabalhava com uma interessante lógica binária: em relação aos modelos de negócio, à natureza das ideias criativas, à implementação da jornada do cliente e — o tema central deste livro — ao papel do Conteúdo. Há obstáculos por todos os lados, apesar das alegações de que o meio digital está eliminando essas barreiras, não há mapas ou guias claros sobre como contorná-los.

Decidimos, então, mapear esse território e escrever este guia. Como todos os melhores guias da história — Thomas Cook ou Michelin, os avôs do Conteúdo —, esperávamos que a jornada fosse parte exploração, parte inspiração. Estimulante e útil. Um tipo de trampolim, uma cartilha, um livro de estudo para se ter uma ideia rápida das dinâmicas, debates, conceitos e desafios que estão sendo criados por essa abordagem para o branding. Um quadro maior e imparcial. O "porquê" do Conteúdo, em vez do "como". Por isso incluímos a palavra "estratégia" no título. As complexidades da execução dessas ideias estão sendo destrinchadas diariamente na internet por inúmeros profissionais.

Este livro irá mostrar como vários atores da indústria estão respondendo ao desafio digital sob a ótica do Conteúdo. Queríamos analisá-lo da maneira mais neutra possível, livres de quaisquer preconceitos. Para revelar, não para julgar. Para ir além das brigas, muitas vezes partidárias, que o estudo de Conteúdo provoca. Para isso, é necessário apresentar todos os lados do debate, em um só lugar, em vez de dispersos em centenas de destinos digitais, como blogs, artigos de opinião e matérias jornalísticas.

Enquanto traçávamos esse mapa, olhamos para todos os vetores importantes e interessantes, esmiuçando os principais debates e pontos de conexão. Esse mapa é feito de ideias, abordagens, perspectivas e pontos de vista interligados. Ele está repleto de premissas que conduzem a certas conclusões. Podemos não ter explicado todos, mas estamos certos de que vocês os solucionarão por si mesmos.

A nossa tentativa de elaborar esse mapa se tornou uma viagem também para nós: reveladora em termos profissionais e acadêmicos. Uma aventura de aprendizagem, ao escutarmos todos os lados sem preconceitos, e de perseverança pessoal, ao unirmos muitas partes em movimento num quadro mais coeso. Muitos dos nossos instintos profissionais foram desafiados; importantes pontos de vista mudaram.

Uma constatação foi a de que o Conteúdo — em vez de ser a *solução* para as deficiências da publicidade on-line, como inicialmente pensávamos, juntamente com muitos outros na indústria — é um *sintoma* das mudanças mais abrangentes e de proporções tectônicas na topografia da mídia e do mundo do marketing que foram impulsionadas pelo domínio digital. Nos seus excessos, é também uma *síndrome* à qual a indústria do mercado sucumbiu.

Acreditamos também que vislumbramos os contornos tênues do que poderá vir a ser a construção de marcas em um futuro próximo, quando a "mídia" poderá significar algo muito diferente do que conhecemos agora: espaços imersivos de realidade aumentada, realidade virtual, realidade mista e assistentes inteligentes impulsionados pela aprendizagem automática e, em breve, uma inteligência artificial mais poderosa. Nesses espaços, é a experiência que conta. Esta perspectiva tornou a produção do livro ainda mais interessante.

Em toda essa pesquisa, o que se tornou muito evidente foram as limitações da atual "salada de disciplina". Trabalhar nesta obra nos fez perceber que as tentativas contemporâneas de definir Conteúdo são apenas diferentes facetas de um fenômeno maior que, no momento da redação deste livro, ainda não tem um nome universalmente aceito — e talvez nunca o tenha. Daí utilizarmos apenas o "Conteúdo" com a inicial maiúscula como nossa contribuição ao debate, para denotar a diferença entre o *princípio* e o *produto* dessa abordagem. As realidades do mundo editorial e os modos como as pessoas atualmente efetuam buscas nesse espaço, no entanto, definiram que mantivéssemos o rótulo "*Content marketing*" no título do livro. Porém, a nossa tendência será percebida à medida que o leitor avançar na leitura desta obra...

Há muitos aspectos dessa área que poderíamos ter abordado, uma vez que o conteúdo da web se espalha por todo o lado, mas decidimos não agir desse modo. Tal fato deve-se, em parte, às limitações de espaço e, também em parte, porque são aspectos mais táticos. Publicidade indireta, fazendas de Conteúdo, publicação de marcas, estratégia de Conteúdo como parte da experiência do usuário (UX) e das disciplinas da arquitetura da informação (IA), análise e plataformas de Conteúdo são apenas alguns. Em vez disso, nosso foco foi nas maneiras pelas quais a marca muda no mundo digital e como o Conteúdo, que funciona como uma expressão disso, pode ser apenas uma fase de transição para outra coisa.

O livro foi feito para ser lido de maneira não linear, conforme suas dúvidas ou necessidades forem aparecendo enquanto você realiza o seu trabalho diário. Há muitas leituras recomendadas para aqueles que querem ir mais fundo. Esperamos que cada profissional de marketing tenha este livro em sua prateleira, pois isso lhe poupará tempo, além de ajudá-los a tomar as próprias decisões sobre se, como e onde o pensamento sobre o Conteúdo pode ser útil para seus esforços na construção de marca.

Saímos deste projeto convencidos de que o Conteúdo não é algo isolado que deveria ser colocado em um departamento, com seu próprio diretor de Conteúdo (CCO). É um *ethos* e uma maneira de pensar, um sinal para as formas de ganhar nossa escassa e volátil atenção. Não é um substituto para publicidade, nem uma solução universal. Certamente, não deve ser um conjunto de táticas rápidas e sujas, como acontece com frequência hoje em dia. É uma lente útil para manter o cliente no centro da imagem. Por isso, ampliamos nosso escopo para as discussões sobre propósito, autenticidade, experiência, contexto e ética. Sentimos que abordar um contexto mais amplo era o ingrediente que faltava.

E isso, aos nossos olhos, é o que torna este livro único.

Resumo dos capítulos

Dedicamos a introdução à incapacidade da indústria de definir Conteúdo de forma clara e unificada. Exploramos cinco grupos de "vetores", conceituando diferentes tentativas de definição e como eles refletem vários negócios agregados e modelos intelectuais da indústria do marketing moderno. Nós também exploramos a possibilidade de o Conteúdo não ser uma disciplina separada, mas um sintoma da evolução da mídia mais ampla, ou seja, um trampolim para a construção de marca baseada mais na experiência.

A **primeira parte** foca nas grandes mudanças que constroem o argumento para a percepção do Conteúdo como uma melhor promessa para o marketing na era digital.

O **capítulo 1** descreve mais detalhadamente os principais desafios, frequentemente mais citados, que conduzem à erosão da publicidade e da comunicação de marketing tal como as conhecemos.

O **capítulo 2** descreve as noções por trás da economia da experiência e como o Conteúdo — ao focar o conceito de "design para tempo e lugar" — pode ser uma ferramenta para combater a comoditização de produtos, marcas e formas de comunicação desencadeada pelo espaço digital. Também explora novas ideias interessantes, tais como Conteúdo como centro de lucro e modelo de negócio, a experiência empresarial e o impacto que isso pode ter na evolução das agências criativas e de mídia.

No **capítulo 3**, analisamos a conexão entre Conteúdo e propósito — outro potencial impulsionador do destacado papel do Conteúdo na construção de marcas modernas — e a dinâmica de desenvolvimento de marcas mais sustentáveis usando a ferramenta para contar melhor suas histórias e expressá-las na prática.

A **parte dois** abrange a maneira como o Conteúdo impacta os modos como os principais atores da indústria mudam o jeito de fazer negócios, remodelam seus processos e diversificam seus fluxos de receita.

O **capítulo 4** é dedicado às agências de criação e ao desafio de terem que atuar em velocidades distintas na era digital. Ele também explora uma fenda tectônica entre as filosofias de "*deep branding*" [branding profundo, em tradução livre] e "otimização de interação com o consumidor" que dividem o espaço da agência, bem como as formas de alcançar uma nova integração baseada não apenas em reunir diferentes habilidades — por meio do novo conceito de *Empathic Utility* [utilidade empática, em tradução livre] —, mas em mudar a forma de olhar para o produto da agência.

O **capítulo 5** explora as complexidades do espaço midiático moderno e as formas como as agências de publicidade reagiram a ele de maneira mais rápida e flexível do que muitos outros atores. Descreve alguns novos papéis e um novo tipo de integração reversa que as agências estão adotando com base na compreensão de dados, tecnologia e sua proximidade e colaboração com publishers.

A **parte três** é dedicada ao que o Conteúdo deve significar no mundo dominado pelo contexto, pelos dados e pela mudança de paradigma dos novos e mais imersivos ambientes de mídia.

O **capítulo 6** analisa o requisito fundamental para o Conteúdo na era digital: ser contextualmente relevante. Exploramos o que o contexto realmente significa, como é usado pelas empresas para entregar valor de marca em toda a jornada do cliente e a importância de entender o conceito de valor de troca para cumprir de forma mais eficaz a promessa do Conteúdo em termos de experiência.

O **capítulo 7** analisa o papel que o mundo rico em dados desempenha na criação de Conteúdos que transbordam empatia — e a perda dessa oportunidade, concentrando-se apenas em plataformas de entrega eficientes. Revelamos como e por que os dados ainda são mais promissores do que a realidade e como o *big data* deve ser aprimorado por abordagens de dados adicionais abundantes e densos para gerar momentos mais empáticos e relevantes.

O **capítulo 8** explora o modo como espaços imersivos como realidade aumentada, realidade virtual, realidade mista e assistentes virtuais inteligentes podem, potencialmente, significar um dos maiores desafios para o antigo modelo de comunicação baseado em interrupção — mas também uma das maiores oportunidades em termos de Conteúdo. No mundo sem fronteiras, os novos modos de construção de marcas como "storydoing" [criar a história, em tradução livre] e "storyliving" [viver a história, em tradução livre] prejudicam o simples storytelling e redefinem fortemente o conceito de "criadores de Conteúdo".

A **parte quatro** investiga os dilemas estratégicos e práticos quando se mede o impacto do Conteúdo, tanto do ponto de vista do dimensionamento de certas coisas como ao se mensurar as coisas certas.

O **capítulo 9** é dedicado a esclarecer a confusão e a controvérsia em torno da possibilidade e das formas de se medir os efeitos do Conteúdo nos esforços de marketing. Ele investiga várias abordagens estratégicas e "cenários de avaliação" para Conteúdo, bem como esclarece algumas métricas-chave (e novas) usadas nesse espaço.

A **parte cinco** questiona se o Conteúdo, de fato, é uma promessa melhor do que aparenta ser.

O **capítulo 10** — O manifesto do rejeitador — é uma crítica dura e, muitas vezes, justificada, de várias abordagens que conceituam e ensinam a usar o Conteúdo. Ele destaca várias manifestações de publicidade exagerada, "miopia do Conteúdo" e autoengrandecimento, desperdício espetacular de orçamentos e a incapacidade da indústria de parar de lotar um vasto "aterro digital" de "coisas" irrelevantes — tudo alimentado por uma visão tecnológica limitada e pela incapacidade de entender como a atenção flui na rede.

O **capítulo 11** é uma rara exploração dos aspectos morais e éticos do espaço do Conteúdo: opacidade e "comunicações sombras", a criação deliberada de dependência nas tecnologias modernas, a erosão indesejada da separação entre editorial e marketing que a "publicidade nativa" e o Conteúdo em geral forçam sobre a mídia de massa, e a surpreendente mudança de um futuro orwelliano de repressão midiática para um futuro de banalização cultural huxleyano.

Na conclusão, tentamos reunir tudo o que foi discutido nos capítulos anteriores num conjunto de considerações fundamentais, como uma espécie de mapa, para navegar no obscuro e traiçoeiro conflito entre Conteúdo e construção de marca no século XXI.

Capítulos on-line

Fizemos com que as importantes perspectivas de clientes e editores pudessem ser livremente aproveitadas como capítulos on-line, como um incremento das extensas contribuições feitas por aqueles que entrevistamos para este livro. Elas ajudaram a (re)moldar nosso pensamento e nossas conclusões (veja a lista completa nos agradecimentos).

Você pode lê-los na seguinte URL: www.koganpage.com/strategic-content-marketing.

Perspectiva do cliente: nas suas próprias palavras, os clientes explicam como veem os desafios do espaço de marketing moderno e o papel que o Conteúdo pode desempenhar neles. Como as pessoas que são a ponta final do marketing respondem à necessidade de construir marcas na "interseção da permissão e do desejo"?

Perspectiva do editor: em uma entrevista franca, o editor Vince Medeiros revela como ele e seus pares tentam responder a seus próprios e formidáveis desafios em um declínio modelo de publicidade dominado pelo duopólio do Google e do Facebook, como eles mudaram a maneira de recrutar talentos com as habilidades necessárias para se triunfar na era do Conteúdo e por que os publishers modernos lançam cada vez mais seus próprios estúdios de criação de Conteúdo.

Introdução

Mapeando o território do content marketing

É bastante revelador o fato de a indústria do marketing ter decidido não apenas redescobrir o Conteúdo, mas "criá-lo" novamente. Para inverter a frase original de 1983 dos historiadores Eric Hobsbawm e Terence Ranger sobre inventar a tradição (criar algo novo, mas "vendê-lo" como se fosse antigo), o mercado está, agora, "reinventando a tradição". Proclamando como novo algo que, na verdade, foi o único meio de se fazer marketing no início da era da mídia eletrônica.

Se olharmos para exemplos como a *The Furrow*, uma "revista de agricultura" de John Deer, de 1895, ou o *Guia Michelin*, de 1900, a tradição é ainda mais antiga do que o rádio. Só precisávamos voltar às já estabelecidas disciplinas de marketing, como a publicação de contratos ou o marketing direto, para as descrever.

Este livro, e todo o debate sobre o Conteúdo, poderia ter sido diferente caso isso tivesse acontecido. Em vez de publicidade exagerada, podíamos ter tido apenas uma abordagem de "regresso às raízes", tomando livremente emprestada essa reflexão dos princípios dos grandes antepassados do pensamento pré-publicitário, uma espécie de movimento "retrô", não enquadrado como o futuro. Porém, por todas as razões discutidas nesta introdução, isso não aconteceu.

Definição-dilema

Apesar de toda a conversa, de todo o barulho, de toda defesa e até de toda a raiva, ninguém parece concordar com o que é, de fato, "Conteúdo". Neste momento, não existe uma definição universalmente aceita. Quando começamos a preparar este livro, recolhemos mais de setenta! O Conteúdo nos parece um caleidoscópio maciço: todos estão vendo diferentes combinações de formas semelhantes. Branded content (marketing), content marketing, entretenimento de marca e publicidade nativa são apenas algumas das grandes áreas com seus próprios rótulos usados em nossa indústria. Embora visando distinções disciplinares, todas elas parecem derivar da mesma escola de pensamento; elas são parte de um todo maior — mas no momento não temos um nome para isso. O resultado disso são discussões que questionam se o termo guarda-chuva deveria ser "branded content" ou "content marketing" (marketing de conteúdo). Tal aspecto resultou em nossa decisão de chamá-lo apenas de "Conteúdo", com "c" maiúsculo.

Esse problema de definição decorre da natureza do espaço moderno, digital e midiático. O campo digital é o primeiro meta-meio da nossa história (MANOVICH, 2001). Abrange, num só espaço e num único conjunto de tecnologias reconhecidamente amplas, modos de mídia de todos os meios de comunicação pessoal e de massa anteriormente conhecidos. Nós temos imagem, texto, filme, som, voz, conferência, transmissão, telefone, carta e outros modos de mensagens bidirecionais, bem como outras formas de criatividade e interatividade. Há uma série de novas e híbridas habilidades necessárias: experiência em programação front-end e back-end, design de experiência do usuário, arquitetura de informação, tecnologia criativa, tecnologia de anúncios, aprendizado de máquina e inteligência artificial, realidade aumentada e virtual e muito, muito mais!

Em vez das velhas certezas, temos o que a Faculdade de Guerra do Exército dos EUA chamou de VUCA [em inglês, *volatile, uncertain, complex and ambiguous*] para explicar o novo mundo multipolar: volátil, incerto, complexo e ambíguo (Wikipédia, 2017). É uma descrição perfeita tanto do negócio digital quanto do espaço de marketing.

Então, no aspecto criativo, quem será o dono desse espaço? Ninguém e todos. A maioria dos meios de comunicação anteriores tinha formatos típicos, até mesmo arquetípicos: jingle para rádio, comercial para TV, painéis publicitários de vários tamanhos para outdoor (e o mesmo para imprensa), filmes de marca e press releases para relações públicas. Eles eram "pregos para os nossos martelos", como na famosa citação de Abraham Maslow: "Se tudo que você tem é um martelo, tudo parece um prego" (1966). Os "pregos" categóricos — os quais vários atores da indústria foram construídos para fornecer, adequando-os aos próprios "martelos" — eram comunicação de marca, ação direta, promoção de vendas, relações públicas, websites, uma tecnologia específica... Isso quase não funciona mais, pois o digital envolve tudo isso. O meio digital é marca e espaço direto, já que esse link — um dispositivo de resposta — foi transformado em seu próprio núcleo e, agora, em um toque ou uma deslizada no celular. O digital é, também, o principal espaço de construção (e de destruição) de reputação, bem como o espaço comercial primário para muitas categorias. Cada uma dessas disciplinas anteriormente separadas, com seus formatos arquetípicos, tinha suas próprias regras e conjuntos de expertises. Os modelos de negócio, organização, remuneração, treinamento e fama foram baseados nesses "jardins murados".

O digital, por sua natureza de metamídia, está causando danos a esses modelos, hábitos, princípios e formas arraigadas de comunicar marcas e ganhar dinheiro. Ele força muitos atores, como evidenciado em vários capítulos deste livro, a reavaliarem como eles próprios fazem negócios e, em alguns casos, até mesmo como sobrevivem. Um conjunto detalhado de fatores que impulsiona essa transformação é explorado na primeira parte do livro.

Portanto, o digital não tem seu formato criativo arquetípico. Poderíamos argumentar que era o banner. E se alguma vez foi esse formato, ele está, agora, em derradeiro declínio. O branding on-line é, atualmente, para todos. Neste momento, não há um fio mágico que amarre tudo. Para alguns, esse fio pode ser o Conteúdo. Para outros, não.

Essa longa lista de definições e as considerações de muitas das entrevistas que realizamos para o livro nos fizeram perceber que os debates atuais sobre como o Conteúdo poderia ser definido, ou enquadrado, o levaria a ser reunido em cinco grupos conceituais de "vetores":

1. Definições muito amplas: o Conteúdo é indistinguível do resto dos esforços de marketing.
2. Estender (ou renomear) a disciplina existente ou a área de especialização em Conteúdo, impulsionada por várias motivações de negócios.
3. Estruturas e abordagens conceituais baseadas nas formas como os consumidores se comportam no espaço digital, no pensamento *pull versus push* [puxar versus empurrar], ou nos aspectos de entrega digital.
4. Distinções de Conteúdo baseadas em autenticidade, credibilidade reforçada por influenciadores, duração da narrativa ou "poética" não publicitária.
5. Uma mistura daqueles que negam completamente a necessidade de definição com algumas ideias abertas e mais inspiradoras, que apontam para a evolução futura do marketing e dos meios de comunicação — e um potencial para a evolução de um(s) formato(s) de comunicação "metamarketing" em equilíbrio.

Compreender esses vetores ajuda a conceituar todo o espaço do Conteúdo. Não acreditamos, ainda, que seja possível criar uma única e abrangente Grande Teoria Unificada do Conteúdo [GUTC, do inglês *Great Unified Theory of Content*] — um desafio que até agora tem imposto limites a tantos. Pensamos que é muito cedo para isso, por todas as razões expressas neste livro. Porém, para esclarecer o debate, ou para auxiliá-lo a tomar uma posição (ou não) em relação ao obscuro espectro do Conteúdo, esses cinco grupos podem ajudar.

Grupo 1: Abordagens de definição do Conteúdo como "apenas marketing"

Nessas definições, a troca do termo "Conteúdo" por "publicidade", "marketing" ou "gestão de relacionamento com o cliente" [CRM, *customer relationship management*] não altera o significado — nem mesmo a veracidade — da declaração. O Conteúdo é indistinguível das práticas de marketing já estabelecidas. Elas são também algo tautológico, na medida em que tentam definir Conteúdo utilizando a palavra "conteúdo", que em si mesma não é especificamente definida. Isso torna essa abordagem às definições questionavelmente útil.

Definições genéricas de Conteúdo

Content Council (2015):

O content marketing é a disciplina de criação de Conteúdo, em nome de uma marca, concebido com a estratégia específica de influenciar o comportamento do consumidor, a fim de conduzir resultados rentáveis quantificáveis.

Branded Content Marketing Association (BCMA):

Branded content é qualquer Conteúdo que pode ser associado a uma marca sob o olhar do observador. (2013)

Content Marketing Association (CMA):

A disciplina de criar branded content de qualidade em todos os canais e plataformas de mídia para oferecer relacionamentos envolventes, valor ao consumidor e sucesso mensurável para as marcas. (2013).

iScoop:

Content marketing é um termo abrangente que reúne um conjunto de estratégias, técnicas e táticas para cumprir as metas de negócios eficazes e conquista de clientes, usando Conteúdo em todo o ciclo de vida dos clientes desses negócios e empregando os meios de negociar de uma forma consistente, integrada e contínua. (2016).

Essa observação sobre definições genéricas parece ser apoiada pela professora Sylvia Chan-Olmsted, da Universidade da Flórida, que em nossa conversa observou o seguinte:

> Alguns profissionais de marketing veem o content marketing como uma ferramenta extremamente ampla, um esforço de marketing abrangente, quase como uma filosofia ou abordagem de mercado praticada hoje em dia.

Em muitos aspectos, essa fala alude aos pensamentos do professor Mark Ritson, no fim desta introdução, embora com uma ideia diferente.

Grupo 2: Abordagens de definição baseadas em disciplinas comerciais

Elas são o resultado da competência específica existente na indústria que, agora, pelo menos aos olhos de seus profissionais, está se tornando integrada ao Conteúdo; por outro lado, são tentativas de, com mais ou menos credibilidade, ampliar a expertise para esse novo e lucrativo espaço, para conquistar novos — ou novos tipos de — clientes. É "detectar uma oportunidade" em curso.

Seguir tendências e responder a novas formas de pensar, que, muitas vezes, começam como exageros, é fundamental para a contínua evolução e sobrevivência dos envolvidos em vários ecossistemas de marketing. No entanto, pode também aparentar um aspecto de "*trendyism*", um tendencismo: uma forma de redirecionar parte do orçamento de marketing para *este,* e não para *aquele* lado, uma tentativa de extensão e diferenciação de receitas para o campo que o Conteúdo é, convenientemente, amplo o suficiente. É uma crescente fonte de água em meio à selva do marketing.

É sensato, como um ato de estratégia comercial: se o que a organização tem feito há séculos de repente se tornou moda, por que não jogar com seus pontos fortes e se beneficiar dessa maré? O único problema é quando essa sombra ou parte da imagem por ela gerada é enquadrada como um *todo*; todos estão estacionando tanques na selva do Conteúdo.

Aqui está um rápido apanhado de vários trechos de práticas de negócios em Conteúdo com base no relatório *Crap: The Content Marketing Deluge*, daVelocity Partners (2013). Ele ecoa o sentimento e os dados da pesquisa *Beckon*, que estudamos no capítulo 10:

- Agências focadas em Search Engine Optimization (SEO) estão se tornando lojas de content marketing.
- As agências de mídia social descobriram o Conteúdo como o novo "lubrificante" social.
- Todas as agências de marketing B2B (business to business) estão fundindo a palavra "Conteúdo" a tudo o que fazem.
- As agências especializadas em copywriting são, agora, fazendas de Conteúdo.
- Produtoras de vídeo são, agora, "criadores de conteúdos RICOs".
- Os editores que atuam como prestadores de serviço estão reformulando sua imagem, utilizando o nome "especialistas em content marketing".

Grupo 3: Abordagens de definição centradas no consumidor

O outro conjunto de perspectivas começa com a forma como as pessoas consomem Conteúdo em várias plataformas. Ele difere das abordagens anteriores na medida em que parte do ponto de vista do público, e não do que poderia ser vendido em termos de produtos e serviços.

Provavelmente a perspectiva mais eficaz aqui é a que coloca o Conteúdo *versus* a publicidade tradicional. Em outras palavras, uma estratégia *pull versus push.* Scott Donaton, antigo editor da *Advertising Age*, que entrevistamos extensamente em vários capítulos, refere-se a ela como "convite *versus* interrupção"; o professor Andrew McStay, da School of Creative Studies and Media da Bangor University, tem um nome muito elegante para essa qualidade fugaz: o "*opt in impression*" [impressão optativa]. Podemos dizer que isso remonta à ideia inicial do livro Marketing de Permissão – Transformando desconhecidos em amigos e amigos em clientes(GODIN, 1999).

Essa perspectiva se baseia na noção de que o Conteúdo deve ser algo que o público *quer* obter; algo com o qual a audiência quer gastar o seu tempo. Se ganhar atenção é fundamental, então o que chamamos de Conteúdo deve funcionar melhor do que a impressão publicitária paga, desde que seja bem executado. Ele deve ter uma força de "tração" melhor. Deve fazer com que as pessoas sintam que a mensagem vale o seu tempo *versus* a mera exposição à força bruta ininterrupta, que depende apenas da frequência paga para ser notada e processada mentalmente. Isto reflete o conceito de "projetar para o tempo e o lugar" elaborado no Capítulo 2, dedicado à economia da experiência. Ecoam, também, as considerações sobre propósito estabelecidas no Capítulo 3; o contexto da distribuição de Conteúdo no Capítulo 6; e questões sobre dados e ética nos Capítulos 7 e 11.

A referida abordagem é bem-vinda porque evita os debates inúteis relacionados à disciplina. Aqui, isto não importa, desde que as pessoas *queiram* dedicar tempo a isso. É uma definição em forma de pensamento "pós-disciplina", com a experiência do usuário e a qualidade do resultado como foco. A triste verdade parece ser, como evidenciado no Capítulo 10, que uma porção significativa dos esforços de Conteúdo ainda fica aquém desse patamar.

P. J. Pereira, diretor de criação da Pereira & O'Dell, resume isso em uma entrevista para a BOBCM (KIRBY, 2014a):

> Para mim, algo que vale o tempo do consumidor é a melhor definição do que é branded content. Então, se você pensar mais radicalmente e tentar ampliar essa definição, até mesmo um spot de trinta segundos é branded content se valer o tempo dos consumidores. E eu estou bem com isso, pois gosto de jogar por essas linhas.

Muitas definições de Conteúdo derivam desse pensamento.

Definições centradas no cliente

Branded Content Marketing Association (BCMA):
De uma perspectiva gerencial, branded content é qualquer produto totalmente/em parte financiado ou pelo menos endossado pelo proprietário legal da marca que promove seus valores e leva o público a escolher se envolver com a marca, tendo por base uma lógica *pull* devido ao seu valor de entretenimento, informação e/ou educação. (2016)

IAB:
O content marketing é a técnica de marketing para criar e distribuir Conteúdo relevante e valioso com o objetivo de atrair, conquistar e envolver um público-alvo claramente definido e compreendido... O content marketing difere da publicidade, do storytelling baseado em publicidade e de outros veículos promocionais de uma forma específica: a intenção desse modo de comunicação é fornecer informações úteis, educacionais ou divertidas por mérito próprio. O content marketing é uma estratégia *pull* [puxar, em inglês], ao contrário da publicidade, que é *push* [empurrar, em inglês]. Essa técnica de marketing pretende "atrair" o consumidor para a marca e criar uma experiência de utilização que, em última análise, aumentará a notoriedade e a preferência pela marca. (2015)

Forrester:
Uma estratégia de marketing por meio da qual as marcas criam interesse, relevância e relacionamento com os clientes, produzindo, gerenciando e compartilhando um conteúdo que atende às necessidades específicas dos clientes e oferece valor visível. O content marketing liderado pela mídia depende, em grande parte, de uma decisão consciente por parte do consumidor para visualizar o conteúdo. (2016)

Content Marketing Institute:
O Content marketing é uma técnica de marketing de criação e distribuição de Conteúdo relevante e valioso para atrair, conquistar e envolver um público-alvo claramente definido – com o objetivo de impulsionar a ação lucrativa do cliente. (PULIZZI, 2012)

Cannes Lions:
Os (Entertainment Lions) celebram a criatividade que transforma Conteúdo em cultura. Os trabalhos inscritos precisarão demonstrar ideias inseparáveis, ou seja, um trabalho que cativa a fim de abrir passagem, comunicar uma mensagem da marca ou conectar-se com os consumidores de maneira inovadora. (MATTEWS, 2016)

Cannes Lions Brand Experience: Nessas categorias, o júri irá considerar as experiências de marca que aproveitam o poder de influência do consumidor para criar e desenvolver Conteúdo divertido e envolvente, aumentando o alcance e a notoriedade da marca e impulsionando os negócios. (CANNES LIONS, 2017)

Jeremy Bednarski:
Talvez seja mais uma descrição do que uma definição real, mas eu amo como Michael Brenner descreve o content marketing (parafraseando): em vez de interromper as coisas pelas quais as pessoas estão interessadas, crie coisas que chamem a atenção das pessoas. (COHEN, 2016)

Keith Blanchard – Story Worldwide:
O content marketing é o oposto da publicidade. Trata-se de envolver os consumidores com as coisas que eles realmente querem, de uma forma que sirva aos propósitos e ideais da sua marca, em vez de apenas tentar impor seu logotipo. Aproxima-se dos consumidores em potencial que toda marca deseja, em vez de realizar apenas uma demonstração vagamente definida. Contribui para proporcionar uma experiência que os consumidores desejam vivenciar, em vez de somente tentar distraí-los da que eles buscam. Em suma, é a evolução da própria publicidade para algo mais eficaz, mais eficiente e muito menos odioso. (COHEN, 2016)

Matt Heinz – Heinz Marketing:
O que, em marketing e vendas, não é content marketing? Vendas por mensagem de voz, estande em uma feira... Eu gosto da definição de Ann Handley: "Tudo o que a luz toca é Conteúdo!" (COHEN, 2016)

Muitos estudos de caso mencionados no livro se enquadram nessa categoria. Grandes extravagâncias publicitárias como, por exemplo, a da Nike "The Switch", em que o jogador Cristiano Ronaldo troca de corpo com um garoto de Sheffield, no interior da Inglaterra, e também inovações como a do *Melbourne Remote-Controlled Tourist.* De "apenas" um grande anúncio televisivo a uma nova forma de pensar: uma campanha, um programa, um destino, conteúdo feito por alguém que tenha experimentado o produto, uma manifestação da tendência que os viajantes gostam de vivenciar antes de partir, e um panfleto interativo de turismo em formato de documentário — tudo num só!

Várias estruturas bem conhecidas de "definição" de Conteúdo têm, em seu cerne, essa forma de pensar.

Mídia paga - conquistada - compartilhada - própria

Um tipo particular de abordagem da "experiência" é a estrutura do PESO [*Paid-earned-shared-owned* na sigla em inglês], um dos primeiros conceitos a articular o que poderia ser Conteúdo. Essa estrutura analisa a experiência da marca ou da agência de mídia: como eles são capazes de controlar sua disseminação. É, principalmente, um manual para a distribuição contextual de Conteúdo — enquadramento dos diferentes tipos de espaços de mídia que podemos implantar para todas as nossas mensagens de marketing, e não apenas para o próprio Conteúdo (Figura 0.1).

Esse modelo é útil ao conceituar espaços *onde* o Conteúdo deve aparecer, *como* ele pode ser descoberto — ou, para alguns deles, que *tipo* de Conteúdo pode ser implantado. No entanto, como demonstrado em vários lugares do livro, particularmente no Capítulo 10, pode-se construir o argumento de que todos os meios de comunicação são simultaneamente *paid and earned* [pagos e conquistados, em tradução livre]. O orçamento é, normalmente, necessário para criar Conteúdos, bem como para promovê-los. Ainda assim, mesmo com esse pagamento, o Conteúdo precisa ter poder de atração o suficiente para ganhar a atenção do público, caso contrário, corre o risco de ser ignorado. As únicas coisas que podemos "possuir" são: uma base de dados, uma página web, um app ou outra forma de presença digital. Se alguma delas será eficaz, é outra questão; isso depende da habilidade de criar Conteúdos *pull* de qualidade, e depois promovê-los com um efeito contextual máximo.

A estrutura HHH do Google

Durante nossas discussões iniciais sobre o livro, mencionamos como muitas vezes lutamos, juntamente com várias pessoas, para encontrar uma resposta satisfatória para a pergunta "O que é Conteúdo?". A maioria das interpretações habituais eram de que o Conteúdo podia ser qualquer coisa: memes, *newsjacking* (produção de conteúdo, aproveitando-se de uma manchete do momento para ganhar audiência), blogs, vlogs, infográficos, FAQs, vídeos de atendimento ao cliente, revistas de marca, eventos... até mesmo anúncios. No entanto, isso não é muito útil quando um briefing do cliente surge. Por onde devemos começar? Como alocar o orçamento e a energia intelectual e criativa? Só para fazer melhores anúncios? Ou tentar responder melhor — e mais criativamente — algumas das necessidades óbvias e pontos de aflição que os consumidores dos clientes têm procurado por todo o espaço digital?

Para Lazar, por exemplo, foi só quando ele chegou ao grupo de reflexão criativa Google ZOO que obteve uma resposta coerente para isso. Sendo a empresa que é, o Google não se limitou a discussões e opiniões. Recorreu-se aos dados. O YouTube é a maior plataforma de branding de vídeo e o segundo maior motor de busca do mundo. É também um lugar em que as culturas são criadas e vividas o tempo todo e as pessoas se divertem, aprendem e procuram respostas para suas necessidades e problemas bilhões de vezes, em muitas categorias, durante todo o ano. Se houvesse uma resposta para o que o Conteúdo poderia ser, provavelmente seria encontrada lá.

FIGURA 0.1 Estrutura PESO, usada com a permissão de Gini Dietrich

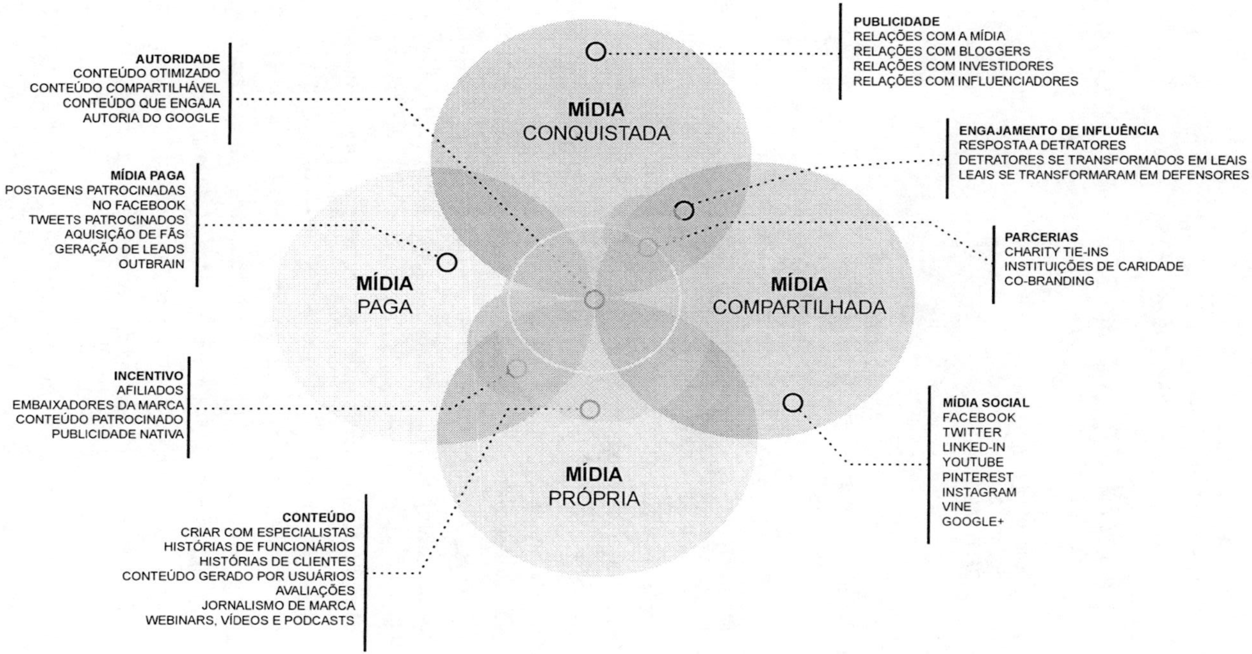

Figura 0.2 Estrutura 3H

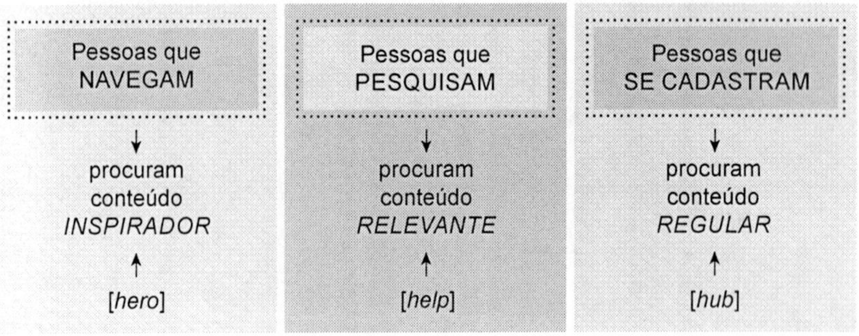

Fonte: adaptação do Google 'Build a Content Plan' (2015a)

O YouTube identificou três categorias distintas, três *buckets* que englobam vários tipos de Conteúdo e comportamento dos usuários à sua volta. Três tipos de coisas que as pessoas realmente *querem* ver. Cada um deles é uma permissão para uma marca se comportar de uma forma que atinja tanto o alcance como o engajamento, bem como para uma agência expandir sua tela criativa e o potencial de receita. A descoberta ficou conhecida como estrutura de Conteúdo HHH, ou 3H (Figura 0.2).

De muitas maneiras — se julgarmos o número de clientes que o utilizaram como forma de organizar seus esforços de Conteúdo —, é uma das tentativas mais úteis e amplamente adotadas de amarrar muitas pontas soltas atuais do debate sobre a definição de Conteúdo.

Herói (Hero) é um grande momento de contar histórias que compartilhamos com amigos, cheio de ressonância emocional e impacto. É sobre o que falamos durante o cafezinho, usamos como exemplos de grande criatividade, se e quando criados por e para marcas. As extravagâncias da Nike, as campanhas First Kiss da Wren, Retratos da real beleza da humanidade da Dove, #LikeAGirl da Always e os artifícios épicos do enquadramento de Jean-Claude Van Damme no comercial da Volvo Trucks... O Conteúdo herói — quase sempre em vídeo, mas não exclusivamente — é o que as agências criativas "tradicionais" comem no café da manhã. É a permissão para uma marca se comportar como uma emissora ou um animador, amplificando sua mensagem por meio de grandes ideias e gastos adequados.

O Conteúdo da **ajuda (Help)** encontra-se no outro extremo do espectro. É a terra dos "criadores" nativos do YouTube e de um número crescente de marcas "imigrantes" que estão imitando ou fazendo parcerias com eles. A quantidade de Conteúdo do tipo ajuda, não apenas no YouTube, mas na web em geral, provavelmente eclipsa todo o resto. O segredo está no nome: é o que as pessoas procuram quando precisam de ajuda com alguma coisa, quando querem aprender. São tutoriais sobre "saber como fazer algo" disponíveis em vídeos, artigos, blogs e infográficos, *white papers* e podcasts... sobre qualquer tópico imaginável. É uma permissão para uma marca se comportar como um ser humano, ouvir e responder ao problema, ganhar confiança.

O *Hub* é mais uma abordagem de embalagem e entrega de Conteúdo do que um tipo específico dele, mas um traço particular se destaca: sua natureza repetida e episódica. Quando os consumidores entram no campo gravitacional de uma marca, descobrindo-a por meio do *Hero* ou do *Help*, eles podem gostar do que viram e podem querer mais; podem ter clicado no botão "Inscrever-se" de um canal do YouTube ou dado o seu endereço de e-mail para uma newsletter e, agora esperam doses regulares de magia.

O *Hub* é onde as celebridades do YouTube são feitas, o material dos "formatos". Ainda não é muito povoado por marcas. Geralmente, esse Conteúdo episódico, criado e lançado em excertos regulares, baseia-se num campo de interesse específico e no que uma marca (ou um criador) tem a dizer sobre ele. O Conteúdo *Hub* é uma permissão para uma marca ser um amiga ou pelo menos uma colega nerd, para explorar o ponto ideal em que os interesses das pessoas encontram a competência de uma marca e um tom único de voz, nativo ou emprestado.

Uma das perguntas mais frequentes nessa junção é: as marcas precisam dos três Hs? Elas não precisam. A escolha sobre qual deles será ativado depende de diversos fatores.

Fatores a considerar sobre qual "H" usar

- Em que categoria se insere uma marca? É difícil ver como as marcas de refrigerantes podem usar o *Help* como uma barreira que responde a uma pergunta ocasional sobre a quantidade de açúcar que as bebidas contêm. Na realidade, a maioria das marcas dessa e de outras categorias similares pode estar usando apenas a abordagem *Hero*, geralmente *embalada como Hub*, como a série de episódios de entretenimento mais ou menos conectados de micro-herói. O canal "Inacreditável", da Pepsi Max UK, é um exemplo disso.

2- Qual é a expertise da marca? Se uma marca tem uma *expertise* específica, um conhecimento profundo e especializado de tópicos, necessidades e tendências em uma categoria, ela pode ser uma plataforma para um bom Conteúdo de *Hub* e *Help*. Instituições financeiras, moda e beleza, viagens, saúde, alimentação – a maioria das categorias em um mercado seria desse tipo. A Volvo Trucks tem dominado seu mercado e a Unilever, com o AllThingsHair.com, está fazendo o mesmo para o cabelo.

3- Como se comportam os consumidores da categoria? O que eles procuram? Há algum tópico em que precisem de ajuda? Há novas tendências que desejam seguir? Há algum tema perene, "sempre atual", para o qual precisem sempre de ajuda, ano após ano, que não seja bem respondido pela disputa entre as marcas (de forma profunda, interessante, criativa, divertida...)?

A estrutura 3H do Google mostra que existem diferentes formas de atrair a atenção dos consumidores on-line (2015a). Alguns deles são mais tradicionais, geralmente guiados pela Ressonância Emocional; outros são guiados pelo que chamamos de Utilidade Intencional, nos capítulos 4 e 6, mergulhados em vários — no Google e na linguagem do Facebook — "Momentos que Importam" (2015b). A partir do que procuram, os consumidores nos mostram quais são as suas necessidades.

A 3H é uma ótima maneira de unificar os dois lados do grande debate binário da indústria — inspiração da marca *versus* otimização de pontos de contato — em uma abordagem coerente.

Há outra maneira de olhar para a estrutura 3H, inspirada em nossos encontros com alguns dos mais respeitados diretores criativos da indústria. Um dos constantes retornos foi que eles realmente entendem a parte do *Hero*, pois é isso que eles "comem no café da manhã", uma afirmação geralmente acompanhada de uma breve apontada para a prateleira dos prêmios, rangendo com latão e acrílico pesados. O problema eram os outros dois Hs. Qual era o papel deles? Eles os consideraram o domínio dos youtubers nativos e, mais tarde, dos próprios clientes. E isso também é chato.

O que está por trás disso são as questões de fama e do modelo de negócio. Até agora, *Hero* era o único a oferecer reconhecimento profissional e taxas de produção suficientes para manter o modelo de agência criativa funcionando. *Hero* é a fama tipo Hollywood, um sucesso de bilheteira. Brilho e reconhecimento; o que torna as pessoas *obviamente* famosas uma vez que se tornam o assunto da cidade. No entanto, há também uma maneira de olhar para os outros dois através da lente da fama.

Help é mais como a fama do tipo documentário da BBC, com a vida dos famosos bem observada e bem contada, em seus próprios termos, usando as suas matérias-primas. Agências e clientes podem querer considerar essa questão: você poderia se tornar a BBC de sua categoria? É possível criar melhores "documentários" sobre as necessidades dos consumidores e melhores respostas a essas necessidades, com mais autenticidade e coragem? Você não pode ser o James Cameron, mas pode ser pelo menos o Asif Kapadia da sua categoria?

É semelhante ao *Hub*, em que a natureza episódica do Conteúdo vem à tona. Alguns dizem que a HBO transformou a TV moderna com sua abordagem inovadora para criar arcos de personagens e narrativas em vários episódios. Então, existe a possibilidade de os atores criativos dessa indústria se tornarem a HBO de sua categoria, especializando-se em produzir e veicular Conteúdo episódico e viciante?

Nossa profunda convicção é de que não existem produtos e serviços entediantes, apenas maneiras cansativas de falar sobre eles.

Grupo 4: Abordagens de definição baseadas na narrativa/ sensação estética

A quarta forma de conceituar o Conteúdo é a partir de várias considerações metodológicas baseadas na narrativa. O sentimento da natureza híbrida do Conteúdo que mancha as linhas entre a intervenção de marketing e o jornalismo convencional ou o storytelling é palpável. Aqui, o Conteúdo é qualquer coisa que pareça autêntica, genuína e puramente não focada em vendas, sem restrições de limites da mídia comercial tradicional.

Artificialidade do anúncio de TV versus autenticidade

Por vezes, em workshops, mostramos para determinado público o famoso filme on-line *Sketches*, da Dove, seguido de imediato pelo anúncio de TV *Friends*, também da Dove, baseado *exatamente na mesma* estratégia e mensagem. Em ambos, pede-se às mulheres que descrevam a si próprias, ou que tentem encontrar algo de belo nelas, apenas para dar respostas que fiquem aquém do que as outras pessoas pensam. É uma percepção humana fenomenal: muitos de nós nos percebemos como menos belos do que realmente somos. A diferença entre os filmes e a forma como o público os vê é impressionante. Por um lado, com o filme on-line, há emoção e arrepios; por outro, artificialidade e clichês. Em dezembro de 2017, o filme on-line tinha cerca de setenta milhões de visualizações no YouTube, os outros Conteúdos, menos de trezentos mil. O efeito narrativo e emocional — a diferença na "poética" — é tão óbvio que muitos e espectadores ficam atordoados. Não muitos de nós, ao que parece, pensamos muito sobre as diferenças entre a TV e a mecânica do storytelling no YouTube.

Em uma frase espirituosa mencionada por Hugh MacLeod, se as pessoas falassem com outras da mesma forma que a publicidade fala com as pessoas, elas receberiam um soco na cara (2006). No espaço digital saturado de Conteúdo, a autenticidade e o tom de voz que derivam da personalidade de um criador são fundamentais. Aquele, com frequência, é refletido em abordagens de produção: menos lapidado, mais áspero, mais espontâneo, mais experimental, mais de indústria de natureza artesanal do que produções de grandes estúdios, muitas vezes, além das fronteiras da TV convencional ou mesmo espaços de TV a cabo em função de seus formatos frequentemente fora do padrão — mas, de alguma forma, mais *livres*... Parece que a publicidade emite um "odor" particular que muitos usuários digitais consideram repelente, dado que 11% da população global que navega na internet costuma bloqueá-la; o bloqueio de anúncios em termos globais cresceu trinta por cento em 2016 (PageFair, 2017).

Marcas, liberadas das restrições do espaço de TV estritamente regulamentado e do sensível fato de que nesse espaço elas entram em nossas casas sem serem convidadas, agora têm a chance de se proliferar no meio on-line e tentar coisas que nunca tentaram antes. Elas ainda estão relutantes, pois a velha memória muscular da publicidade é forte, mas algumas estão aprendendo. O vasto caldeirão criativo do vídeo on-line e o novo tipo de influência as estimulam: com base, unicamente, na autenticidade e no propósito. Falaremos sobre isso mais detalhadamente no Capítulo 3.

A restrição de segundos de TV versus tempo livre na web

Para sermos justos com muitas marcas, suas mãos estavam em grande parte atadas por uma única convenção da mídia tradicional: tempo e espaço valem muito dinheiro, particularmente na TV. Essa é uma boa notícia para os editores, no entanto, ruim para as marcas. Na *web*, não há segundos nem centímetros de coluna. É um meio gratuito, mas também inútil caso não se possa usá-lo bem para atrair e reter a atenção. Isso muda instantaneamente com a forma como uma história é contada, como no exemplo do filme *Sketches*, da Dove, em que a história é mais longa, mais íntima, com técnicas mais cinematograficamente utilizadas para criar ambiente e atmosfera. No meio digital, há tempo suficiente para desenvolver adequadamente uma história *imersiva*. Como em um filme. As pessoas pagam para assistir. Filmes de marca, sem contar a Lego, não estão pedindo dinheiro para serem vistos (isso acontece depois); eles estão pedindo apenas a atenção do consumidor. Isso, porém, não torna mais fácil conquistá-la.

A eliminação da restrição de tempo coloca a ênfase em apenas um fator: a qualidade da narrativa. Mesmo nos celulares, uma história mais longa que "não se parece com um anúncio e não faz você se sentir como se estivesse vendo um anúncio" pode ter um tempo de observação mais longo do que os anúncios tradicionais — *particularmente* os anúncios tradicionais! A citação foi tirada de uma dessas experiências, os *Unskippable Labs: The Mobile Recut*, criados em conjunto entre o projeto Art, Copy & Code, do Google, e a agência BBDO New York (YOUTUBE ADVERTISERS, 2015). A versão mais longa do anúncio, produzida para parecer um vídeo musical divertido, tinha o maior tempo de exibição nos celulares. Como diz a piada do vídeo: não se trata talvez de ser mais curto, mas simplesmente de ser melhor.

O efeito se confirma, ano após ano, em vários locais on-line em que o vídeo domina. Por exemplo, os vídeos de marca mais vistos todos os anos no YouTube têm vários minutos de duração. O mesmo ocorre com os anúncios de vídeo globais mais compartilhados em plataformas como a Unruly.

Duração média de vídeo para os cinquenta maiores anúncios globais em vídeo mais compartilhados

- **Top 10:** 4min11s (não inclui "Kony 2012")
- **11-20:** 2min30s
- **21-30:** 3min5s
- **31-40:** 2min57s
- **41-50:** 1min45s
- **Top 50 - média:** 2min54s (não inclui "Kony 2012")

Fonte: Unruly Media Data (JARBOE, 2012)

Nos espaços on-line, a duração, ao contrário do senso comum, pode, realmente, ajudar o anunciante. Conforme explorado no Capítulo 5, em que falaremos sobre o impacto do Conteúdo nas agências de mídia, o problema que a publicidade está tentando resolver pode não ser simplesmente para aumentar as vendas, ou mesmo aumentar a possibilidade de venda, mas para reduzir a "incapacidade de venda". É uma palavra usada por Rory Sutherland, da Ogilvy and Mather, em uma entrevista com BOBCM (KIRBY, 2014b). Sutherland definiu a redução da incapacidade de venda como "para ultrapassar os obstáculos à compra que impedem as pessoas de comprar com confiança algo cuja propriedade acabaria por justificar o custo". Tal como acontece com o canal de compras QVC, ele acha que, às vezes, isso requer mais do que uma manchete de seis palavras, ou um spiel de trinta segundos.

Os infomerciais podem ser vistos como uma mistura prévia de Conteúdo (informação) e publicidade (comerciais), e um protoexemplo de pensamento narrativo do ponto de vista de Conteúdo. "Will It Blend?" — construção de marcas baseada em Conteúdo que provou ser um dos primeiros sucessos da abordagem "não é bem o anúncio comercial" no espaço digital — foi, na verdade, um infomercial amplificado (WIKIPÉDIA, 2017b): uma reviravolta genial em um formato odiado nos círculos criativos! A grande diferença era que a propaganda boca a boca e a construção de uma forte memorização eram objetivos-chave. Foram apoiadas pelo fato de a "disponibilidade física" on-line significar um clique para um site de *e-commerce*. Foi um formato de "brincadeira" muito impactante e surpreendente que construiu uma marca forte, em vez de apenas fazer uma repetição interminável das recompensas imediatas disponíveis caso alguém comprasse ali mesmo, de imediato, e depois, enquanto os operadores estavam à espera.

Tomar emprestado a credibilidade dos influenciadores

A palavra *autenticidade* surge em demasia quando discutimos plataformas como o YouTube — ou o vídeo on-line em geral. É frequentemente citada como uma das principais razões pelas quais os "criadores" do YouTube vencem a marcas bem conhecidas nesse espaço, no que diz respeito ao número de assinantes, às opiniões e ao tempo de exibição. Os criadores parecem ser muito melhores do que as marcas em chamar atenção nessas plataformas. Eles chegam mesmo a superar, por uma larga margem, celebridades tradicionais de Hollywood. Em pesquisa publicada pela revista *Variety*, em julho de 2015, pelo segundo ano consecutivo, o apego emocional dos adolescentes às estrelas do YouTube é sete vezes maior do que a uma celebridade tradicional; as estrelas do YouTube são vistas como dezessete vezes mais envolventes e onze vezes mais extraordinárias do que as estrelas tradicionais (AULT, 2015).

Parece que grande parte da explicação é que as celebridades digitais "nativas" raramente se assemelham a personagens "encenadas": elas são, principalmente, "elas mesmas". Uma vizinha pode ser boa com conselhos de maquiagem (Zoella), um garoto estranho em roupas apertadas com uma obsessão por refeições épicas (Epic Mealtime), um nerd amável que pode falar sobre conceitos científicos através dos olhos de uma criança (Vsauce), dois garotos que gostam de explodir coisas em câmera lenta (Slo Mo Guys)... Aparentemente, não há nenhum talento particular envolvido, nenhuma beleza sobre-humana ou física, apenas pessoas como nós, falando conosco como amigos, numa linguagem humana, nos seus quartos, jardins, numa rua ou em estúdios improvisados. Não há *gatekeepers* que precisam ser persuadidos para obter acesso aos canais controlados do horário nobre; eles ganharam fama sozinhos no espaço mais competitivo do planeta: o mundo ultradarwiniano da selva de atenção on-line.

Para seu desgosto, as marcas estão descobrindo que, no mundo on-line, elas precisam pegar emprestada muito mais credibilidade e de formas mais distintas do que na esfera da mídia tradicional, em que poderia simplesmente ser comprada. A colaboração, não apenas o mero merchandising, muitas vezes, é solicitada mas com um desafio particular para as marcas: elas agora precisam encontrar uma maneira de alinhar seu tom de voz com o de uma estrela virtual. Ou, em outras palavras, têm de aceitar que a sua tonalidade tradicional possa ser alterada, esticada ou torcida, a fim de torná-la compatível e confiável. Uma das primeiras incursões no Conteúdo para muitas marcas — e uma das maiores diferenças em relação à sua publicidade tradicional — seria essa colaboração, pegando emprestada essa credibilidade. Os criadores de Conteúdos externos podem ser o início da adoção do conceito de Conteúdos para marcas. No entanto, esse espaço em particular tem suas próprias regras sobre o que é preciso compreender para ser bem-sucedido, pois as noções tradicionais de controle de marca nem sempre se aplicam.

Grupo 5: Precisamos de uma definição?

O espaço do Conteúdo parece ser muito abrangente para manter todas as diferentes práticas e interesses comerciais, e também para ser reunido num rótulo com o qual todos concordariam. Quando olhamos para posições que não estão particularmente preocupadas com uma definição específica, existem dois campos. Um sustenta que essa é uma questão totalmente irrelevante — assim como o próprio Conteúdo; o outro é um pouco mais filosófico e aponta para um papel potencial e transitório que o Conteúdo poderia ter no desenvolvimento futuro da construção de marcas.

Definir Conteúdo é uma perda de tempo

Essa é uma posição firmemente defendida pelo professor Mark Ritson, por Bob Hoffman (do famoso *Ad Contrarian*) e por vários outros que pensam que o Conteúdo é apenas uma distração do trabalho real e importante do marketing e das comunicações "adequadas". Suas opiniões são exploradas mais detalhadamente no capítulo 10, mas algumas também são relevantes para essa questão da definição. Ritson, por exemplo, é inflexível ao afirmar que a questão da definição de Conteúdo é apenas um enorme "engano":

Content (marketing) (CM) é uma invenção de que não precisamos. Reflete mudanças genuínas no marketing nos últimos quinze anos, mas os termos que temos são adequados e não precisamos de mais nenhum. Mais termos não são muito úteis neste mundo. Penso que, se o CM definisse a si próprio como um movimento geral, ou uma mudança no ethos da forma como o marketing é feito taticamente, teria sido bom. Porém, a forma como foi encarado, como uma abordagem revolucionária que tem implicações estratégicas distintas, com os diretores de Conteúdo (CCO) e tudo isso... é o exemplo perfeito do que é uma das falhas do marketing em muitos casos: nós simplesmente caímos completamente nas nossas próprias tretas e, em espiral, em piruetas de estupidez cada vez mais ridículas. Não é para dizer que não existe uma linha vermelha muito interessante de implicações de CM para o marketing. É só que é um tema, penso, ou um movimento; não é uma disciplina, não é um papel de C-suite, não é um glossário, não é algo que tem uma história de 150 anos. Alguém disse recentemente que é "o passado, o presente e o futuro do marketing" –, mas não é nada disso.

O outro problema é que o marketing não precisa de mais conceitos no momento: ele realmente precisa se concentrar rapidamente, e nós parecemos estar criando conceitos! Certamente, não é culpa do CM, mas, quando houve um movimento genuíno há alguns anos, para pressionar por um CCO, isso não favoreceu nenhuma das partes "apropriadas" da organização. O marketing deve ter um papel a desempenhar nesse contexto, quer seja sob a forma de um diretor de marketing (CMO) ou não. Contudo, a discussão sobre isso fica distorcida, e fiquei horrorizado numa grande empresa quando, por sugestão minha de que precisavam de um OCM, me perguntaram: "Por que não um CCO?". Toda a terminologia e a efemeridade proveniente disso prejudicam não só o CM, mas também fazem a maioria do marketing parecer, também, bastante risível.

(Não) definir o Conteúdo como um trampolim temporário

Se hoje em dia o Conteúdo é firmemente colocado no contexto digital como o primeiro metameio da história, ele também pode trazer uma metaquestão: *Qual é o problema que o Conteúdo pode ajudar a resolver — por que ele existe e para que serve?* Por conseguinte, essa posição não diz respeito ao Conteúdo atual nem ao modo como se diferencia de qualquer outra atividade de marketing atual. Ela se direciona ao potencial do que pode vir a ser.

Como explicado, um dos principais problemas que as marcas estão enfrentando no mundo digital é como se conectar com os consumidores no cenário de mudança da mídia e com a maneira pela qual, agora, consumimos. A confusão e fragmentação causadas pelos meios de comunicação não são problemas novos, mas a proliferação de meios de comunicação "distorcidos" (para usar a palavra do Google) continua a tornar as abordagens publicitárias tradicionais on-line menos eficazes e, até mesmo, inadequadamente intrusivas.

Se voltarmos a algumas das conceituações da definição apresentada, todas elas estão tentando responder a essa metaquestão de diferentes maneiras. Isso parece estar alinhado com uma observação feita em nossa entrevista com o professor Chris Hackley, da Royal Holloway, da Universidade de Londres de que "o problema com a definição de branded content é porque é uma abordagem híbrida em constante evolução que atravessa todas as disciplinas". Gostaríamos de acrescentar que o próprio espaço digital também está em evolução, o que torna a definição abrangente de Conteúdo difícil de identificar. É como tentar colocar um poste itinerário nas areias movediças de um deserto.

Pode-se argumentar — embora contra uma oposição muito forte e de credibilidade apresentada anteriormente e no capítulo 10 —, que a publicidade lentamente está dando lugar a um novo conjunto de óticas. Em vez de formatos de comunicação específicos aos quais estamos tão acostumados, esse novo conjunto delineia as comunicações de marketing e o Conteúdo nesta nova era em termos muito mais amplos, fornecendo, ainda, significado em algumas formas específicas, mas não em formatos fixos. O que quer que funcione, funciona; nomear os itens na planilha de cálculo de custos não é crucial. Não há nome para esses itens de entrega, e isso nem é importante; num potencial novo dicionário de comunicações de marketing do futuro, eles podem ser chamados, em vez de um "anúncio de exposição" ou um "filme de marca", de algo tão amplo como "unidades contextuais narrativas" [CNUs, do inglês *contextual narrative units*] ou "estruturas centradas no propósito"/"estruturas de utilidade centradas no equilíbrio da marca".

Como dissemos no prefácio e no início deste capítulo, o Conteúdo é, em muitos aspectos, um sintoma das incertezas da revolução do marketing digital. É um fenômeno relacionado com a VUCA. Reflete o tempo de transição. Curiosamente, a antropologia tem um conceito que é notadamente capaz de descrever essa perspectiva ao defini-la. *Liminaridade* é "a qualidade da ambiguidade ou desorientação que ocorre no estágio intermediário dos rituais, quando os participantes não mantêm mais seu status pré-ritual, mas ainda não começaram a transição para o status que irão manter quando o ritual estiver completo" (WIKIPÉDIA, 2017c). Durante a fase preliminar de um ritual, os participantes "ficam no limiar" entre a sua forma anterior de estruturar a sua identidade, tempo ou comunidade, e um novo modo, que o ritual estabelece. O Conteúdo pode ser apenas uma expressão da indústria de marketing na sua fase preliminar, "estar no limiar".

Em nossa entrevista para o livro, o professor Andrew McStay afirma que, no momento, o Conteúdo não precisa ser mais do que apenas uma espécie de "*placeholder*":

> O meu sentido de para onde vai a publicidade (e o marketing) é que vemos uma divergência entre *deep branding* e *touchpoints* (pontos de contato) que são comportamentais (como nas lojas, por meio da Alexa, *chatbots* e similares). *Deep branding* tem mais a ver com a atividade criativa tradicional, embora eu suspeite que isso implicará níveis cada vez mais elevados de testes de publicidade para clareza e relevância emocional. Meu pensamento, então, é que o content marketing é um lugar reservado para uma compreensão do ambiente de marketing do amanhã. Isso se tornará mais claro à medida que as tecnologias-chave (e não apenas modas passageiras) se instalarem: novamente, eu tenho a internet das coisas [IoT, do inglês *Internet of Things*], agentes e *bots* em mente. (O teste para saber se é uma moda ou se está aqui para ficar é avaliar se, no fundo do coração, tal fato será genuinamente útil.)

Esse estado de espírito *placeholder*, sem o peso da necessidade de definição, pode ser apenas a válvula de alívio de pressão necessária para nos levar pela paisagem digital em constante mudança, enquanto esperamos que o nevoeiro se dissipe. Vince Medeiros, publisher que entrevistamos para o capítulo de editores on-line (Capítulo 2 On-line), concorda:

> O verdadeiro teste será se ele funciona – ou não. Além disso, crucialmente: se não funcionar, o que irá substituí-lo, especialmente porque fica cada vez mais claro que a exibição digital como principal fonte de receita para a *maioria* dos editores tem seus dias contados.

É o ponto de vista de Catharine Hays, que dirige o programa *Futuro da Publicidade*, na University of Pennsylvania Wharton School. No artigo do *New York Times* "Toasting the Ad Industry and a Book Predicting Its Doom" (MAHESHWARI, 2017), Hays deu sua resposta à pergunta "A publicidade está morta?". Essa é a frase que está no coração deste livro: "É a pergunta errada. A pergunta certa é: O que é melhor do que o anúncio de trinta segundos?"

Como veremos no restante deste livro, essa pergunta ainda é surpreendentemente difícil de responder.

Referências

AULT, S. Digital Star Popularity Grows versus Mainstream Celebrities. *Variety*, 23 jul. 2015 [On-line]. Disponível em: variety.com/2015/digital/news/youtubers-teen-survey-ksi-pewdiepie-12015448882/. Acesso em: 30 dez. de 2017.

BCMA. *Defining Branded Content for the Digital Age* [On-line]. 2013. Disponível em: thebcma.info/wp-content/uploads/2013/10/BCMA-Oxford- Brookes-Ipsos-Academic-Study.pdf. Acesso em: 12 dez. 2017.

BCMA. *Defining Branded Content for the Digital Age* [On-line]. 2016. Disponível em: www.thebcma.info/wp-content/uploads/2016/07/BCMA-Research-Report_FINAL.pdf. Acesso em: 12 dez. 2017.

CANNES LIONS. *Spikes Asia Festival of Creativity Entry Kit 2017* [On-line]. 2017. Disponível em: caneslions.com/mediaonline/downloads/SA17_Entry%20Kit. Acesso em: 12 dez. 2017.

COHEN, H. Content marketing Definition. (Blog). *Heidi Cohen*, 9 nov. 2016. [On-line]. 2016. Disponível em: heidicohen.com/content--marketing-definition/. Acesso em: 11 jun. 2017.

CMA What Is Content marketing? [On-line]. 2013. In: DIETRICH, G. *Spin Sucks: Communication and reputation management in the Digital Age*, 2014. Que Biz-Tech, Indianapolis. Disponível em: the- com/news/what-is-content-marketing/. Acesso em: 12 dez. 2017.

CONTENT Council About US [On-line]. 2015. Disponível em: thecontentcouncil.org/About-Us. Acesso em: 12 dez. 2017.

FORRESTER. *Don't Confuse Media-Led and Customer-Led Content marketing* [On-line]. 2016. Disponível em: forrester.comlort/Dont+Confuse+MediaLed+ And+CustomerLed+Content+Marketing/-/E-RES131044. Acesso em: 11 jun. 2017.

GODIN, S. *Permission Marketing:* Turning strangers into friends, and friends into customers. Simon e Schuster: Nova York, 1999.

GOOGLE. *Criar um plano de Conteúdo* [*Online*]. 2015a. Disponível em: thinkwithgoogle.com/marketingresources/youtube/build-a-content-plan/. Acesso em: 12 dez. 2017.

______. *Winning the Moments that Matter*: Right Person, Right Message, Right Time, Every Time [On-line]. 2015b. Disponível em: thinkwithgoogle.com/intl/en-gb/articles/winning-the-moments-that-matter-right-person-person-right-message-right-time-every-time.html. Acesso em: 12 dez. 2017.

HOBSBAWM, E.; RANGER, T. (Eds.). *The Invention of Tradition*. Cambridge: Cambridge University Press, 1983.

IAB. *Content marketing Primer* [On-line]. 2015. Disponível em: iab.com/wp-content/uploads/2015/07/IABContentMarketingPrimer.pdf. Acesso em: 12 dez. 2017.

iSCOOP. *Content marketing Defined:* A Customer-Centric Content marketing Definition [On-line]. 2016. Disponível em: i-scoop.eu/

content-marketing/content-marketing-defined-customer-centric-content-marketing-definition/. Acesso em: 12 dez. 2017.

JARBOE, G. What's the Ideal Length for a YouTube Marketing Video? *Tubular* Insights. 012. [On-line]. Disponível em: tubularinsights.com/length-youtube-video/. Acesso em: 11 mar. 2015.

KIRBY, J. Interview with Pereira O'Dell's PJ Pereira (Blog), *BOBCM*, 29 de outubro de 2014. [On-line]. 2014a. Disponível em: bobcm.net/2014/10/29/entrevista com pereira-odells-pj-pereira. Acesso em: 11 jun. 2017.

______. Rory Sutherland em Long-Form Branded Content? (Blog), *BOBCM*, 20 de agosto de 2014 [On-line]. 2014b. Disponível em: bobcm.net/2014/08/20/rory-sutherland-on-long-form-branded-content/. Acesso em: 11 jun. 2017.

MACLEOD, H. If You Talked to People. (Blog) *Gaping Void*, 9 de maio de 2006 [On-line]. Disponível em: www.gapingvoid.com/blog/2006/05/09/if-you-talked-to-people/. Acesso em: 11 jun. 2017.

MAHESHWARI, S. Toasting the Ad Industry and a Book Predicting Its Doom. *New York Times*, 11 de junho de 2017 [On-line]. Disponível em: nytimes.com/2017/06/11/business/media/ads-marketing-end-of--advertising.html. Acesso em: 11 jun. 2017.

MANOVICH, L. *The Language of New Media*. Cambridge, MA: MIT Press, 2001.

MASLOW, A. H. *The Psychology of Science*. Nova York: Harper & Row, 1966.

MATTHEWS, I. What Does Cannes Lions'Shift to an Entertainment Category Mean?, *Campaign Live*, 13 de janeiro de 2016 [On-line]. Disponível em: www.campaignlive.co.uk/article/does-cannes-lions--shift-entertainment-category-mean/1379278. Acesso em: 12 dez. 2017.

PAGEFAIR. The State of the Blocked Web 2017 Global Adblock Report [On-line]. 2017. Disponível em: pagefair.com/downloads/2017/01/PageFair-2017-Adblock-Report.pdf. Acesso em: 12 dez. 2017.

PULIZZI, J. Six Useful Content marketing Definitions. (Blog) *Content marketing Institute*, 6 de junho de 2012 [On-line]. Disponível em:

contentmarket-inginstitute.com/2012/06/content-marketing-definition/. Acesso em: 12 dez. 2017.

VELOCITY PARTNERS. Crap: The Content marketing Deluge — The Single Biggest Threat to B2B Content arketing. *Slideshare*, 10 de janeiro de 2013 [On-line]. Disponível em: slideshare.net/dougkessler/crap-the-content-marketing-deluge. Acesso em: 30 dez. 2017.

WIKIPÉDIA. *Volatility, Uncertainty, Complexity and Ambiguity* [On-line]. 2017a. Disponível em: en.wikipedia.org/wiki/Volatility, uncertainty, complexity and ambiguity. Acesso em: 30 dez. 2017.

______. *Will It Blend* [On-line]. 2017b. Disponível em: en.wikipedia.org/wiki/Will_It_Blend%3F. Acesso em: 30 dez. 2017.

WIKIPÉDIA. *Liminality* [On-line]. 2017c. Disponível em: en.wikipedia.org/wiki/Liminality. Acesso em: 30 dez. 2017.

YOUTUBE ADVERTISERS. *Unskippable Labs:* The Mobile Recut. [On-line]. 2015. Disponível em: youtu.be/6HHgzEGwil4. Acesso em: 30 dez. 2017.

PARTE UM

Content marketing: uma promessa nova e melhor?

01.
Por que o Conteúdo é visto como a solução para os atuais desafios de marketing

"A mudança tecnológica não é aditiva; é ecológica, ou seja, muda tudo".
POSTMAN, 1998

Na Introdução, mencionamos que o Conteúdo pode ser visto como um sintoma da evolução do marketing, e não apenas como uma solução. Introduzimos, também, as condições VUCA, que envolvem o negócio de marketing moderno (e global). A citação apresentada, de 1998, do teórico e crítico cultural da mídia Neil Postman, ajuda a explicar a desesperada necessidade de se adaptar, sobreviver e, se possível, prosperar em tal ambiente. Nós também mostramos que, em vez de tentar definir Conteúdo em um metanível, uma abordagem mais apropriada seria seguir o conselho do pensador visual e autor Dan Roam (2009) e começar a fazer perguntas melhores sobre seu papel:

> "Quem melhor descrever o problema é o mais capaz de resolvê-lo".

O início dessa resposta é resumido no feedback de destacados especialistas na segunda fase da pesquisa "Defining Branded Content for the Digital Age", encomendada pela Branded Content marketing Association e mencionada no capítulo anterior (BCMA, 2016):

> Assim, muitas das razões para o aumento dessa abordagem [não interruptiva] é porque houve mudanças fundamentais na forma como as pessoas consomem e usam a mídia e as tecnologias digitais.

Olharemos, aqui, detalhadamente para essas condições ecológicas em constante mudança. Este capítulo explora por que o Conteúdo é visto como uma promessa melhor do que o (mais interruptivo) modelo de publicidade que desafia. Mais adiante, no Capítulo 10, saberemos do posicionamento dos opositores do Conteúdo. Dessa forma, esperamos que a apresentação de *argumentos a favor* e *contra* o ajude a avaliar a sua posição neste acalorado debate.

Razões para ver o Conteúdo como uma solução potencial

Marcas que perdem o controle: chega de fingir?

Há um tema recorrente entre alguns acadêmicos e praticantes de marketing sobre como as empresas perderam o controle de suas marcas para seus consumidores graças à democratização da mídia e, mais especificamente, à proliferação de plataformas sociais (MCAFEE, 2009). É aquela que está por trás da tentativa de desenvolver uma definição mais "holística" do termo "branded content" na primeira fase da pesquisa do BCMA mencionada anteriormente (ASMUSSEN *et al.*, 2014):

> Essa perda de controle sobre o branded content é um aspecto das mídias sociais com o qual as organizações precisam aprender a conviver. Ele apoia a necessidade de instituir boas práticas organizacionais, bom atendimento ao cliente e comunicação em todo o seu negócio.

A questão que se coloca é que agora tanto os seus clientes-fãs como os críticos podem criar e distribuir Conteúdos ligados a uma marca. Uma coisa é entender isso em princípio, mas um passo muito mais ousado para, repentinamente, abraçar o tipo de "branding de código aberto" está sendo defendido pela professora Susan Fournier e pela dra. Jill Avery (2011).

Elas apresentam um lado positivo no empoderamento do consumidor, em que as marcas não só podem fazer com que seus clientes discutam seu Conteúdo, mas também com que seus fãs realmente o criem para eles. No entanto, mesmo quando vendidos em virtude de necessidade, quaisquer recompensas terão sempre de ser avaliadas em face dos riscos potenciais. Isso inclui ter sua marca sequestrada (WIPPERFURTH, 2005) ou sua reputação destruída pela #brandvandals (WADDINGTON; EARL, 2013), sem mencionar os próprios objetivos.

"Prosperar no caos" é ótimo se você não está suscetível a ser pego no fogo cruzado. Isso é essencial porque tanto é um risco real quanto um risco percebido em um novo mundo onde os diretores de marketing se preocupam agora em como essa nova ideia que eles apresentam aos seus colegas da C-suite pode ser um movimento de fim de carreira.

ESTUDO DE CASO: Coca-Cola #MakeItHappy

A campanha "Make it happy!", da Coca-Cola, é um bom exemplo do risco que representa a tentativa de envolver os consumidores e ativá-los na cocriação da sua campanha de branded content. Promovidos como parte do comercial do Super Bowl 2015, os usuários do Twitter foram solicitados a responder aos *tweets* negativos que encontraram com a hashtag #MakeItHappy. A Coca-Cola então transformou os *tweets* em "arte ASCII bonita", com uma mensagem dizendo ao mundo como eles estavam ajudando a transformar o ódio que tinha sido encontrado em algo feliz. De acordo com o *The Guardian*, a façanha foi posteriormente suspensa depois que eles foram enganados pela equipe da Gawker Media para tweetar, linha por linha, a autobiografia de Hitler, *Mein Kampf (Minha Luta)*, utilizando a conta do Twitter @MeinCoke, que eles haviam criado (WOOLF, 2015).

É claro que o movimento menos arriscado para as organizações é evitar fazer qualquer coisa que leve seus consumidores, ou a sociedade, a se armarem. Dessa forma, não haveria perda de controle. O melhor que muitos podem fazer nos dias de hoje é tentar projetar sua reputação por meio de várias projeções de construção de imagem, como publicidade, relações públicas e similares — mas pelos padrões das normas de construção de reputação na web, e isso se aproxima ao "fingimento". Preencher a lacuna entre essas promessas de marca e as experiências reais dos clientes é um ponto de partida, dada a facilidade com que a insatisfação pode ser ampliada on-line. Esses e outros efeitos da disrupção digital têm sido um catalisador para que as organizações pensem mais profundamente sobre duas áreas-chave:

1. A experiência *gestalt* do cliente em todos os pontos de contato (*touchpoints*), para que a experiência da marca como um todo seja percebida como mais do que a soma de suas partes.
2. A ontologia da organização (a natureza digna de sua existência), para que fique mais clara sobre quem é, o que faz e por que é importante — ou por que alguém deve se importar.

As respostas a essas perguntas podem ser vistas como parte de uma promessa maior que as marcas podem implantar em nossas vidas e na sociedade como um todo. Veremos isso com mais detalhes nos próximos capítulos dedicados à "economia de experiência" (Capítulo 2) e ao "propósito" (Capítulo 3). O papel que o Conteúdo desempenha aqui é fundamental para entender, também, seu potencial e expectativa como a melhor promessa de marketing.

A ilusão do engajamento nas mídias sociais

Para onde os consumidores vão, as marcas seguem, especialmente quando tentam se conectar com aquela fugaz geração *millenial* nas mídias sociais. De repente, tudo se tornou uma questão de "conversa", causando muito desespero na comunidade de marcas por causa das enormes questões de ineficácia. Nesse ponto, o argumento que funciona a favor do Conteúdo é que grande parte da atividade das redes sociais é irrelevante porque é feita apenas por fazer. É uma questão de *qualidade* acima de qualquer outra coisa. A noção de "engajamento" falho é palpável. O projeto Pepsi Refresh é frequentemente mencionado como um exemplo.

ESTUDO DE CASO: Projeto Pepsi Refresh

A Pepsi tem tido as suas próprias experiências e tribulações no que diz respeito às redes sociais, principalmente com a exploração do projeto Pepsi Refresh sobre "como uma marca pode ser integrada no espaço digital" (LESLIE, 2015). Liderada por seu ex-CEO Frank Cooper em 2010, a Pepsi alocou US$ 20 milhões iniciais para essa campanha de marketing de mídia social como parte de uma mudança pioneira de um terço de seus gastos com publicidade em mídia digital e social (ZMUDA, 2010).

A campanha orientada para a causa ofereceu bolsas em várias categorias para projetos merecedores escolhidos por audiências on-line. Muitos especialistas elogiaram-na de modo diferencial como sendo um meio para "aprofundar a relação com os consumidores". A premissa era que eles estavam se envolvendo com "a multidão" em algo mais significativo e positivo do que simplesmente anúncios. Apesar do sucesso das redes sociais, que incluiu a conquista de milhões de curtidas e seguidores, a Pepsi recuou apressadamente à TV após uma queda de cinco por cento na participação de mercado naquele ano, além de sofrer a empáfia de ser derrubada do segundo lugar pela Coca Zero.

O veterano Bob Hoffman, do *Ad Contrarian*, aponta o "enorme fracasso" da Pepsi, o que ele considera como a "ilusão infantil de que o marketing nas redes sociais é fundamentado" (2017a):

> A ideia boba de que os consumidores desejam conversar com e sobre marcas e compartilhar o entusiasmo da marca com o mundo.

Hoffman também tem muito mais a dizer sobre o Conteúdo (ver Capítulo 10). Para ele, a ilusão é mais ampla e profunda do que apenas a mídia social.

O fundador da Smart Insights, dr. Dave Chaffey, oferece uma visão diferente sobre a eficácia do marketing nas mídias sociais, enxergando o problema como uma série de pontos que precisam ser unidos (KIRBY,

2014). Para ele, o grande problema não é que o Conteúdo e o marketing de mídia social se tornaram os meios que, de fato, conduzem o engajamento no espaço digital; mas sim que eles são muitas vezes considerados separadamente. A questão é que, se as abordagens forem pensadas de modo mais unificado, é introduzido um pensamento mais "conectado" sobre o papel do Conteúdo no envolvimento do cliente em todas as suas viagens digitais. Trata-se de alinhar o que há nesse engajamento tanto para eles como para a marca, e, aqui, o Conteúdo pode desempenhar um papel crucial.

Essa unificação como uma oportunidade não foi perdida na comunidade de relações públicas, que, rapidamente, se movimentou para assimilar Conteúdo e capacidade social em sua prática. Assim, o que antes era chamado de "engajamento das partes interessadas" ou "programas para líderes de opinião", baseados na teoria de comunicação *Two-Step-Flow* (Fluxo de comunicação em duas etapas) de Elihu Katz e Paul Lazarsfeld do final da década de 1950 (1955), está agora sendo lançado na era digital como "marketing de influência". Esse é mais um exemplo da "reinvenção da tradição", discutida na Introdução, na qual a cocriação de Conteúdo com aqueles que influenciam uma audiência está, frequentemente, no centro da abordagem.

A mudança em curso para o digital e as nuvens escuras do "adblocalypse"

A TV tradicional ao vivo continua se firmando em alguns mercados, em parte graças ao que está sendo anunciado como a mais recente "Era Dourada" da TV. Paradoxalmente, esse fato tem sido ajudado pela ascensão de séries aclamadas internacionalmente, oferecidas por plataformas como Amazon e Netflix — responsáveis por oferecer ambientes de Conteúdo premium livre de anúncios!

No entanto, parece haver uma guerra de pesquisa entre os dois lados do debate sobre sustentabilidade na TV. Por um lado, temos a Thinkbox, do Reino Unido, com uma série de distintos parceiros de pesquisa, conforme explorado no Capítulo 10, afirmando que a TV tradicional ainda está em bom estado. Por outro lado, também há evidências crescentes, incluindo o relatório de 2017, *Digital vs. Traditional Media Consumption*, da Globalwebindex, mostrando que o consumo de mídia tradicional continua a cair em larga escala, com uma mudança significativa para o meio digital em alguns mercados e cortes demográficos. Notadamente, é o caso das pessoas de 16 a 34 anos, ou seja, da geração *millennial*, "difícil de alcançar", que passam cada vez mais tempo on-line e em dispositivos móveis.

Tal afirmação é particularmente verdadeira nos mercados de rápido crescimento, em que os grupos etários mais jovens representam uma porcentagem mais elevada de populações on-line. Mesmo em mercados nos quais a TV ainda é forte, a internet representa de 60% a 64% do consumo de mídia dos *millennials* (CHESTERS, 2017). Curiosamente, isso inclui o modo como utilizam o televisor, por exemplo, para jogar, e como utilizam outros serviços conectados à internet, incluindo os que são gratuitos.

A mudança contínua do consumidor para o digital e o modo como as marcas estão respondendo a ela também podem ser vistos mediante a observação feita pelo CEO da D&AD, Tim Lindsay, que vê seus prêmios como um dos cronistas dessa mudança. Se recuarmos no tempo, ele explica na nossa entrevista, perceberemos que metade dos prêmios costumava ir para agências de publicidade e a outra metade, para estúdios de design. Isso começou a mudar, pensa Lindsay, na época em que a D&AD lançou sua primeira categoria digital, em meados dos anos 1990. Desde então, ele sente que as coisas mudaram totalmente:

> Damos entre 65 e 70 lápis amarelos ou pretos por ano e apenas dois ou três desses prêmios para o que agora chamaríamos de publicidade tradicional.

A D&AD ainda está premiando a produção das agências de publicidade e dos estúdios de design, mas o crescente número de novas categorias oferecidas e inscritas ajuda a destacar como a produção das agências está indo muito além da publicidade tradicional. A natureza mutável dos modelos de negócios em toda a indústria de marketing é algo que nós veremos na Parte Dois. Porém, à medida que as marcas se adaptam em sua jornada contínua de transformação digital e tentam se conectar com os consumidores de várias maneiras, há algumas nuvens negras que se acumulam.

Primeiro, a proliferação de canais, estilos de vida e Conteúdo no espaço on-line é demais para qualquer pessoa processar. As marcas não podem estar em qualquer lugar — principalmente de forma significativa. Nunca foi tão fácil ignorar as coisas, especialmente as marcas; um deslize, e elas desaparecem. Ao mesmo tempo, os avanços na experiência do usuário (UX) continuam a melhorar a forma como as pessoas podem manipular o que veem nas telas e decidir se gostam ou não de algo.

Isso está criando o problema crescente do "*adblocalypse*", conforme destacado pelas seguintes estatísticas da Forrester Research (MCQUIVEY, 2017):

- Trinta e oito por cento dos adultos que navegam on-line nos Estados Unidos instalaram um bloqueador de anúncios;
- Cinquenta por cento dos adultos que navegam on-line nos Estados Unidos evitam ativamente anúncios em sites;
- Quarenta e sete por cento dos adultos que navegam on-line nos Estados Unidos evitam ativamente anúncios em aplicativos móveis.

Os relatórios contínuos da PageFair, mencionados na Introdução, contam uma história semelhante (PAGEFAIR, 2017). Se o bloqueio de anúncios direcionados ao consumidor não foi um problema suficiente, a versão iOS 11 do sistema operacional da Apple para dispositivos móveis elevou o setor de anúncios a um preocupante estado de alerta em 2017. A inclusão de uma "prevenção inteligente de rastreamento" como funcionalidade predefinida no seu navegador Safari limita a capacidade dos anunciantes de perseguir os usuários com anúncios na web.

Apesar da ironia de a natureza irritante dos anúncios ser um dos fatores que impulsionam o seu bloqueio, a Coalition of Major Advertising Trade Associations acusou, em uma carta aberta, a Apple de sabotar o modelo econômico para a internet (2017). Conforme destacado no

The Guardian, os prováveis beneficiários da mais recente possibilidade de bloqueio de anúncios da Apple podem ser o Facebook e o Google porque, mais uma vez, eles lucrarão com a mudança dos orçamentos de anúncios para seus ambientes, pois são mais imunes à queda nas receitas de anúncios do que as publicações menores (HERN, 2017). Seu crescente duopólio já havia acumulado cinquenta por cento de todas as receitas de publicidade digital dos EUA até 2017, de acordo com a eMarketer, e continua a crescer (O'REILLY, 2017). Tal fato leva todos os outros a lutarem pela fatia de mercado que resta — essa é uma questão discutida mais detalhadamente em nosso Capítulo 2 on-line, "Editor".

O CMO da Unilever Keith Weed capta a razão pela qual destacamos a mudança na mídia digital e a evasão de anúncios como parte da melhor promessa de Conteúdo durante seu discurso principal na Semana da Publicidade, em Nova York (TAN, 2017):

> A experiência publicitária atual não está de acordo com a expectativa do consumidor capacitado de acessar um Conteúdo mais rápido, melhor e mais relevante.

A questão foi levantada como parte da apresentação do novo enquadramento de marketing "5C" da Unilever (consumidores, conexão, Conteúdo, comunidade e comércio). Isso faz do consumidor o ponto de partida ("o verdadeiro norte"), com o Conteúdo fornecendo os meios para conectá-lo e engajá-lo das mais liberais e melhores maneiras, para que as marcas não sejam filtradas (WEED, 2017).

Visibilidade, fraude publicitária e outras razões para que os anunciantes não fiquem entusiasmados

De acordo com a própria pesquisa de visualização do Google (2014), apenas cinquenta e quatro por cento dos anúncios exibidos on-line são vistos, cumprindo os critérios mínimos do Interactive Advertising Bureau UK (IAB UK) para uma impressão de anúncio de cinquenta por cento de seus pixels ser visível na janela do navegador por pelo menos um segundo (2014)! Isso define a faixa de exibição como a mais baixa possível e, portanto, não é surpreendente que as taxas de cliques de anúncios em display digital sejam relatadas pela Forrester em torno de 0,35 por cento (MCQUIVEY, 2017).

Para piorar os desafios de bloqueio e visualização de anúncios dos anunciantes digitais, eles também são confrontados com fraudes que inflam números de tráfego e taxas de cliques. A Association of National Advertisers (ANA) realizou extensa pesquisa com o apoio da empresa de segurança digital WhiteOps, que forneceu uma ideia da escala do problema: as perdas projetadas dos anunciantes para o tráfego de *bot* em 2016 foram de cerca de US$ 7,2 bilhões (ANA, 2016).

Essa lista crescente de questões não foi perdida nos anunciantes. O diretor de marca da P&G, Marc Pritchard, pediu que a cadeia de fornecimento de publicidade na mídia digital colocasse em ordem sua atuação ou enfrentasse as consequências financeiras — descrevendo-o como "obscuro na melhor das hipóteses" e "fraudulento na pior das hipóteses" (RODERICK, 2017). O apelo a uma maior transparência e responsabilização por parte de Pritchard também está ligado à "publicidade de má qualidade", que ele entende que pode ajudar a evitar que isso aconteça. A esperança é que uma melhor criatividade publicitária (trabalho), juntamente com maior responsabilidade e eficiência, ajude os anunciantes a colherem os benefícios que o digital deve oferecer quando comparado à mídia tradicional. Como grandes clientes poderiam evitar a responsabilidade pelos anúncios "péssimos" é, até agora, uma questão intrigante.

É nesse contexto que o Conteúdo, se bem feito, é lançado como um meio de escapar do círculo vicioso descrito pelo conselheiro estratégico principal do Content Marketing Institute, Robert Rose, o qual destacou que qualquer aumento no gasto com publicidade digital só se ajusta às ineficiências mencionadas. Em outras palavras, a tentativa é remendar o buraco com mais dinheiro. Os próprios meios de comunicação, de repente, parecem ser um bom negócio...

Segurança da marca importa

Há outros assuntos prementes para os anunciantes, entre eles o fato de a Amazon ser a única candidata com probabilidade de quebrar o mencionado crescente duopólio do Google e do Facebook (HOBBS, 2017). Porém, apesar dos orçamentos publicitários mudarem de rumo e de muitos anunciantes ignorarem suas agências para trabalhar diretamente com plataformas, os dois gigantes digitais têm tido suas próprias experiências e tribulações.

O papel desempenhado pelo Facebook na divulgação de "notícias falsas" merece destaque. Isso foi rapidamente seguido pela descoberta de que as mensagens de marca estão aparecendo junto com "Conteúdo questionável ou inseguro" nas plataformas do Google, como vídeos que promovem grupos terroristas. No caso do Google, isso resultou não apenas em um chamado dos anunciantes para assumirem a mesma responsabilidade que as empresas de mídia quando se trata de segurança da marca, mas também na decisão da agência de mídia Havas Group UK, e, supostamente, de 250 marcas, de suspenderem seus gastos com publicidade até que o problema fosse resolvido (STEIN, 2017).

Para Faris Yakob, consultor criativo e autor de *Paid Attention* (2015), a questão da segurança da marca é um problema da própria criação dos anunciantes, que terceirizaram as decisões de compra de mídia para os algoritmos por trás das plataformas de entrega de anúncios programáticos. Isso tem um custo, porque, apesar de a utilização de plataformas que automatizam a entrega digital de mensagens em escala proporcionar economia, ao negociar com as marcas às escuras, elas tornam-se cegas quanto à adequação dos locais onde seus anúncios aparecem. Isso também faz com que os meios de comunicação comprem menos baseados na qualidade da segmentação e o que isso significa para a sua marca, e simplesmente baseados na eficiência de custo do alcance. Portanto, tecnicamente falando, a pessoa "certa" pode ser alcançada na hora certa, mas não necessariamente no lugar certo.

Como destacado no Capítulo 11, isso poderia ser o resultado da "escolha moral" da otimização algorítmica: racistas também compram shampoo e sabão líquido, e não é difícil identificar sinais de racismo — mas deveríamos identificá-los? Os algoritmos devem ter um filtro moral e ético? Em caso afirmativo, deve se estender para além dos ambientes seguros para a marca? É um enigma interessante levantado também por Mark Higginson, da Twenty Thousand Leagues, em nossa entrevista. Ele sustenta que esse é um caso de algoritmos que realmente funcionam como esperado. Então, fazer ajustes dessa maneira é um caso que torna os algoritmos, de certa forma, *menos* precisos ou, em outras palavras, como retirar alguns sinais do quadro geral e privar algum Conteúdo de *feeds* de anúncios (e vice-versa).

Essas e outras questões destacadas anteriormente representam um grande problema na publicidade digital, como descrito no artigo de Hoffman sobre as "Top 10 Reasons Online Advertising Must Change" (2017b). Seu argumento é que a "indústria de publicidade on-line é um desastre de trem absurdo", que faz parte da mais longa discussão que ele faz em *BadMen: How advertising went from a minor annoyance to a major menace* (2017). As principais questões éticas relativas ao Conteúdo e às direções que a indústria do marketing toma a esse respeito são discutidas mais detalhadamente no Capítulo 11.

Deixando de lado as questões éticas, não é de surpreender que a segurança da marca esteja levando as empresas a buscarem alternativas. Uma delas é o crescente investimento relatado em mídia própria. Uma pesquisa realizada pelo Spiegel Research Center, da Northwestern University, em conjunto com a Publicis Media, mostra que fazê-lo pode, também, fazer sentido em termos financeiros (2017):

> As marcas de sucesso aumentaram sua participação nas vendas ao longo de cinco anos e investiram mais em mídia própria do que em mídia paga. Marcas estáticas ou em declínio favoreceram a mídia paga em detrimento do tráfego de mídia própria, demonstrando uma relação negativa entre gastos com publicidade e vendas.

Não se trata de não investir em mídia paga, mas sim que isso não deve ser sempre priorizado, pois ambas as mídias servem a propósitos diferentes. Trata-se de encontrar o equilíbrio certo. Os desafios da segurança da marca podem estimular os clientes a maximizar a experiência em espaços que eles *podem* controlar — mas a atenção dos usuários ainda precisa ser conquistada.

As novas regras da economia de atenção

Em 2008, o editor-executivo fundador da revista *Wired*, Kevin Kelly, criticou resumidamente o que ele descreveu como "as novas regras para a nova economia":

> Onde quer que a atenção flua, o dinheiro seguirá.

O que fortalece o insight é o fato de que nossa atenção é um recurso escasso e a "nova moeda de negócios", sobre a qual Thomas H. Davenport e John C. Beck escreveram em *Attention Economy* (2001). O princípio do velho provérbio sobre o antídoto que muitas vezes é encontrado perto do veneno tem sido compreendido na indústria da publicidade há algum tempo, como ilustra o ex-diretor criativo da JWT na EMEA Craig Davis (WPP, 2005):

> As audiências são difíceis em qualquer lugar. Elas não têm tempo para se aborrecer ou ser intimidadas pela publicidade ortodoxa e antiquada. Temos de deixar de interromper aquilo em que as pessoas estão interessadas e passar a **ser** aquilo em que as pessoas estão interessadas.

O desejo de Davis de que as marcas se tornem aquilo no qual as pessoas estão interessadas é o ponto em que Conteúdo se torna o remédio para a falta de atenção do cliente. Novamente, de acordo com Keith Weed, em um artigo na *Marketing Week* sobre a estrutura 5C (WEED, 2017):

> Todos sabemos que a batalha pela atenção nunca foi tão grande. Portanto, trata-se de desenvolver uma abordagem mais sofisticada sobre o modo como pensamos o nosso Conteúdo. Neste mundo hipersegmentado, cada vez mais isso significa construir experiências de marca *one-to-one*, fazendo com que o Conteúdo fale para uma jornada personalizada.

Curiosamente, Weed inclui tanto a publicidade interruptiva ("interrupção") como o Conteúdo que "buscamos" on-line como parte do Conteúdo "C" na nova estrutura da Unilever:

- **Interrupção**: os formatos de publicidade mais tradicionais utilizados na construção de marcas.
- ***Seek-out***: Conteúdo que resolve problemas para os quais as pessoas buscam ajuda ou nos quais estão interessadas, ou seja, os seus "pontos de paixão".

Essas opções não são apresentadas nem como opções como escolhas entre uma das duas, mas sim enquadradas com base na necessidade em obter o equilíbrio certo para seus propósitos de diferença: reiterando a recomendação do Spiegel Research Center mencionada anteriormente. Exploraremos ambos os lados dessa perspectiva durante o livro: com as considerações sobre a economia da experiência, no Capítulo 2, e o espectro mais unido de *push* e *pull* nos Capítulos 4 e 6.

Diminuição da qualidade dos anúncios e da diáspora criativa de talentos
Nós já abordamos a questão da qualidade do anúncio (e do Conteúdo). Essa é uma das principais razões pelas quais os consumidores podem estar se afastando da publicidade. Há várias forças que impulsionam essa tendência, conforme explorado em vários pontos do livro, mas o CEO da D&AD, Tim Lindsay, oferece outra perspectiva em nossa entrevista:

> Há agora muito menos talento em todas as disciplinas de publicidade, mais notavelmente no departamento criativo, onde houve uma diáspora para outros setores, incluindo empresas de tecnologia e *startups* próprias – não necessariamente na indústria de publicidade!

A realidade para aqueles que permanecem é ilustrada na fórmula básica de Lindsay para a vida nas agências de hoje: eles agora trabalham três vezes mais depressa, por um terço do dinheiro. Isso é ruim para atrair a próxima geração, conforme destacado no *white paper* "Bridging the Talent Disconnect", da Advertising Educational Foundation nos Estados Unidos (ANA, 2017). As suas conclusões mostram que os alunos da escola não estão seguros quanto às possibilidades profissionais disponíveis nas áreas de publicidade e de marketing, bem como quanto à questão de saber se é um "trabalho significativo".

No que diz respeito ao ensino superior, o relatório conclui que as universidades lutam para manter os currículos atualizados (dadas as rápidas mudanças em curso) e administrar o conflito entre as exigências da indústria em relação aos graduados mais prontos para o trabalho e as suas competências acadêmicas para desenvolver habilidades mais amplas de pensamento crítico.

O problema de os currículos se manterem atualizados é muito real e ampliado pelo fato de o Conteúdo exigir formas de trabalho diferentes e mais colaborativas. Por exemplo, a equipe criativa tradicional de "dois átomos" (copy + arte) está cada vez mais ultrapassada, ou pelo menos não está à altura da tarefa mais complexa de criar Conteúdos e resolver de modo convincente outros problemas de comunicação maiores para dezenas de plataformas e formatos digitais.

A maioria das pessoas com quem falamos também vê que o processo criativo do Conteúdo tende a ser menos linear e mais iterativo, exigindo equipes com habilidades mais amplas (por exemplo, dados e tecnologia), bem como a capacidade, em muitos casos, de realmente executar ideias em vez de apenas tê-las. Tal característica não busca minimizar a necessidade de ter criatividade, mas sem que isso seja enquadrado em torno de uma compreensão mais aprofundada da sua aplicação prática em face da natureza em rápida mutação, as taxas tornam-se mais difíceis de justificar.

Além das questões pedagógicas, mencionamos as de aquisição e retenção de talentos porque elas criam um problema para agências e clientes, que tentam compreender melhor a mentalidade digital. Também é um problema para as demandas de Pritchard e Weed por um trabalho criativo de melhor qualidade e o fato de a indústria ter a responsabilidade de oferecê-lo. Uma das críticas mais consistentes ao Conteúdo até agora é a má qualidade de grande parte dele. Esse pode ser o resultado da sua mercantilização, refletida na piada que cerca Londres, segundo a qual não estamos sempre a apenas dois metros de um rato — mas também a apenas vinte metros de um criador de Conteúdo! Esse excesso de oferta de lixo como semente da própria extinção potencial do Conteúdo é uma questão perfeitamente compreendida nos círculos de Conteúdo. No entanto, não devemos esquecer que, aqui, o Conteúdo está seguindo apenas a rota da publicidade bem-sucedida para reduzir a qualidade. Na verdade, a maior parte de tudo na vida é lixo, geralmente conhecido como "Lei de Sturgeon": "Claro, 90% da ficção científica é crua. Isso é porque 90% de tudo é cru". (Autor de ficção científica Theodore Sturgeon da New York University, c 1951 — Raymond, 1996)

O vice-presidente executivo de inovação de produto da Zenith USA, Tom Goodwin, sugere que o Conteúdo pode ser melhor enquadrado para as marcas em termos de como fazer menos coisas com maior impacto. No Capítulo 4, dedicado a como o Conteúdo muda o negócio das agências criativas, apresentaremos uma abordagem que oferece menos escolhas binárias, podendo nos ajudar a evitar sermos enterrados sob mais de noventa por cento da Lei de Sturgeon.

O surgimento de ambientes "ininterruptíveis"

É contra essa lista crescente de questões e desafios enfrentados pelas marcas que James McQuivey, da Forrester, prevê o fim da publicidade tradicional em "The End of Advertising, The Beginning of Relationships" (2017). Ele argumenta que "a publicidade expositiva nunca funcionou como pretendíamos". É por essa razão que ele sugere que o fato de Pritchard, da P&G, lançar o desafio "reformar ou não o fazer" é apenas um pequeno passo no sentido de as marcas mudarem para "relações de marca" alternativas que não interrompam os consumidores. Em vez disso, McQuivey recomenda assistentes pessoais baseados em Inteligência Artificial (IA) — Siri da Apple, Alexa da Amazon ou o Google Assistant — como exemplos de tecnologias que os consumidores estão adotando para ter o que querem sem nenhuma interrupção.

Como investigamos no Capítulo 8 sobre a evolução dos formatos de Conteúdo, é difícil interromper as pessoas se elas estão usando tecnologias nas quais isso não pode ocorrer. Sua previsão, curiosamente, coincide com a de que a publicidade digital ainda apresenta o maior crescimento e já possui o dobro do tamanho da publicidade televisiva em mercados como o Reino Unido (IAB UK, 2017). Os anúncios de exibição digital nos Estados Unidos parecem prontos para ultrapassar até mesmo os anúncios de pesquisa (PETERSON, 2016). Em breve saberemos até que ponto essa "bolha de gastos" é sustentável e se realmente há uma "crise *ad hoc*" ao virar da esquina. Os assistentes pessoais das marcas que McQuivey sugere são uma possível resposta para evitar tal acontecimento, e olharemos para outros possíveis vencedores mais adiante no livro. Curiosamente, ele acha que, embora a tecnologia possa tornar as conversas mais satisfatórias para os clientes, isso exigirá a incorporação da personalidade da marca com a qual o CMO se comprometeu, para fazê-las brilhar. Isso também se aplica ao Conteúdo e, sem dúvida, a um ponto de partida mais realista nesses ambientes. Ainda não está claro como as marcas usarão agentes, *chatbots*, IoT e outras tecnologias emergentes para atingir o público em larga escala para construir a marca, em vez de otimizar a experiência de (pós-)compra.

Alimentando "momentos que importam"

Enquanto a indústria tenta entender o que se aproxima no horizonte e como terá que se adaptar a ele, as pessoas continuam a procurar por algo que seja relevante em suas vidas pessoais. É o que Google (2015) e Facebook (2015) chamam de "momentos que importam" [MTMs, do inglês "*Moments that Matter*"], que exploramos nos capítulos 4 e 7. Em teoria, a busca deve prover às marcas a capacidade de estarem presentes nesses momentos, particularmente naqueles em que o consumidor está no caminho da compra. Isso requer que as marcas tenham algo lá em primeiro lugar. Significa também "alimentar a besta", exigindo investimento num jogo de planejamento, teste e refinação a longo prazo.

Como nos explicou Lee Wilson, autor de *Tactical SEO: The theory and practice of search marketing* (2016), há centenas de sinais sendo processados pelos algoritmos do Google, além da qualidade do próprio Conteúdo. Novidade, escala, profundidade de Conteúdo em um determinado tópico são fatores importantes, e é por isso que os *hubs* de Conteúdo que se concentram em informações mais aprofundadas sobre um assunto podem, realmente, ajudar a reforçar a afirmação do tópico. A teoria é que um Conteúdo extenso e muito otimizado pode ajudar a superar aqueles que tentam chegar ao topo. Na realidade, o jogo do Google é mais complexo do que podemos afirmar, mas a criação de um bom Conteúdo pode ser vista como outro modo de se obter SEO, porque, se você não tem nada para otimizar, então você está perdendo no jogo do ranking.

Se pensarmos nesses bilhões de momentos em que as pessoas estão buscando coisas relevantes, inclusive para entretenimento próprio ou apenas algo que seja útil, conseguimos vislumbrar o enorme espaço que as marcas têm para atuar. Esse fato nos leva à promessa ainda não cumprida do Conteúdo, pois permite que as marcas estejam presentes com algo divertido, inspirador, útil, transformador e, talvez, belo em momentos que importam, contextualizados e contínuos. Fazer isso ajuda as marcas a se concentrarem nos dez por cento ótimos da Lei de Sturgeon — e faz parte da maior promessa que as marcas podem fazer em nossas vidas e na sociedade.

Referências

ANA. *The Bot Baseline*: Fraud in Digital Advertsing. [On-line]. 2016. Disponível em: ana.net/Conteúdo/show/id/botfraud-2016. Acesso em: 12 dez. 2017.

______. *Bridging the Talent Disconnect*: Charting the Pathways to Future Growth [On-line]. 2017. Disponível em: ana.net/magazines/show/id/ii-aef-bridging-talent-disconnect. Acesso em: 12 dez. 2017.

ASMUSSEN, B.; CANTER, A.; BUTLER, A.; MICHELS, N. Towards the future of branded content, in *Best of Branded Content marketing 10th Anniversary Edition*, ed. A. Canter, J. Kirby, G. MacFarlane and M. Welland, London: Digital Media Communications Limited, p. 93-100.

BCMA. *Defining Branded Content for the Digital Age* [On-line]. 2016. Disponível em: thebcma.info/wp-content/uploads/2016/07/BCMA-Research-Report_FINAL.pdf. Acesso em: 12 dez. 2017.

CHESTERS. B. A View From Ben Chesters: The Future Is Still Promising for Television. In: *Campaign*, 16 de janeiro 2017 [On-line]. Disponível em: campaignlive.co.uk/article/future-promising-television/1420692. Acesso em: 15 jun. 2017.

COALITION of Major Advertising Trade Associations. Major Ad Trade Groups Release Joint Letter Outlining Deep Concerns Over Cookie-Handling Functionality of Apple's Safari 11 Browser. In: *PR Newswire*, 14 de setembro de 2017 [On-line]. Disponível em: prnewswire.com/news-releases/major-ad-trade-groups-release-joint-letter-outlining-deep-concerns-over-cookie-handling-functionality-of-apples-safari-11-browser-300519829.html. Acesso em: 12 jan. 2017.

DAVENPORT, T. H.; BECK, J. C. *Attention Economy: Understanding the new currency of business*. Boston, MA: Harvard Business Review Press, 2001.

FACEBOOK. *Moments that Matter: Finding the Extraordinary in the Ordinary*. 2015. [On-line]. Disponível em: fbinsights.files.wordpress.com/2015/09/facebookiq_moments_whitepaper.pdf. Acesso em: 15 maio 2017.

FOURNIER, S.; AVERY, J. The uninvited brand, *Business Horizons*, 54 (3), p. 193-207, 2011.

GLOBALWEBINDEX. *Digital vs. Traditional Media Consumption* (Q1 2017). 2017. [On-line]. Disponível em: insight.globalwebindex.net/traditional-vs-digital-media-consumption. Acesso em: 15 maio 2017.

GOOGLE. *5 Factors of Display Viewability*. 2014 [On-line]. Disponível em: thinkwithgoogle.com/infographics/5-factors-of-viewability.html. Acesso em: 15 maio 2017.

______. *Win the Moments that Matter*. 2015 [On-line]. Disponível em: thinkwithgoogle.com/intl/en-gb/marketing-resources/

micro-moments/win-the-moments-that-matter/. Acesso em: 15 maio 2017.

HERN, A. Apple Blocking Ads that Follow Users Around Web Is 'Sabotage', Says Industry. In: *The Guardian*, 18 de setembro de 2017 [On-line]. Disponível em: theguardian.com/technology/2017/sep/18/apple-stopping-ads-follow-you-around-internet-sabotage-advertising-industry-ios-11-and-macos-high-sierra-safari-internet. Acesso em: 12 jan. 2017.

HOBBS, T. "Can Amazon Put an End to Google and Facebook's Digital Duopoly?". In: *Marketing Week*, 12 maio 2017 [On-line]. Disponível em: marketingweek.com/2017/05/12/how-amazon-is-taking-on-google-facebook- at-advertising/. Acesso em: 15 maio 2017.

HOFFMAN, B. Best of 2017: Social Media Agency of The Year For Not Doing Social Media (Blog), *Adcontrarian*, 6 dez[a] 2017 [On-line]. 2017a. Disponível em: adcontrarian.blogspot.co.uk/2017/12/best-of-2017-social- media-agency-of.html. Acesso em: 12 dez. 2017.

HOFFMAN, B. Top 10 Reasons Online Advertising Must Change (Blog), 24 de outubro de 2017 [On-line]. 2017b. Disponível em: linkedin.com/pulse/top-10-reasons-online-online-advertising-must-change- bob-hoffman/. Acesso em: 12 dez. 2017.

______. *BadMen: How advertising went from a minor annoyance to a major menace.* Type A Group: Oakland.

IAB UK. *Viewable Ad Impression Measurement Guidelines - IAB UK.* [On-line]. 2014. Disponível em: iabuk.net/sites/default/files/Viewable%20Ad%20 Impression%20Guidelines.pdf. Acesso em: 15 maio 2017.

______. *Digital Adspend* [On-line]. 2017. Disponível em: iabuk.net/ research/digital-adspend. Acesso em: 15 maio 2017.

KATZ, E.; LAZARSFELD, P. F. *Personal Influence: The part played by people in*

the flow of mass communications. Nova York: Free Press, 1955.

KELLY, K. Where Attention Flows, Money Follows (Blog), *The Technium*, 25 de setembro de 2008 [On-line]. Disponível em: kk.org/

thetechnium/where-attention/. Acesso em: 12 dez. 2017.

KIRBY, J. The Future of Branded Content marketing. A. CANTER; J. KIRBY; G. MACFARLANE; M. WELLAND. (Eds.). In: *Best of Branded Content marketing 10th Anniversary Edition*, ed London: Digital Media Communications Limited, p. 115-46, 2014.

LESLIE, I. How the Mad Men Lost the Plot, *Financial Times*, 6 de novembro de 2015 [On-line]. Disponível em: ft.com/content/cd1722ba-8333-11e5-8e80-1574112844fd. Acesso em: 15 maio 2017.

MCAFEE, A. The Illusion of Brand Control, *Harvard Business Review*, 13 de novembro de 2009 [On-line]. Disponível em: hbr.org/2009/11/the-illusion-of-brand- control.html. Acesso em: 12 jun. 2017.

MCQUIVEY, J. L. The End of Advertising, The Beginning of Relationships (Blog), *James McQuivey's* Blog: *Forrester*, 2 de maio de 2017 [On-line] blogs.forrester.com/james_mcquivey/17-05-02-the_end_of_of_ advertising_the_beginning_of_relationships. Acesso em: 15 maio 2017.

O'REILLY, L. The Race Is On to Challenge Google-Facebook 'Duopoly' in Digital Advertising, *The Wall Street Journal*, 19 de junho de 2017 [On-line]. Disponível em: wsj.com/articles/the-race-is-on-to-challenge-google-facebook-duopoly-in-digital-advertising-1497864602. Acesso em: 12 jan. 2017.

PAGEFAIR. 2017 Adblock Report [On-line]. 2017. Disponível em: pagefair.com/blog/2017/adblockreport/. Acesso em: 12 dez. 2017.

PETERS, T. *Thriving on Chaos: Handbook for a management revolution*. London: Pan, 1989.

PETERSON, T. U. S. Display Spending to Overtake Search in 2016, Suggesting TV Budgets in Motion Brands Will Spend More on Banners than Video Ads for Foreseeable Future, *Advertising Age*, 12 de janeiro de 2016 [On-line] adage.com/article/digital/u-s-display-ad-spending-overtake-2016/30202099/. Acesso em: 15 maio 2017.

POSTMAN, N. Five things we need to know about technological change, The New Technologies and the Human Person: *Communicating the Faith in the New Millennium Conference*, Denver, 1998.

RAYMOND, E. S. *The New Hacker's Dictionary*. Cambridge, MA: MIT Press, 1996.

ROAM, D. *Unfolding the Napkin:* The hands-on method for solving complex problems with simple pictures. Nova York: Portfolio, 2009.

RODERICK, L. P&G Issues Call to Arms to Ad Industry Over 'Antiquated' Media Buying, *Marketing Week*, 30 de janeiro de 2017 [On-line]. Disponível em: marketingweek.com/2017/01/30/pg-media-buying/. Acesso em: 15 maio 2017.

SPIEGEL Research Center. *The Impact of Owned Media vs. Paid Media on Brand Sales*. 2017 [On-line]. Disponível em: spiegel.medill.northwestern.edu/paid-vs-owned-media/. Acesso em: 12 dez. 2017.

STEIN, L. Havas Freezes All Google–and Youtube Ad Spend - In The U.K., *Advertising Age*, 17 mar. 2017 [On-line]. Disponível em: adage.com/article/ agency-news/havas-freezes-google-youtube-ad-spend-uk/308328/. Acesso em: 12 jan. 2017.

TAN, E. Unilever Marketing Boss Weed Reveals 5C Brand Strategy, *Campaign*, 25 de setembro de 2017 [On-line]. Disponível em: campaignlive.co.uk/article/unilever-marketing-boss-weed-reveals-5c-brand-strategy/1445575.

WADDINGTON, S.; EARL, S. *Brand Vandals: Reputation wreckers and how to build better defences*. London: Bloomsbury Publishing, 2013.

WEED, K. Keith Weed: Marketers Must Follow the "5Cs" to Connect With Today's Consumers. In: *Marketing Week*, 5 de setembro de 2017 [On-line]. Disponível em: marketingweek.com/2017/09/25/keith-weed-weed-five-cs-connect-todays-consumers/

WIPPERFURTH, A. *Brand Hijack: Marketing sem marketing*. Nova York: Portfolio.

WOOLF, N. Coca-Cola Pulls Twitter Campaign After It Was Tricked into Quoting *Mein Kampf*, *The Guardian*, 5 fev. 2015 [On-line]. Disponível em: theguardian.com/business/2015/feb/05/coca-cola-makeithappy-gakwer-mein-coke-hitler. Acesso em: 15 maio 2017.

WPP. JWT *Re-Defines Role* [On-line]. 2005. Disponível em: wpp.com/wpp/press/2005/jan/27/jwt-redefines-role/. Acesso em: 12 dez. 2017.

ZMUDA, N. Pass or Fail, Pepsi's Refresh Will Be Case for Marketing Textbooks, *Advertising Age*, 8 fev. 2010 [On-line]. Disponível em: adage. com/article/digital/marketing-pepsi-refresh-case-marketing-textbooks/141973/. Acesso em: 15 maio 2017.

02.
Economia da experiência: a experiência da marca e a do consumidor como facilitadoras de Conteúdo

No espaço do Conteúdo pode, por vezes, parecer que há uma apropriação de terras por duas ideologias de comunicação concorrentes, que, de certa forma, caricaturalmente, criaram os seus campos em torno dos termos dominantes de "branded content" e "content marketing". Os Sabres são frequentemente agitados, como o grito de guerra do fundador e CEO do Content Marketing Institute, Joe Pulizzi, sobre como "o branded content dá uma reputação ruim ao Content marketing" (2015):

> É uma palavra criada pelo mundo da mídia paga... por anunciantes, agências e planejadores de mídia... Simplificando, o Conteúdo da marca parece e soa como publicidade. Se parece com um pato e anda como um pato, bem...

Uma versão menos hiperbólica dessa batalha por orçamentos de Conteúdo é oferecida pela Forrester Research, em seu relatório "Don't Confuse Media-Led and Customer-Led Content marketing" (2016). Eles veem dois tipos de abordagens de Conteúdo emergindo: uma que apoia as metas de publicidade da marca (liderada pela mídia) e outra que apoia as metas de resposta direta (liderada pelo cliente).

Dividir o espaço do Conteúdo assim pode parecer um pouco *impossível de ser feito versus possível de ser feito* e é sintomático de uma divisão muito maior que vemos se formando na terra firme e que discutimos no Capítulo 4. O problema de olhar para o Conteúdo dessa forma é que uma mudança significativa, orientada pelo cliente, do marketing para a experiência do cliente pode acabar sendo negligenciada. Tal como sublinhado no documento do IPA, "Future of Agencies: Systems and Empathy" (2017), elaborado por Neil Perkin em parceria com a Econsultancy, é um importante impulsionador de mudança fundamental na forma como as agências agora se envolvem com os clientes e realizam o trabalho.

Essa mudança não só cria desafios e oportunidades, que iremos analisar mais tarde, como também representa outra direção na qual o Conteúdo pode ajudar a remodelar o marketing. O papel do Conteúdo nessa mudança não se torna apenas algo que é visto como uma *promessa melhor* em comparação com a publicidade tradicional, mas parte da progressão para a *maior promessa* oferecida pela evolução dos mercados para a economia da experiência.

O que o Conteúdo tem a ver com a economia da experiência?

Todos os trimestres, no Reino Unido, há uma enxurrada de artigos sobre as despesas de consumo que se deslocam para a "economia da experiência". Por exemplo, "Just do it: the Experience Economy and how we turned our backs on 'stuf'", de James Usborne, no *The Guardian* (2017). Geralmente, eles estão ligados à divulgação de estatísticas econômicas governamentais e, muitas vezes, são apoiados por estudos de mercado recentes com dados de bancos e outras fontes. Mas o que é a economia da experiência e como os pontos estão ligados ao Conteúdo?

Conforme destacado por muitos dos especialistas que entrevistamos para este livro, um modo usual de mostrar o papel do Conteúdo no marketing moderno é por meio de sua ligação com a experiência do cliente (CX), como um trampolim para a economia baseada na experiência completa:

Conteúdo > Experiência do cliente > Economia da experiência

Experiência do cliente [CX, do inglês *customer experience*]

Definido por Forrester como:
O modo como os clientes percebem suas interações com sua empresa, a experiência do cliente se concentra na capacidade de otimizar os pontos de contato e jornadas do cliente para o cumprimento dos objetivos do cliente e da empresa. (MANNING, 2010.)

Ou, numa definição muito clara do professor Mark Ritson, no Capítulo 6, "Não é o que a empresa pensa ou faz, é o que o consumidor vivencia".

O marketing de experiência é outra forma de ligar os pontos, assim como os outros caminhos entre eles, geralmente óbvios porque incluem a palavra "experiência": design de experiência do usuário (UX), design de experiência de serviço e similares.

Conteúdo útil e jornada do cliente

Se tomarmos a rota do CX, então uma forma simples de ligar a economia da experiência ao Conteúdo é por meio da categoria Help do Google, a partir da sua estrutura HHH, mencionada na Introdução deste livro. O Conteúdo útil cobre todas as partes da jornada do cliente, conforme explorado no Capítulo 6. O termo "Conteúdo útil" nos faz voltar aos milhões de "Momentos que Importam" (MTMs) mencionados no capítulo 1, que inclui todos os problemas que os clientes precisam resolver. Como especialista em SEO e autor de *Tactical SEO* (2016), Lee Wilson explicou-nos que, quando bem feito, abordar MTMs como esse ajuda a fornecer o tipo de Conteúdo "persistente" que tem uma vida útil mais longa porque continua a ser útil.

Um Conteúdo como esse não apenas sustenta os clientes existentes, como também sua descoberta por meio de pesquisa orgânica e publicidade *pay-per-click* (PPC) pode ajudar a impulsionar a demanda, apresentando a marca a novos clientes e relembrando aos primeiros que suas ofertas valem a pena ser consideradas para uma primeira compra ou para comprar novamente.

ESTUDO DE CASO: Cash from Content – Canal da Unilever "All Things Hair" no YouTube

Em teoria, "estar presente" e "ser útil" podem melhorar não só a vida das pessoas, mas também os resultados. O canal da Unilever no YouTube, "All Things Hair" foi construído a partir da análise dos dados do Google que mostraram como os influentes blogueiros de vídeo que fornecem dicas de beleza e estilo no YouTube estavam gerando grandes audiências. A Unilever decidiu contratar esses "vloggers" para cocriar Conteúdo relevante com eles antes de promovê-lo por meio de anúncios em *display* e busca. Dentro de dez semanas após o lançamento, All Things Hair tornou-se o canal de cabelo número um no YouTube, marcando mais de cinquenta milhões de visualizações (NEFF, 2015). Subsequentemente, a Unilever relançou a plataforma como um canal próprio e operado (O&O) com uma plataforma integrada de *e-commerce*, que inclui igualmente *links* de Conteúdo a parceiros de varejo.

Conteúdo como utilidade — Gestão da Experiência do Cliente

Ajudar a melhorar a vida das pessoas é a ponta do iceberg no que se refere a como o CX e o content marketing são e podem ser conectados. Uma vez unidos os pontos iniciais, é possível ir além da ajuda para entrar no paradigma de *Customer Experience Management*:

Gestão da Experiência do Cliente (CEM ou CXM)
Definido por Gartner (2017) como:
A prática de projetar e reagir às interações do cliente para atender ou exceder suas expectativas e, assim, aumentar a satisfação do cliente, sua lealdade e defesa em prol da marca. É uma estratégia que requer mudança de processo e muitas tecnologias para realizar.

O cruzamento entre Conteúdo e CEM/CEX está se manifestando de várias maneiras, mas uma delas é particularmente interessante: aplicativos de atendimento ao cliente e outras tecnologias. Isso se encaixaria no tipo de Content marketing de "Conteúdo utilitário" que Rebecca Lieb identifica em *Content — The Atomic Particle of Marketing* (2017); uma calculadora hipotecária seria um exemplo. Neste ponto, o Conteúdo se torna uma tecnologia capacitante para oferecer mais serviços e experiências interativas que *usamos* para *fazer* algo — em vez de Conteúdo — como coisas que lemos, olhamos, assistimos ou ouvimos. Isso pode ser visto como uma *expressão* técnica da categoria Help do Google, em vez de um *tipo* de Conteúdo.

É uma área que mostra como o digital oferece um enorme espaço para que as marcas se conectem com seus clientes de forma útil, em vez de apenas bombardeá-los com mensagens. Uma vez que a porta do Conteúdo para CX é aberta pelo fornecimento de "utilidade", entra-se também nos mundos do design (experiência) e em espaços de inovação mais amplos, como em torno de produtos, plataformas, negócios, serviços e similares.

Conteúdo e experiência do cliente como um só?

A ideia do digital como meta-meio, mencionada na Introdução, ajuda a explicar por que o Conteúdo é tão difícil de ser definido e separado de todas as outras disciplinas de comunicação de marketing que dele também fazem uso. É também por isso que as linhas entre marketing e outras áreas de negócio começam a se entrelaçar, assim como o mundo real e virtual com novos espaços, e a realidade aumentada (RA) e a realidade mista (RM), as quais veremos mais adiante neste livro (em particular, no Capítulo 8).

Como o diretor de estratégia do Content Marketing Institute (CMI), Robert Rose, nos explicou como parte de nossa pesquisa, encontramos um problema semelhante quando tentamos tirar o Conteúdo do espaço de experiência do cliente:

> Se você olhar para a Lego, eles oferecem a experiência de seus parques de diversões LEGOLAND®. Bem, eles englobam meios digitais, físicos e todos os tipos de meios distintos para proporcionar uma experiência ao cliente. Pode dizer-se, agora, que isso é porque eles são uma empresa de eventos. São? São uma empresa de eventos que só por acaso fabrica brinquedos de plástico, ou são uma fabricante de brinquedos de plástico que agora usa a experiência de um parque de diversões para facilitar a venda de mais brinquedos? Acho que não importa, em última análise.

Rose é o coautor de *Experiences: The 7th era of marketing* (2015) e escreveu *Killing Marketing* (2017) com seu colega e fundador do CMI, Joe Pulizzi, sobre "como empresas inovadoras estão transformando custos de marketing em lucro". Eles estão olhando para a estratégia de negócios de modo que ela se torne mais integrada com a mídia e com as experiências de clientes *off-line* de maneira mais ampla. Em suma, a questão é que não importa mais se você está no negócio de *widgets*; você precisa estar também no negócio de experiência de *widgets*!

ESTUDO DE CASO: Trek Bikes – Rays MTB Park

Rays MTB Park, em Cleveland, Ohio, é um local coberto onde bicicletas de montanha, *cross country* e BMX podem ser montadas e alugadas. Passeios de trilha, rampas, saltos e piscinas de espuma sintética permitem que os pilotos aprendam novas habilidades e se mantenham em forma durante todo o ano, independentemente do clima lá fora.

A Trek Bikes comprou o negócio em 2010, e, agora, está implantando o conceito em outras cidades. Este é um bom exemplo de uma marca que expandiu da fabricação de bicicletas e produtos relacionados para um *negócio de experiência* na mesma categoria, ou seja, onde a *experiência é o produto* vendido (TREK BIKES, 2017).

Rumo a plataformas empresariais mais integradas

A premissa de Killing Marketing (2017), de Pulizzi e Rose (2017), é que a difusão da tecnologia permite que as empresas incorporem essas experiências como parte de uma plataforma mais integrada. Entre no novo "comum" do mundo da estratégia, onde as empresas têm de se tornar multidimensionais e oferecer todo tipo de produtos e serviços para poderem criar múltiplos fluxos de receitas.

É o pensamento por trás da filosofia da empresa Day One, defendida por Jeff Bezos em sua "Carta de 2016 aos acionistas" (2017). Tornar-se uma plataforma integrada permite que as empresas que pensam no futuro sejam mais ágeis, responsivas e, em última análise, resilientes. A ideia é manter a "estase" à distância e abraçar as tendências futuras para que elas possam "pivotar" para onde quer que precisem estar próximas. A Ford poderia mudar de uma montadora de carros para uma empresa de transporte quando começasse a transformar seus carros em veículos sem motorista; o Facebook poderia se tornar uma empresa de produtos com a Oculus Rift Virtual Reality; e a Amazon poderia adquirir a mercearia orgânica Whole Foods Market.

A desvantagem de se tornar uma plataforma multidimensional é que ela pode criar confusão sobre o que uma empresa é e faz. É também reflexo de uma declaração radical do antigo CEO da Saatchi and Saatchi, Kevin Roberts, que descreve o "mundo VUCA superlouco" em que vivemos agora e por que a estratégia, a grande ideia, a gestão e até mesmo o marketing como nós conhecemos estão todos mortos (DRAYCOTT, 2012):

> Nós não vivemos apenas em um mundo VUCA — um mundo volátil, incerto, ambíguo e complexo — vivemos em um mundo super VUCA... Quanto mais tempo e dinheiro você gasta elaborando estratégias, mais tempo você está dando aos seus rivais para começarem a comer o seu almoço.

Se terem comido seu almoço não é suficiente, o Vale do Silício parece pronto para devorar o mundo (MAHDAWI, 2017), como fica claro quando Tom Goodwin, da Zenith, fala sobre o fato de a batalha, agora, ser em torno da interface para o consumidor:

> Uber, a maior empresa de táxis do mundo, não possui veículos. O Facebook, o proprietário de mídia mais popular do mundo, não cria Conteúdo. Alibaba, o varejista mais valioso, não tem inventário. E a Airbnb, a maior provedora de hospedagem do mundo, não possui imóveis... Nesta era, a interface com o cliente é tudo. (GOODWIN, 2015)

A reinvenção do marketing?

Tornar-se uma plataforma mais integrada que oferece uma maior variedade de experiências é claramente um esforço empresarial mais amplo do que apenas realizar comunicações de marketing. No entanto, como Rose explicou, os diretores de marketing têm a oportunidade de impulsionar essa diversificação, tendo a missão de transformar as experiências dos clientes em experiências de construção da marca:

> A missão do marketing hoje em dia é ter uma grande parte da experiência de topo de funil/fase pré-cliente; cada vez mais, eles têm algum nível de competência sobre as experiências do cliente após a transação, mas raramente têm a responsabilidade de criar esses tipos de experiências que agregam linhas de receita ou valor comercial.

Naturalmente, isso coloca vários novos desafios aos diretores de marketing, bem como oportunidades específicas. Isso requer uma reflexão mais ampla sobre o que eles fazem, em vez de apenas olhar para seu conjunto de produtos e serviços para descobrir como eles descrevem o valor de diferentes maneiras.

Como sempre, a Red Bull aparecerá aqui. É o porta-estandarte que Rose destaca como uma empresa inovadora que revoluciona seus esforços de marketing, mudando de "tomador para gerador de receita":

> É publicado pela Red Bull Media House, que é uma divisão à parte e não pertencente ao braço de marketing responsável pela promoção da bebida. Isso não quer dizer que eles não enfrentem os mesmos desafios que outros proprietários de mídia quando se trata de ganhar dinheiro, incluindo a venda de seu Conteúdo, publicidade e patrocínio. Porém, do ponto de vista da contabilidade, são uma unidade de negócio separada que não se situa na linha de despesas.

É a criação desse tipo de produto de mídia que as pessoas realmente compram, que Pulizzi e Rose abordam em seu novo livro. É o que eles creem ser um grande exemplo porque também faz parte do principal esforço de marketing da Red Bull. No entanto, os desafios para isso também são formidáveis e explicam por que não temos muitos Red Bulls por perto...

"Disneyfication" e o ecossistema de experiência empresarial

O ponto acima, se pudesse ser feito, é potencialmente enorme. Por exemplo, a Disney. Ela é uma empresa interligada de centenas de maneiras entre diferentes expressões de seu ecossistema de negócios. Tudo é Conteúdo, marketing, experiência e negócios — ao mesmo tempo! Filmes, parques, mercadorias, aplicativos, produtos, brinquedos...

A Lego é outro exemplo de uma marca com um portfólio integrado de produtos que inclui TV e filmes (*branded entertainment*), bem como experiências de clientes que podem ser mapeadas dessa forma. Esses tipos de ecossistemas de marca ajudam a desenvolver uma experiência mais profunda por parte do cliente, que no caso da Lego ajuda a vender mais brinquedos, daí a seguinte observação feita por Jess Coulter, diretor de criação da Samsung, em seu Blog:

> O Lego Movie é entretenimento produzido por uma marca. E é um grande entretenimento que é amado tanto pelos críticos como pelo público. Muitas pessoas foram ao cinema vê-lo. Agora alugam-no ou compram-no em casa. Ou assistem a ele num avião. E agora estão mais ligadas emocionalmente à marca. Agora os Legos são um pouco mais mágicos. Então o público os compra mais. E vai para a Legolândia. Espere, esse não é o modelo da Disney? Talvez o Frozen seja o padrão ouro. (COULTER, 2014.)

O exemplo da Disney nos remete à ideia de "reinvenção da tradição", que discutimos em nossa Introdução, porque o conceito do que o autor Andrew Davis e outros chamam de "marcas de Conteúdo" não é novo (PULIZZI, 2015). No entanto, Rose vê uma progressão que ele, brincando, chama de sua "curva de mídia própria", que parece muito com o logotipo *swoosh* da Nike. Seu modelo de maturidade de Conteúdo começa com o valor de brand publishing de mídia própria na era pré-digital e vai até 2025. Ele mostra como o valor do Conteúdo tem aumentado gradualmente desde uma queda nos primeiros dias da web, à medida que evolui de uma abordagem de marketing para a estratégia de negócios em seu caminho para se tornar um modelo de negócios, como mostrado na Figura 2.1.

FIGURA 2.1 Curva de valores de meios próprios, usada com a permissão de Robert Rose

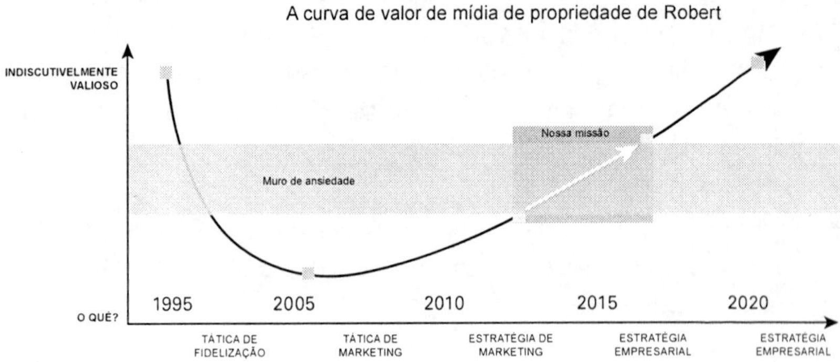

FONTE: Boye (2016); The Content Advisory (2017)

Esse potencial de transformação de Conteúdo de comunicações para um potencial modelo de negócio também foi apontado por vários especialistas no Capítulo 5. Na era pré-digital, Rose explica em nossa entrevista, o Conteúdo foi epitomizado pela revista de fidelização. As marcas usavam esse tipo de publicação de marca porque a impressão era um formato econômico para oferecer uma experiência de pós-venda a um público que elas sabiam como alcançar e que havia lhes permitido fazer isso:

> Eles compraram alguma coisa de você, logo você tinha o endereço deles e podia enviar-lhes uma cópia, ou, simplesmente, podia pôr essa experiência, diretamente, à frente deles porque eram um público cativo, como num avião.

A diferença agora é que o digital conecta marcas a clientes em todas as suas jornadas e, assim, as marcas agora podem alcançar, engajar e levar à inscrição antes da compra também. Do lado da oportunidade, a realização-chave para as marcas que Rose vê é que a fusão do mundo real com o virtual significa que a *experiência do produto* não precisa mais ser o centro do universo:

> Os clientes podem vir até nós e se inscrever de inúmeras maneiras, uma das quais pode ser essa experiência que criamos e que os faz se inscreverem neste ou naquele ponto de sua jornada; ou talvez seja por causa da própria experiência do produto ter sido convencida por um anúncio que leva à descoberta do nosso blog, revista digital ou evento do cliente etc.

Essa mudança que o digital trouxe é algo que Rose também vê acontecer no espaço B2B:

> Se você olhar para a Salesforce agora, eles oferecem serviços de consultoria e de agência no topo do funil de vendas, e na outra extremidade eles têm eventos, como sua conferência Dreamforce e World Tour. Seu conjunto de produtos de software pode estar ainda no centro de seu universo, mas agora eles têm um ecossistema de experiências.

O que aqui é descrito pode precisar de um nome diferente para distingui-lo das disciplinas de Conteúdo e Experiência do Cliente (CX). É uma expressão da economia da experiência — uma "estratégia de experiência empresarial", por assim dizer —, mas seja como for que chamemos, Red Bull, Lego, Salesforce e muitos outros mencionados, são apenas alguns exemplos das marcas em que ela pode estar funcionando. No entanto, o desenvolvimento dessas estratégias exigirá também um conjunto muito diferente de pensamento e de competências do que a "grande ideia" das campanhas publicitárias tradicionais mais lineares — algo que iremos explorar mais detalhadamente nos capítulos seguintes.

A economia da experiência: uma promessa maior

A ideia de que os consumidores transferirão cada vez mais uma maior percentagem do seu rendimento disponível e da atenção dos bens e serviços para as experiências não é uma ideia nova. Alvin Toffler cunhou o termo “indústria experiencial” para descrever os fenômenos em seu livro visionário *Future Shock* (1970). Esse precedente foi reconhecido com muita profundidade por B. Joseph Pine II e James H. Gilmore, em *The Experience Economy* (1999a). Vem de uma direção diferente que é potencialmente mais relevante para o que estamos vendo neste livro.

Da personalização em massa à economia da experiência

Perguntamos a Joe Pine sobre as origens do modelo de economia da experiência. A história que ele compartilhou foi que o *insight* ocorreu durante uma oficina baseada em seu livro anterior, *Mass Customization* (1993). Ao explicar que as personalizações em massa automaticamente transformam mercadorias em serviços, ele foi questionado sobre no que elas transformam os serviços. Ele rebateu que eles transformam um serviço em uma experiência, o que levou à conclusão de que as experiências são uma oferta econômica distinta com potencial transformador:

> Se você percorrer toda a linha da "progressão do valor econômico" das commodities, você termina na transformação, que é o que acontece quando você personaliza uma experiência. Isso cria experiências transformadoras de vida que nos mudam de algum modo.

Pense na progressão da Economia da Experiência, de Pine e Gilmore, como uma escada para um lugar melhor, mais brilhante e finalmente mais rentável. Subir a escada de mercadorias paritárias (ou pior) para experiências transformadoras requer a personalização das ofertas para que elas se tornem mais relevantes para as necessidades dos clientes. É essa ligação entre personalização e maior relevância que ajuda a criar diferenciação e ofertas premium. Não o fazer introduz o risco de comoditização e de cair num lugar mais competitivo.

Um antídoto para a comoditização

Apesar de *The Experience Economy* ter sido publicada durante o auge do *boom* das "pontocom", Pine e Gilmore realmente só abordaram o impacto da ascensão das tecnologias digitais logo após sua publicação em seu artigo "Are You Experienced", para a revista *The Industry Standard* (1999b).

O artigo não causou impacto com sua frase de abertura sobre como a "internet é a maior força de comoditização conhecida pelo homem", e continuou alertando que, a menos que as empresas descobrissem como fornecer uma experiência on-line atraente e como cobrar por ela, elas teriam desaparecido. Ironicamente, Pine relatou que apenas dois anos depois a *The Industry Standard* encerrou suas atividades.

O prognóstico de Pine e Gilmore reconheceu tanto como a internet pode simultaneamente comoditizar as coisas (como vemos agora com o que alguns estão chamando de apocalipse do varejo off-line), quanto como ela também fornece os meios para experiências excepcionais (por exemplo, como a espinha dorsal para smartphones, realidade virtual, *360 Retail* e similares).

No mundo das agências criativas, a "mercantilização da capacidade" impulsionada pela tecnologia, margens reduzidas e calendários de trabalho, foi o catalisador do relatório do IPA mencionado anteriormente. O relatório usa o modelo da economia da experiência como lente para mostrar não só como se pode entender o "progresso do valor econômico", mas também como um modelo de maturidade do valor da agência pode ser indexado a ele. Essa "progressão do valor da agência" é apresentada como três passos para se adaptar e sobreviver à crescente ameaça de comoditização:

1. - **Prestação de serviços**: prestação de serviços de marketing e publicidade tradicionais.
2. - **Experiências de encenação**: concepção e criação de plataformas de experiência do consumidor para e com clientes.
3. - **Guiando a transformação**: orientando a transformação real na relação que o cliente tem com seus consumidores, e dentro da própria organização.

A progressão é apoiada pelos resultados do relatório "Digital Trends" 2017 da Econsultancy, que inclui as três oportunidades digitais mais importantes escolhidas por um painel internacional de entrevistados do lado do cliente:

- experiência do cliente (22%);
- criar Conteúdos convincentes para experiências digitais (16%);
- marketing baseado em dados (12%).

Apesar dessas oportunidades, a pesquisa da Gartner "Hype Cycle for Digital Marketing" mostrou que a categoria de Content marketing começou a diminuir em 2015, tendo atingido o pico de "expectativas inflacionadas" (SOROFMAN, 2015). Parte do problema é a forma como as "estratégias" de Conteúdo são, demasiadas vezes, particularmente no B2B, reduzidas a "listas" de táticas indiferenciadas, do tipo "*7 content formats every marketer needs*" [7 formatos de conteúdo que todo o profissional de marketing precisa, em tradução livre] (COHEN, 2013). Isso não só corre o risco de limitar a gama de possibilidades para que as empresas engajem seus clientes, como também comoditiza as soluções que estão sendo oferecidas. O problema é agravado pelo fato de o termo "Content marketing" se tornar cada vez mais entendido como qualquer marketing que utilize Conteúdo. Isso torna redundante a colocação da palavra "Conteúdo" em vez de "marketing", o que diminui o potencial do Conteúdo de ser uma promessa melhor.

Uma promessa maior

A forma como o relatório do IPA atribui a "progressão do valor da agência" à economia da experiência também pode ser vista como um antídoto para a comoditização do Conteúdo, e como Rose, mais cedo, vê as tênues linhas que se confundem entre Conteúdo e experiência do cliente. Apesar de virem de lugares diferentes, muitas vezes, apresentados como opostos, ambos estão traçando caminhos semelhantes com o objetivo de se chegar a um lugar melhor para as marcas e para aqueles que os ajudam. Porém, como Pine e Gilmore (2016) apontam, a maior promessa da economia da experiência também pode ser diluída como resultado das diferentes maneiras como o termo "experiência" é usado agora de forma tão onipresente, inclusive:

1. **Apenas no nome:** quando se toma o que se faz atualmente e o chama de uma experiência apenas pelo nome: o "Deli Sandwich Bar", que se renomeou "Deli Sandwich Experience", sem acrescentar nada ao que é oferecido.
2. **Gestão de Experiência do Cliente:** a aplicação perfeitamente válida na qual alguns pensam sobre o tempo que as pessoas passam com a organização é aplicada às operações, por exemplo, para ajudar a fornecer um melhor serviço.
3. **Marketing experiencial:** não apenas fornecer publicidade plana, mas algo mais baseado em eventos em que não cobramos pela experiência, mas sim pelo estágio um para impulsionar mais vendas de produtos e serviços.
4. **Experiência do usuário (UX):** na qual estamos pensando em novas e melhores maneiras de navegar e usar o reino digital, incluindo experiências virtuais e de jogos.
5. **Oferta de experiência:** quando um preço está ligado à experiência, tratado como a produção da empresa, não apenas para a sua comercialização; a experiência é o produto que as pessoas realmente compram.

A desfocagem das linhas entre o CEM/CXM e o CRM pode ser vista como mais uma. No entanto, os exemplos 2, 3 e 4 mostram como as marcas estão pelo menos pensando sobre aspectos de como nós experimentamos uma marca em diferentes pontos ao longo da jornada do cliente nos domínios real e digital. Do ponto de vista da economia da experiência, porém, Pine e Gilmore acham que essas abordagens, na maioria das vezes, apenas fornecem melhorias incrementais às ofertas existentes, que mantêm a comoditização afastada.

Destacando-se pela criação de experiências memoráveis

Neste ponto, há dois outros problemas. Um é o crescente equacionamento do termo "experiência do cliente" com design de serviço, como uma disciplina emergente destacadamente sob demanda com uma aplicação mais ampla (ou, às vezes, mais estreita), ao desenvolvimento de novos produtos ou serviços de (re)engenharia. O outro é a comoditização do próprio termo: em que "experiência do cliente" é apenas a entrega incessante de resultados de marketing de performance a partir de tecnologias CRM.

Pine e Gilmore acham que isso atrapalha a adoção da verdadeira economia da experiência porque, uma vez implementada, existe o perigo de acreditar que esses programas oferecem experiências distintas quando não o fazem. Isso não quer dizer que os likes de CX ou CEM não podem, legitimamente, serem usados para ajudar a melhorar a experiência de um cliente, sendo não menos importantes e parte do serviço a ele oferecido. Porém, isso não é o mesmo que criar ofertas novas para o mundo que são mais valorizadas pelos clientes, para que possam ser vendidas a um preço especial. Pine e Gilmore rotularam essa distinção com o seguinte slogan: *Se você não criou uma memória, então você não ofereceu uma experiência distinta.*

Como eles explicaram, o que é oferecido tem que ser algo que chega dentro das pessoas e as envolve. Isso não é algo que eles pensem ser alcançado apenas fazendo coisas "agradáveis, fáceis e convenientes" ou tornando as coisas mais sem atrito — porque essas não são experiências que realmente são notadas.

Projetando para "tempo e lugar"

O livro de Pine e Gilmore (1999a), que é tão relevante hoje em dia, especialmente para o Conteúdo, como era quando foi publicado há quase vinte anos, inclui um conjunto de princípios de design que ajudam a criar uma experiência mais memorável e significativa. Atualmente, o espaço do Conteúdo carece de algo semelhante, mas o ponto de partida que vemos é a forma centrada no cliente de criar experiências em torno do tempo e do lugar, como explica Pine:

Nossas experiências acontecem em um determinado lugar, e a principal medida da experiência é o tempo. O tempo está todo embrulhado em experiência e, por isso, o design de experiência se resume, fundamentalmente, em projetar o tempo que os clientes passam com você.

Isso reflete em várias partes do livro. É também semelhante à forma como Norton e Pine enquadram a criação de experiências de cliente mais inovadoras/únicas em torno da noção de "tempo bem gasto" no seu artigo para a *Strategy & Leadership* (NORTON; PINE, 2009):

> A maioria dos líderes de empresa não consegue entender a importância essencial das experiências inovadoras que aumentam o valor do tempo que seus clientes escolhem para passar com eles.

Pensar no "valor" do tempo de alguém dessa forma é muito diferente do que descobrir o que uma marca tem a dizer sobre si mesma ou sobre produtos e alinhar essas mensagens com um público ou segmento de clientes. É talvez essa "mentalidade" mais centrada na experiência humana, baseada no tempo, que ajuda a distinguir o Conteúdo como uma abordagem das comunicações de marketing mais interruptivas, como a publicidade.

Vemos a ideia de projetar para tempo e lugar como uma peça-chave de um quebra-cabeça muito maior que ajuda a conectar vários dos outros pontos que discutimos neste livro. Em primeiro lugar, é uma forma útil de mostrar a ligação entre o Conteúdo e as economias de experiência e atenção. Ela também pode ser vista como uma consequência inevitável da evolução do marketing à medida que se adapta à mudança da paisagem da mídia, e porque o Conteúdo pode ser visto como um sintoma ou uma fase de *placeholder*.

Mais especificamente no espaço do Conteúdo, projetar para o tempo e espaço está ficando mais evidente na forma como o pensamento "público em primeiro lugar" dos mundos do entretenimento e da publicação está chegando a uma abordagem de resolução de problema mais centrada no ser humano e no "design thinking". Esse cruzamento está ligado à dinâmica dos "sistemas e empatia" identificada no relatório do IPA como sendo a chave para moldar o futuro das agências. Essas duas dinâmicas são derivadas da forma como Charles Leadbeater combina sistemas e design thinking como uma lente para criar mais "experiência altamente de convívio, carregada e compartilhada" como parte de um melhor planejamento urbano (2014). São os dois "princípios" fundamentais do design *thinking* que consideramos particularmente importantes aqui:

- **Iteração**: o *processo* de desenvolvimento ágil construído para aprender.
- **Empatia**: o *modo* de enquadramento para compreender a forma como as pessoas fazem as coisas e o porquê — por exemplo, colocando-se no lugar de outra pessoa.

O processo mais *iterativo* (design) é muito diferente do processo da campanha publicitária mais linear, que passa da breve "grande ideia" chegando até a produção, distribuição e medição de uma forma mais linear. Além disso, a empatia, ou uma mentalidade empática que o coloca no lugar de outra pessoa, oferece uma oportunidade de pensar sobre as experiências do cliente para que as soluções não tenham que ser tão estritamente focadas em marketing.

Isso nos leva ao território da inovação, o qual traz à tona diferentes idealizações e pensamentos de resolução de problemas, como a forma que Norton combina a teoria de Clayton Christensen de "Jobs To Be Done" com a maneira como o tempo pode ser projetado em torno de seus quatro arquétipos de felicidade do cliente: funcional, emocional, social e aspiracional (NORTON, 2015). Os arquétipos emocional e funcional representam as duas extremidades do espectro do conceito de utilidade empática que discutimos no Capítulo 4. É uma maneira de estruturar as formas como as marcas podem conectar e engajar consumidores nos MTMs ao longo de suas jornadas baseadas em torno de projetar para o tempo deles naqueles "locais".

Ser mais empático também introduz uma dimensão ética prática na qual o design pode se tornar mais respeitoso com o tempo dos usuários e mais solidário com nossas necessidades, intenções e objetivos humanos mais profundos. Essa mudança no sentido de ser manipulado pelo design para onde ele está do "nosso lado" é o espaço que o antigo acadêmico do Google, James Williams, explora como a antítese da atitude de que "o usuário é o produto", desafiando o pressuposto de que "a captura e exploração em larga escala da atenção humana" é "ou ética e/ou inevitável" (WILLIAMS, 2015).

Olhamos mais adiante neste livro para as considerações éticas, mas essa perspectiva mais moral está embutida na economia da experiência pela forma como a sua progressão evolutiva conduz à orientação da nossa transformação (pessoal). A "economia de transformação" não é algo que Pine e Gilmore pensem que já alcançamos, ou que estamos mesmo perto de fazer, mas, como a autenticidade é relevante para as experiências, Pine pensa que o "significado" é algo que é relevante levar em conta ao orientar as transformações.

Gilmore acrescenta, introduzindo a noção de "propósito":

> A economia da experiência é sobre engajar as pessoas, mas você tem que perguntar de que maneira e com que finalidade. É aqui que está o propósito. Como dizemos neste livro, todo comércio é uma escolha moral. É uma escolha moral para decidir o que você vai produzir e vender no mercado, e é uma escolha moral sobre o que você decide consumir.
>
> As pessoas falam sobre o propósito e as visões das empresas. As empresas, ao definirem seu objetivo, gastam tempo suficiente pensando no modo como querem incentivar as pessoas a gastarem o seu tempo? Por causa de toda a produção econômica – mercadorias, bens, serviços etc. – são as experiências que mais influenciam a forma como as pessoas passam o tempo. As experiências são demoradas, então como você quer que as pessoas consumam seu tempo?
>
> Se você tem um propósito, um ponto de vista ou uma filosofia como um negócio, isso permite que você fale ao público sobre como você existe de uma certa maneira. Isso proporciona uma articulação mais explícita do propósito por parte das empresas, e uma compreensão e reflexão mais explícitas por parte dos consumidores.

Olharemos para o propósito no Capítulo 3, como parte da construção de mais marcas sustentáveis e o papel que o Conteúdo tem a desempenhar neste contexto. Para além dos paradigmas de experiência transformacional, o efeito imediato pode ser o de ajudar a aliviar a desvantagem mais comum da superprodução de Conteúdos que mencionamos no Capítulo 1: a fatia de noventa por cento de Sturgeon.

Referências

BEZOS, J. P. *Letter to Shareholders* [On-line]. Disponível: amazon.com/p/feature/z6o9g6sysxur57t/. Acesso em: 11 jun. 2017.

BOYE, J. Robert Rose: Keynote: Content — It's' Not the Players — It's The Game. In: *Slideshare*, 10 de maio de 2016 [On-line]. Disponível em: slideshare.net/j_boye/robert-rose-keynote-content-its-not-the-player-s-its-the-game. Acesso em: 11 jun. 2017.

COHEN, H. 7 Content Formats Every Marketer Needs in 2013. In: *Heidi Cohen* (Blog), 8 de janeiro de 2013. Disponível em: heidicohen.com/7-content-formats-every-marketer-needs-in-2013/. Acesso em: 11 jun. 2017.

COULTER, J. Lego: The LEGO® Movie (Blog). In: *Best of Branded Content marketing (BOBCM)*, 14 de janeiro de 2014 [On-line]. Disponível em: bobcm.net/2015/01/14/the-lego-movie. Acesso em: 11 jun. 2017.

DRAYCOTT, R. Marketing Is Dead Says Saatchi & Saatchi CEO. In: *The Drum*, 25 abr. 2012 [On-line]. Disponível em: thedrum.com/news/2012/04/25/marketing-dead-says-saatchi-saatchi-saatchi-ceo. Acesso em: 11 jun. 2017.

ECONSULTANCY. *Digital Intelligence Briefing: 2017 Digital Trends* [On-line]. 2017. Disponível em: econsultancy.com/reports/digital-intelligence-briefing-2017-digital-trends. Acesso em: 12 dez. 2017.

FORRESTER. *Don't Confuse Media-Led and CustomerLed Content marketing* [On-line]. 2016. Disponível em: Irester.com/report/Dont+Confuse+MediaLed+ And+CustomerLed+Content+Marketing/-/E-RES131044. Acesso em: 11 jun. 2017.

GARTNER. *Customer Experience Management (CEM)* [On-line].

2017. Disponível em: gartner.com/it-glossary/customer-experience--management-cem. Acesso em: 11 jun. 2017.

GOODWIN, T. Battle Is for the Customer Interface. In: *Tech Crunch*, 3 de março de 2015 [On-line]. Disponível em: techcrunch.com/2015/03/03/3/in-the-age-of-disintermediation-the-battle-is-all--for-the-customer-interface/. Acesso em: 11 jun. 2017.

IPA. *IPA Future of Agencies: Systems and Empathy* [On-line]. 2017. Disponível em: ipa.co.uk/Framework/ContentDisplay.aspx?id=12292. Acesso em: 11 jun. 2017.

LEADBEATER, C. *The London Recipe*: How Systems and Empathy Make the City Centre for London [On-line]. 2014. Disponível em: charlesleadbeater.net/ wp-content/uploads/2014/05/CFL_THE-LONDON-RECIPE.pdf. Acesso em: 11 jun. 2017.

LIEB, R. *Content* — The Atomic Particle of Marketing. London: Kogan Page, 2017.

MAHDAWI, A. It's Not Just Amazon Coming for Whole Foods — Silicon Valley Is Eating the World. London, *The Guardian*, 13 de maio de 2017 [On-line]. Disponível em: theguardian.com/commentisfree/2017/jun/20/amazon-whole-foods-silicon-valley-global-domination. Acesso em: 11 jun. 2017.

MANNING, H. Customer Experience Defined (Blog), *Forrester / Blogs*, 23 de novembro de 2010 [On-line]. Disponível em: go.forrester.com/blogs/10-11-23-customer_experience_defined/. Acesso em: 11 mar. 2015.

NEFF, J. How Unilever Tapped 'I Want That Hair' Moments by Aggregating Blogger Videos. Nova York, *Advertising Age*, 15 de outubro de 2015 [On-line]. Disponível em: adage.com/article/special-report-a-na-annual-meeting-2015/unilever-tapped-i-hair-moments/300939/. Acesso em: 11 jun. 2017.

NORTON, D. *Digital Context 2.0:* Seven lessons in business strategy, consumer behavior, and the internet of things. Colorado Springs: Gifted Press, 2015.

NORTON, D. W.; PINE II, B. J. *Unique experiences*: disruptive innovations offer customers more 'time well spent', Howard House, *Strategy & Leadership*, n. 6, v. 37, nov. 2009, p. 4-9.

PINE II, B. J. *Mass Customization:* The new frontier in business competition. Boston, MA: Harvard Business School Press, 1993.

PINE II, B. J.; GILMORE, J. H. *The Experience Economy:* Work is theatre and every business a stage. Boston, MA: Harvard Business School Press, 1999a.

______. 'Are You Experienced?' *The Industry Standard*, 9 de abril de 1999 [On-line]. 1999b. Disponível em: strategichorizons.com/wp-content/uploads/IndustryStandard-9904-AreYouExperienced.pdf. Acesso em: 11 jun. 2017.

______. Integrating experiences into your business model: five approaches. Howard House: Strategy *& Leadership*, n. 1, v. 44, 2016, pp 3-10.

PULIZZI, J. Can We Please Stop Using Branded Content? (Blog). London: *Content marketing Institute*, 6 de outubro de 2015 [On-line] contentmarketinginstitute.com/2015/10/stop-using-branded-content. Acesso em: 11 jun. 2017.

PULIZZI, J.; Rose, R. *Killing Marketing:* How innovative businesses are turning marketing cost into profit. Nova York: McGraw-Hill Education, 2017.

ROSE, R.; JOHNSON, C. *Experiences:* The 7th era of marketing. Cleveland: Content marketing Institute, 2015.

SOROFMAN, J. *Content marketing World 2015*: Caution Flags for Content Marketers (Blog), *Gartner for Marketers*, 14 de setembro de 2015 [On-line]. Disponível em: blogs.gartner.com/jake-sorofman/content-marketing-world-2015-caution-flags-for-content-marketers/. Acesso em: 11 jun. de 2017.

THE CONTENT Advisory Marketing at a Profit: Transforming Strategic B2B Content Creation in a Post Digital World. *Slideshare*, 6 de abril de 2017 [On-line] www.slideshare.net/BigBlueMoose/marketing-at-a-profit-transforming-strategic-b2b-content-creation-in-a-post-digital-world. Acesso em: 5 fev. 2018.

TOFFLER, A. *Future Shock*. Nova York: Random House, 1970.

TREK BIKES. Rays MTB Park [On-line]. Disponível em: trekbikes.com/us/en_US/company/our_brands/rays_indoor_mtb_park/. Acesso em: 11 jun. 2017.

USBORNE, S. Just Do It: The Experience Economy and How We Turned Our Backs On 'Stuff', *The Guardian*, 13 de maio [On-line]. Disponível em: theguardian.com/business/2017/may/13/just-do-it-the-experience-economy-and-how-we-turned-our-backs-on-stuff. Acesso em: 11 jun. 2017.

WILLIAMS, J. Why It's OK to Block Ads (Blog). *Practical Ethics*, 16 de outubro de 2015 [On-line]. Disponível em: blog.practicalethics.ox.ac.uk/2015/10/ why-its-its-ok-to-block-ads/. Acesso em: 11 jun. 2017.

03.
Como o Conteúdo pode ajudar a construir marcas sustentáveis com melhores propósitos

"Se não sabes para onde vais, qualquer caminho serve".

Essa versão simplificada da conversa entre Alice e o Gato de Cheshire em *Alice no País das Maravilhas* (1865), de Lewis Carroll, liga o capítulo anterior a este. Em suma, a *direção* e o *objetivo* são duas faces da moeda da estratégia empresarial; compreender *para onde* queremos ir e *por que*, para que possamos descobrir *como* chegar lá.

O Capítulo 2 pode ter apontado para onde as coisas podem estar indo mais amplamente, já que as linhas entre Conteúdo e experiência continuam a se chocar. Neste capítulo, pretendemos explicar como o Conteúdo, percebido como uma promessa melhor do que as comunicações tradicionais, se relaciona com a construção de organizações com um sentido maior de propósito.

O pano de fundo poderia ser resumido pelo mantra de Simon Sinek de seu best-seller *Start With Why* (2011):

> As pessoas não compram o que você faz; compram o porquê você faz. E o que você faz prova simplesmente aquilo em que você acredita.

O Conteúdo, mais do que a publicidade tradicional, pode ajudar a formular e expressar esse propósito. Porém, primeiro, precisamos saber o que, de fato, é o propósito.

O propósito começa com o *porquê*

Em 1960, o cofundador da Hewlett Packard, David Packard, fez um discurso aos funcionários sobre *a razão pela qual* uma empresa existe em primeiro lugar:

> Eu acho que muitas pessoas supõem, erroneamente, que uma empresa existe simplesmente para ganhar dinheiro. Embora esse seja um resultado importante da existência de uma empresa, temos de ir mais fundo e encontrar as verdadeiras razões do nosso ser. Ao investigarmos isso, inevitavelmente chegamos à conclusão de que um grupo de pessoas se reúne e existe como uma instituição que chamamos de empresa para que eles sejam capazes de realizar algo coletivamente que eles não poderiam realizar separadamente — eles fazem uma contribuição para a sociedade, uma frase que parece banal, mas é fundamental. (COLLINS; PORRAS, 1996.)

Esse trecho do discurso de Packard ajuda a responder *por que fazemos o que fazemos/por que estamos aqui*, enfatizando que essa não é, de forma alguma, uma ideia nova. No entanto, a seguinte observação da nossa entrevista com Thomas Kolster, autor de *Goodvertising: Creative advertising that cares* (2012), mostra que ainda há muita confusão em torno do *propósito*:

> O objetivo tornou-se um pouco como o Pokémon: todos o procuram, mas não sabem por quê.

Analisaremos a consequência dessa confusão mais tarde, embora isso não seja surpreendente em questões ontológicas amplas como essa.

Identificamos quatro vetores principais para mostrar que, quando se trata do propósito, não só está se tornando cada vez mais essencial *começar com o porquê*, como também há outras perspectivas para serem pensadas e entendidas. Os vetores são apenas uma fatia fina. Esperamos que eles forneçam um ponto de partida para explicar a ascensão das organizações orientadas por objetivos/valores, antes de trazê-lo de volta ao papel do Conteúdo nesse mesmo ponto.

Quatro vetores-direcionadores de propósito/conexão de Conteúdos

1. branding na era digital (chega de fingir);
2. sustentabilidade para o crescimento e o bem;
3. a megatendência da *individualização*;
4. a ligação cultural.

Sem nos arrastarmos demais para o território da estratégia de negócios ou ficarmos atolados na definição de toda a terminologia inter-relacionada, pensamos que seria útil oferecer tanto a nossa explicação do objetivo como analisar a vantagem comercial de se ter um, antes de explorarmos esses vetores mais adiante.

Objetivo explicado

Em suma, *propósito* não é o mesmo que *missão*, *visão* ou *objetivos* — são os aspectos mais dinâmicos que moldam as estratégias de negócio não só sobre o que as empresas fazem, mas também sobre o que pretendem ser e o impacto que isso terá/o que será alcançado. O propósito também não é o mesmo que o *ethos* organizacional, embora eles estejam conectados pela *cultura interna* e os valores e princípios compartilhados subjacentes mais permanentes que ajudam a moldar atitudes, aspirações e motivações necessárias para alcançar as metas.

Em suma, o propósito é a *razão de ser* organizacional e a natureza mais permanente da sua existência, em torno da qual os outros componentes e a estratégia são construídos. Como a citação de Packard destaca, a razão de *ser* não tem que ser sobre ganhar dinheiro. Muitas vezes, o dinheiro é a consequência de um propósito.

Tomemos novamente a Disney como exemplo: o seu objetivo era e continua a ser "fazer as pessoas felizes". Os seus valores ou princípios fundamentais permanecem os mesmos ou semelhantes, tais como "criatividade, sonhos e imaginação", "sem cinismo" etc. Um dos benefícios da estabilidade do propósito e dos valores claramente definidos é a constante evolução das práticas de contratação, canais e produtos que eles implantam para alcançá-lo (COLLINS; PORRAS, 1996). Permite que a sua estratégia seja mais dinâmica, o que significa que podem continuar a evoluir e obter lucros de novas e diferentes formas (JONES, 2015). O que quer que continue fazendo com que as pessoas sejam felizes é chamado de "eles".

A vantagem do propósito

Há muitas pesquisas de apoio e estatísticas mencionáveis sobre os benefícios de negócios das organizações com propósito (HARVARD BUSINESS REVIEW, 2015; EY, 2016), incluindo:

- ser significativamente melhor que os seus pares;
- ter empregados mais comprometidos e satisfeitos;
- ser mais inovador e capaz de atingir objetivos de transformação;
- criar produtos e serviços de melhor qualidade;
- incentivar a lealdade e ter maior probabilidade de ser recomendado pelos clientes.

No entanto, tentar avaliar esses resultados de forma mais sistemática é um problema. Em primeiro lugar, há uma variedade de metodologias sendo usadas. Comparar maçãs com maçãs também é complicado pela infinidade de diferentes termos usados, entre eles "orientado por propósitos", "orientado por valores", bem como "orientado por objetivos", "significativo", "sustentabilidade" e "marcas sustentáveis".

Dois projetos de pesquisa se destacaram. O primeiro foi o "The Business Case for Purpose", conduzido pelo Beacon Institute, da EY, que define o propósito organizacional como o que vem a seguir (HARVARD BUSINESS REVIEW, 2015):

> Uma razão de ser aspiracional que inspira e fornece um apelo à ação para uma organização e seus parceiros e públicos de interesse e proporciona benefícios para a sociedade local e global.

A descoberta mais notável foi que, apesar da longa lista de vantagens de se ter um propósito, conforme identificado pelos executivos pesquisados, e de noventa por cento acreditarem que suas empresas entendem dessa forma, menos da metade achou que isso realmente informa sua estratégia de negócios e a tomada de decisões no dia a dia.

Essas organizações parecem estar perdendo uma oportunidade, de acordo com os resultados da pesquisa sobre Corporate Purpose and Financial Performance, do professor George Serafeim e colegas (SERAFEIM; GARTENBERG, 2016). O que eles mostram é que ter um propósito pode não ser o bastante. Por exemplo, ter uma camaradagem orientada por propósito em que as pessoas se sentem parte de uma equipe não é garantia de desempenho financeiro. Porém, o que sua análise mostra é que ter um propósito é importante e pode estar ligado ao crescimento — se estiver claramente articulado e se a gerência média tiver aderido a ele.

A seguir, são apresentados os quatro vetores-chave por trás da ascensão do propósito como uma perspectiva de negócios e marketing — e oportunidade de Conteúdo.

1. Branding na era digital: chega de fingir

Como abordado no Capítulo 1, as marcas sentem que estão perdendo o controle. As velhas formas de branding estão decaindo sob stress. Um lembrete útil do que uma marca representa é a forma como Robert Jones, da consultoria de branding Wolff Olins, a define em seu livro *The Big Idea* (2001): Uma marca é uma promessa (de uma experiência), e ela deve ser mantida.

É o cumprimento das promessas que está por trás do livro *Authenticity: What consumers really want* (2007) de James H. Gilmore e B. Joseph Pine II. No momento em que o escreveram, viram o marketing em geral, e a publicidade em particular, "transformar-se em gigantescas máquinas geradoras de fingimentos que faziam falsas promessas". Voltaremos a essa questão no Capítulo 11, mas a questão levantada aqui está relacionada ao impacto na reputação e nos resultados.

É um problema significativo, agora que o "consumidor digitalmente capacitado" tem mais maneiras do que nunca de expressar sua insatisfação quando as marcas não conseguem atender às expectativas. Como Robert Bean, veterano em publicidade que se tornou consultor de branding e autor de *Winning in Your Own Way: The nine and a half Golden rules of branding* (2009), explicou-nos em uma entrevista anterior (KIRBY, 2013):

> O que eram paredes que as empresas podiam controlar nos velhos tempos tornaram-se, agora, janelas. Qualquer um pode ver qualquer organização a partir de qualquer quantidade de diferentes pontos de vista.

O argumento de Bean é que o digital é muito bom em ajudar a expor o que ele chama de "**desorganizações**" — marcas que tentam criar uma reputação, ou fingi-la, agora correm um risco muito maior de serem encontradas e convocadas. É por isso que ele acha que é mais importante do que nunca que as empresas se tornem mais claras sobre quem são e o que são, bem como que sejam fiéis a si próprias. A construção de marcas fortes é algo que precisa começar de *dentro para fora*, o que ele chama de três pilares: cultura, produto (ou serviço) e reputação:

> Quero dizer que as pessoas dentro da empresa estão completamente alinhadas em torno do que estão tentando fazer, então você tem uma

cultura que está produzindo um produto proporcional que, quando administrado adequadamente, cria uma reputação igualmente proporcional.

Bean acha que a resposta deve ser articulada no que ele chama de "princípio organizador único". Ela culmina na condensação do propósito e de outras variáveis em um aforismo ou mantra organizacional que lembra a "proposição de pensamento único" familiar na publicidade, embora aqui ela se aplique à organização como um todo, e não apenas às comunicações. Quem pode ser mais adequado para contar essas histórias e destilar ideias grandes e complexas em propostas mais simples, que possam ser compreendidas pelas pessoas e inspirá-las é algo que discutiremos mais detalhadamente no Capítulo 4.

2. A ascensão da sustentabilidade para o crescimento e o bem

O exemplo da Disney apresentado mostra como um propósito não tem que ser social por si só, mas é fundamental entender por que a sustentabilidade cresceu na pauta das corporações, e os propósitos sociais estão bem mais visíveis agora.

Ser uma marca "sustentável" pode simplesmente significar crescimento empresarial e sucesso comercial em longo prazo. Para evitar qualquer ambiguidade, estamos usando especificamente o termo "sustentabilidade" aqui para nos referirmos a propósitos corporativos que são baseados em seu *impacto social e ambiental.* Uma razão simples pela qual essas questões se tornaram uma preocupação corporativa é que seus clientes agora esperam que assim seja: aproximadamente um terço deles, de acordo com a pesquisa internacional realizada pela Unilever em 2017. É uma tendência crescente em todo o mundo que o Trendwatching.com explica de forma meio ácida, como se segue (2015):

> Os consumidores não querem fazer do mundo um lugar melhor. Eles querem que as marcas façam isso por eles.

Os seus analistas admitem que a questão é mais complexa. No entanto, seu argumento é que os consumidores estão estabelecendo padrões mais altos para as marcas do aqueles aos quais eles mesmos aderem — até porque eles as culpam pelos problemas em primeiro lugar, incluindo os comportamentos de consumo que acham tão difíceis de serem abandonados. Dado o ceticismo dos consumidores em relação às "iniciativas intermináveis de sustentabilidade da marca e de responsabilidade social e empresarial", a Trendwatching.com faz a seguinte recomendação:

> "O único caminho significativo que resta para as marcas é parar de falar e agir".

Peter Fisk faz um comentário semelhante em seu livro *People Planet Profit: How to embrace sustainability for innovation and business growth* (2010):

> A sustentabilidade não é mais apenas um complemento ao negócio. Não é mais um departamento separado, ou mesmo uma equipe dentro do departamento de assuntos corporativos preocupada apenas com conformidade e reputação. Não é mais suficiente ter algumas metas dignas, uma estratégia de sustentabilidade como um anexo ao plano de negócios, ou um relatório de sustentabilidade como um pensamento posterior.
>
> As estratégias de RSE (responsabilidade social empresarial) eram tipicamente uma compensação periférica pelos danos já causados, aliviando a culpa das empresas que não conseguiam ver a luz. Eram a cobertura generosa e limpa para um bolo grande e sujo. Procuraram proteger reputações superficiais e cada vez mais frágeis.

Isso não quer dizer que as iniciativas de RSE não possam inspirar o storytelling da marca, como destaca Elena Grinta em seu livro *Branded Entertainment* (2017). Contudo, o que Fisk também diz é que a *maior promessa* aqui é muito mais do que isso:

> Trata-se de deslocar as questões da sustentabilidade das bordas para o coração do negócio. Isso exige que os líderes empresariais repensem

questões estratégicas fundamentais — por que existimos, no que devemos nos concentrar, como somos diferentes e por que as pessoas escolhem isso, querem trabalhar para nós e investir em nosso negócio.

Do ponto de vista do marketing, ainda há aqueles como Mark Ritson, que não estão convencidos e acham que as marcas devem lembrar que se trata de lucro, não de propósito (RITSON, 2017). Para Fisk, não há paradoxo ou conflito entre "crescimento e ser bom" porque salvar o planeta é uma oportunidade de negócio. Ele cita o ex-vice-presidente e diretor de área da Kraft Food UK, Ben Clarke, para reforçar o ponto:

> "Sustentabilidade agora é lucro. É a oportunidade do século XXI".

3. A megatendência da individualização

O valor derivado do alinhamento dos 3Ps defendidos por Fisk, como parte da garantia de sucesso comercial sustentável em longo prazo, é uma forma de explicar o aumento da sustentabilidade e da finalidade social do ponto de vista empresarial. Há outro ponto, do lado do consumidor, também útil para as marcas.

No Capítulo 2, mencionamos tanto *a Mass Customization* (1993) de B. Joseph Pine II como *The Experience Economy* (1999), que ele escreveu com James H. Gilmore. Por trás de ambas está a megatendência da "individualização", que, segundo Pine, tem tudo a ver com a aproximação cada vez maior do indivíduo. Essa é a base da ideia de "segmentação da visão de mundo" que Pine e Gilmore introduziram em *The Experience Economy*, explicada por Pine em nossa entrevista: ela é construída sobre a seguinte visão, que ajuda a explicar por que os propósitos autênticos importam na nova era da individualização:

> Cada vez mais as pessoas compram apenas de empresas cujos propósitos estão alinhados com quem são como indivíduos, e é aí que elas são vistas como autênticas.

A ideia de a marca ser um reflexo do próprio consumidor está por trás do imperativo de Pine e Gilmore para que as organizações tenham um propósito baseado em um ponto de vista particular:

> No mundo das experiências "pagas", as pessoas questionam cada vez mais o que é real e o que não é, e não é só que não querem o falso do fingimento, mas querem o real do genuíno. É por isso que a "autenticidade" se torna a sensibilidade do consumidor na Economia da Experiência, ou seja, a critérios primários de compra que as pessoas usam para escolher o que comprar ou não.

Em *Authenticity*, que pode ser vista como a sequência de *The Experience Economy*, Gilmore e Pine (2007) usam o termo *autêntico* como um atributo (*adjetivo*) da *Experiência* (*substantivo*): autenticidade é a qualidade importante da experiência oferecida, e razão para comprar.

A conexão crítica com a construção da marca também é a forma como os autores associam a autenticidade à individualização, envolvendo nossas decisões de compra na formação de identidade. Gilmore ofereceu a seguinte explicação, baseada na forma como Virginia Postrel resume em seu livro *The Substance of Style* (2003), no qual ela escreve que quando as pessoas compram algo, elas olham para a oferta e dizem: *Eu gosto disso, eu sou assim*:

> Os consumidores olham para qualquer oferta e dizem que eu sou o tipo de pessoa que conduz um carro assim; eu sou o tipo de pessoa que come num restaurante como esse; eu sou o tipo de pessoa... Não se trata apenas de acessibilidade ou qualidade; trata-se também de saber se uma compra reflete quem você é, ou seja, ela é verdadeira para mim?

A introdução de Pine e Gilmore a respeito da formação de identidade anteriormente mencionada reformula o significado de *relevância*. *Eu gosto disso* não é apenas sobre o que nos interessa, mas sim algo profundamente pessoal baseado em nossos valores/crenças (eu sou assim). É a parte "ser fiel a si mesmo" dessa formação identitária que eles usam como base para os seus dois padrões-chave de autenticidade:

- ser verdadeiro consigo mesmo (baseado na sua identidade, quem você é no seu núcleo);
- ser o que você diz que é (para os outros).

São esses dois padrões que fazem do propósito um aspecto essencial da nossa identidade, porque existimos no mundo e porque devemos ser *verdadeiros* para sermos percebidos como autênticos.

4. *A conexão cultural*

O que individualização, autenticidade e termos semelhantes denotam nada mais é do que um conjunto de construções *culturais*. É aqui que a história do propósito se torna complicada e potencialmente poderosa, pois, na sua essência, reflete todos os aspectos da cultura: neste caso, a *sociedade* e os *negócios*. Consumidores, marcas, organizações — são manifestações de ambos, e o papel do Conteúdo como uma melhor promessa poderia ser também analisado com isso em mente.

Chris McCarthy, diretor de estratégia criativa EMEA no Google ZOO, partilhou uma observação poderosa em 2015, numa das nossas entrevistas anteriores (KIRBY, 2015):

> As marcas precisam entender que a conexão com as pessoas é um exercício social que é realizado mediante um constructo sujo e obscuro chamado cultura: as coisas que consumimos, falamos, observamos e com as quais interagimos.

O ponto de McCarthy é bilateral: a cultura trabalha tanto interna quanto externamente, impacta tanto os funcionários de uma organização quanto seus clientes; ambos os quadros mentais têm origens culturais e modos de expressão; ambos são ligados ao significado e ao propósito. É por isso que eles também são cruciais para as considerações de Conteúdo.

No lado interno, trata-se de como o *porquê* por trás do propósito, juntamente com os valores/princípios fundamentais, ajuda a obter a *adesão* dos funcionários para que as promessas da marca possam ser cumpridas. Richard Wilding, CEO e fundador da WME, especialista em comunicação interna, sugere que uma maneira de pensar sobre isso seria parafrasear o mantra de Postrel, para que internamente se torne "*Eu valorizo isso, eu gosto disso*". Como uma agência criativa pode desempenhar um papel nesse espaço é explorado no Capítulo 4.

Externamente, para os consumidores, a imagem mais ampla da marca cultural requer que as narrativas da marca vão além da simples adição de um toque "autêntico" superficial, como implícito no título de *Whoever Tells the Best Story Wins* (2007), de Annette Simmons. A autenticidade não é apenas sobre a tonalidade ou estética das comunicações da marca, é sobre garantir que os valores da marca sejam "vividos". Sinek aprovaria. Isso leva a uma conclusão potencialmente massiva: **não há uma boa estratégia de Conteúdo sem se alinhar a marca e as organizações, impulsionada pelo propósito maior**. Além disso, Conteúdo e cultura não podem existir lado a lado; eles são aninhados um dentro do outro: **Conteúdo é a expressão do propósito e da cultura!** (Ver figura 3.1.)

Obviamente, a imagem é notoriamente diferente de como o Conteúdo está sendo definido e usado atualmente, com exemplos claros nos capítulos 10 e 11. Porém, quando olhada através dessa lente, ela começa a dar vestígios de uma promessa potencialmente melhor para marcas que se preocupam em definir e manifestar seu propósito. Isso é destacado em uma série de abordagens acadêmicas e de consultoria que exploram um vasto reservatório de metodologias de pesquisa multidisciplinares para gerar insight*s* nesse espaço.

Figura 3.1 "Agrupamento" da estratégia de Conteúdo dentro do propósito e da cultura

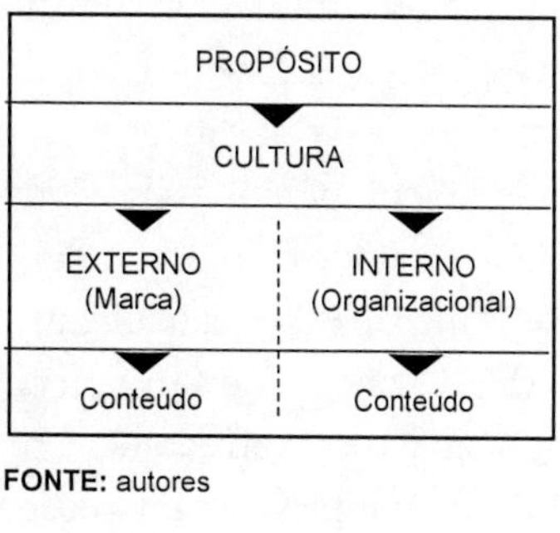

FONTE: autores

Um deles é o domínio muito demandado da "cultura de marca", regida por nomes bem conhecidos como Douglas B. Holt ou Grant McCracken, *entre* outros. Eles escrevem sobre como as marcas podem ser melhor compreendidas ao examinar o papel que ocupam na paisagem cultural e como suas estratégias podem ser moldadas ao fazer isso. É aquele que vê, entre outras coisas, como nem as marcas nem os consumidores estão completamente no controle do processo de branding, explorando tendências culturais e códigos como as convenções de storytelling.

Esse enquadramento cultural leva-nos não só ao território das artes e das humanidades, mas também aos domínios das ciências humanas e sociais, que oferecem uma série de métodos para obter insight*s* mais ricos sobre o que é relevante e significativo para as pessoas.

Como Christian Madsbjerg e Mikkel B. Rasmussen mencionam, em *The Moment of Clarity* (2014), as marcas ocasionalmente contratam etnógrafos e antropólogos para conduzir pesquisas sobre novos produtos — normalmente perto de seu lançamento —, mas esses profissionais raramente entram profundamente na cultura corporativa. A sua consultoria de gestão ReD Associates utiliza métodos qualitativos e etnográficos para olhar para o exterior, para os mundos culturais cheios de consumidores, para ajudar as organizações a compreenderem melhor sua ontologia, entenderem por que existem, ou pelo menos quando a correção é necessária, caso os objetivos não estejam claros.

Comparado à abordagem de branding de *dentro para fora* defendida pela Bean, anteriormente, não é o oposto dela, apenas mais a montante. Ela ajuda as organizações a verificar suas suposições e pressuposições sobre o mercado para começar a fazer coisas que as pessoas querem, falando com elas de maneiras significativas e úteis. Isso evita tanto ser incompreendido como a incompreensão dos consumidores.

O interessante é que seu método é lento, grande e longo, o que é o oposto do mantra "*Fail Fast, Fail Often*" ["Falhe rapidamente, falhe frequentemente", em tradução livre] do Vale do Silício. Isso tem a ver com o tipo de problemas que eles estão tentando ajudar a resolver, que é, muitas vezes, quando a intuição de gestão atinge seus limites culturais corporativos e geográficos.

Há, também, um ângulo de dados, porque o argumento deles é que tanto a pesquisa tradicional como especificamente o Big Data são limitados quando se trata de explicar o importante *porquê* de fazermos o que fazemos. Compreender o mundo exige capturar "tanto as suas *grandes* quantidades como as suas qualidades *densas*". Trata-se de insights obtidos a partir do que eles chamam de "thick data", ou a *descrição densa* da Antropologia e da Sociologia. É o meio pelo qual o contexto cultural do comportamento das pessoas é descompactado, olhando para como colocamos significado no que fazemos e dizemos, bem como nas coisas, para ajudar a entender o que está acontecendo *entre* nós, não apenas *em* nós. Falaremos mais sobre isso no Capítulo 7.

Finalmente, a ligação cultural ajuda-nos a enquadrar a ideia do professor Andrew McStay apresentada na Introdução sobre como o Conteúdo pode ser apenas uma abordagem "*placeholder*" — a "fase liminar" — na evolução do marketing na medida em que ele responde ao que está próximo no horizonte.

Todos os itens citados, a forma como o propósito, a cultura e o Conteúdo estão conectados, podem ser resumidos na Figura 3.2. É a estrutura que explica *por que* o Conteúdo pode ser percebido como uma promessa melhor tanto de como ele está sendo executado hoje quanto de como ele pode evoluir nos próximos anos se o atual, aparentemente inevitável, desaparecimento da publicidade on-line continuar.

Na próxima seção, veremos *como* o Conteúdo pode explorar o propósito e a cultura para cumprir essa promessa.

Figura 3.2 Quebra-cabeça do propósito de Conteúdo: o "porquê" do Conteúdo

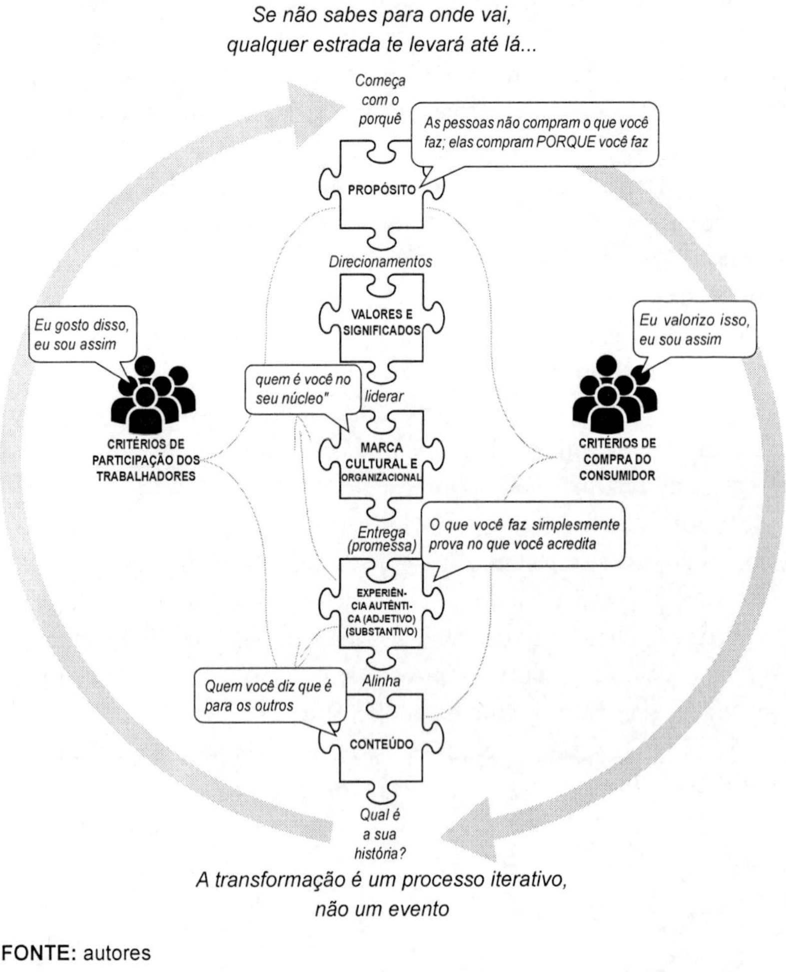

FONTE: autores

O Conteúdo começa com o propósito?

Como mostra a pesquisa mencionada, esclarecer e articular o propósito pode ter implicações práticas nos negócios. Para o Conteúdo, especificamente, isso pode significar tanto storytelling quanto storydoing. Este último é importante porque nem todo Conteúdo é narrativa, como

Rebecca Lieb corretamente aponta no *Content — The Atomic Particle of Marketing* (2017). As histórias parecem ser o nível-padrão do branding moderno e uma forma comprovada de se conectar emocionalmente com os consumidores, com grandes implicações empresariais em longo prazo, como, novamente, mostrado no relatório do IPA "The Long and the Short of It" (2013):

> Quanto mais longo o período de tempo, mais emoções geram lucro.

Mas elas não são a única maneira. O primeiro a apontar essa diferença para nós foi Scott Donaton, da DigitasLBi. Ele referiu-se a uma distinção útil entre "storytelling" e "StoryDoing©" feita pela agência co:collective, nos Estados Unidos, como parte da análise de desempenho da marca que realizaram em 2013:

> Existem dois tipos de empresas no mundo de hoje: empresas de storytelling que transmitem a história de sua marca, negócio ou produto, contando essa história, geralmente mediante relações públicas ou publicidade paga; e empresas do tipo *storydoing* que, conscientemente, transmitem sua história por meio de ação direta.

StoryDoing é outro nome de Sinek para "o que você faz simplesmente prova no que você acredita" ou para os dois padrões de autenticidade de Pine e Gilmore, citados anteriormente. Donaton também ajuda a ligar essa distinção de storytelling "valores em ação" à nossa progressão de "propósito começa com o *porquê*" para "Conteúdo começa com o propósito":

> Propósito pode ser um propósito social, ou outro propósito, mas cada marca tem que ter um porquê, seja ele qual for. O porquê de uma marca é a história de uma marca, e assim que uma marca descobre o seu porquê, ela conhece a sua história. O storytelling é a melhor maneira de expressar esse propósito e os valores relacionados. O importante é que a narrativa tem de ter credibilidade e ser real, apoiada pelas ações da organização. Tem de ser vivida.

O Conteúdo *Hero* do Google tem sido, até agora, o pilar da narrativa culturalmente relevante para as marcas, mas ainda não está muito claro como o propósito é alavancado como pano de fundo para outras categorias de Conteúdo e ofertas mais experienciais. Donaton acha que a conexão direta entre o *porquê* de uma marca e sua história pode mudar não apenas as estratégias de criação de Conteúdo, mas também as estratégias de mídia e planejamento:

> Se você começa com o propósito e tem tudo fluindo disso, então eu acho que você está começando com a história e, até certo ponto, eles se tornam inseparáveis. Se você começar o marketing lá no propósito, em vez de um produto, uma campanha ou um período de tempo, e realmente construir tudo a partir daí, então não só o fluxo da história será impactado, mas, finalmente, também será o lugar em que você colocará sua mídia.
>
> Sua escolha de como gastar o dinheiro destinado à mídia pode então se tornar focada menos na demografia de uma audiência, e mais em saber se o Conteúdo com o qual você está tentando se associar está conectado ao que você realmente faz e como, por exemplo, como você melhora a vida das pessoas de alguma forma. Essa é uma mudança fundamental no planejamento e na compra de mídia, então vai levar tempo para descobrir como chegar lá, mas acho que isso começa ao voltar e construir tudo a partir do porquê.

Atribuir o crescimento à moeda social nem sempre é claro, como demonstra o estudo de caso do projeto Pepsi Refresh. Se, como sugere a pesquisa co:collective, demonstrar o propósito na prática potencializa o desempenho empresarial, isso é um achado significativo. Também há implicações em termos de mensuração, além de constituir um estímulo para mais pesquisas nessa área. Exploraremos o "*storydoing*" e o que ele pode significar no mundo da "realidade mista" no Capítulo 8.

Há um outro termo introduzido pela consultoria co:collective que é relevante para nós aqui: a "história central". É semelhante ao *princípio de organização único* de Bean, mencionado anteriormente, embora tenha evoluído de um *slogan* do tipo *ad-like* para algo mais baseado na narrativa.

Tal como Bean, o fundador e CEO do co:collective, Ty Montague, tem uma longa história em publicidade que inclui ser diretor criativo e copresidente da JWT North America. Ele também é o autor de *True Story: How to combine story and action to transform your business* (2013). Mais uma vez, o título do livro descreve o desvanecimento das linhas entre a transformação de negócios, branding e comunicação de marca que tanto ele quanto Bean estão interessados. Ainda não há realmente um nome para o que está no meio desses três círculos, mas ele representa potencialmente para onde a evolução da agência criativa pode estar indo. Seja qual for o nome, o papel que o propósito desempenha no desenvolvimento de mais "marcas narrativas" está se tornando aparente.

Dito isso, é mais fácil para algumas marcas desempenharem esse papel do que para outras — especialmente nas categorias de bens de consumo embalados [CPG, do inglês *consumer packaged goods*] e bens de consumo de movimentação mais rápida [FMGG, do inglês *fast-moving consumer goods*]. Nem todos querem ter um relacionamento com um saco de batatas fritas, e é mais difícil criar uma história de propósito forte e ter credibilidade em torno disso. Talvez algumas marcas nunca sejam orientadas pelo propósito, desde que satisfaçam alguma necessidade básica que dependa de impulso e compra de hábitos, sem muita consideração. A esse respeito, para usar a frase de Byron Sharp, ter apenas uma boa "disponibilidade física" pode ser suficiente.

Ou, como vimos em outra parte do livro, não existe tal coisa como uma empresa, produto ou serviço trivial ou entediante, apenas maneiras cansativas de falar sobre isso. Tudo o que é preciso é uma nova lente para ver as coisas através dela.

Sempre que falamos com especialistas, as mesmas empresas tendem a ser citadas como exemplos de boas marcas narrativas, como Chipotle, Patagonia, Tesla e Toms, cujos valores e propósito social ajudam a narrativa a se tornar uma máquina de empatia. No entanto, como o seguinte estudo de caso da Chipotle vigorosamente nos lembra, a história não será suficiente se a experiência falhar:

ESTUDO DE CASO: Chipotle Mexican Grill

Até a crise da E. coli, em 2015, que tirou bilhões em valor ao acionista e viu os clientes abandonarem em massa a sua marca tão amada (CARR, 2016), a Chipotle havia usado um conjunto de marketing criativo que, entre outras execuções, incluía uma série de curtas de animação promovendo sua agenda alimentar ética, uma série de comédia estreada no Hulu e seu festival Cultivate de "comida, música e ideias". Essas atividades tiveram um enorme sucesso na mídia, além de terem recebido vários prêmios de publicidade, incluindo o Cannes Lions Grand Prix. Tinham também se expandido rapidamente enquanto seu antigo grande investidor McDonald's e outros no setor estavam encolhendo.

Desde que abriram o capital em 2006 até seu pico em 2015, antes dos surtos, o preço das suas ações tinha aumentado em 3.340 por cento e o número de restaurantes abertos tinha aumentado em 300 por cento. Isso foi alcançado gastando menos de suas receitas em marketing e o seu orçamento de marketing sendo uma fração dos principais players (menos de dez por cento do McDonald's em 2015). A queda no entusiasmo do consumidor e do mercado como resultado de sua crise de segurança alimentar serviu para mostrar que uma boa história, mesmo que com propósito, não é suficiente. A marca ainda tem de cumprir a promessa da sua experiência. Não o fazer, no caso da Chipotle, resultou em ter de investir fortemente na reconstrução da história da marca. Isso envolveu o aumento da percentagem de receitas gasta em marketing de 1,5 por cento antes da crise para até 4,8 por cento no melhor trimestre desde então, bem como a adoção de muitos dos "truques" promocionais e de lealdade usados por grandes concorrentes de fast-food que tinham sido evitados anteriormente (WOHL, 2017). Essas foram aquelas que o diretor de marketing tinha descrito anteriormente na *FastCompany* em 2012 como o crack do marketing porque "uma vez que você está nele, é muito, muito difícil sair" (SACKS, 2012).

Nem todas as empresas têm um fundador cujo desejo de ajudar a promover o avanço da humanidade ou salvar o planeta está ligado ao *ethos* organizacional. Isso não tem de ser sempre dirigido por um fundador. A P&G e a Unilever são exemplos de empresas multinacionais que estariam perto deste território. Eles também podem ser vistos como parte da mudança fundamental no marketing a que Donaton se refere — ou apenas um exemplo de "*purposewash*" que exploraremos na seção a seguir.

Construir uma estratégia de comunicação empática é algo que Thomas Kolster, da *Goodvertising*, acha que as marcas maiores devem adotar porque a indústria de publicidade está em crise existencial. Então a sustentabilidade é vista como o reparo ou uma ponte que pode tornar as marcas relevantes novamente e uma área em que os bons ganham. A outra força é como a democratização da mídia ajudou as pequenas empresas iniciantes que têm um propósito autêntico incorporado em seu DNA:

> A democratização da mídia está colocando muita pressão sobre as marcas maiores, que, de repente, são confrontadas com a marca menor que parece tornar sua autenticidade muito mais fácil para as pessoas entenderem desde o início. Qualquer um pode montar um negócio agora. Então, por que ir para um dos grandes em vez de uma empresa pequena, que poderia até ter sido criada por um dos seus amigos ou colegas? Autenticidade é quase um padrão para os caras pequenos, e é por isso que você tem empresas maiores tentando emular isso com resultados mistos, porque é mais difícil de construir isso em retrospectiva. Porém, elas precisam fazê-lo, para que também tenham uma história para contar, e aquelas sobre sustentabilidade e melhoria na vida das pessoas trazem de volta assuntos muito humanos que ressoam amplamente com as pessoas.

Tia Castagno, diretora global de inovação da Vizeum, também concorda que o propósito impulsiona as estratégias de Conteúdo e que ter um propósito social certamente ajuda quando se trata de autenticidade:

Geralmente é possível trabalhar com marca para descobrir seu propósito com base no que ela faz e porquê, e então construir uma estratégia de Conteúdo em torno disso. Num extremo da escala, há algumas marcas que são autênticas apenas por virtude do que elas fazem. Tesla é um exemplo. Eles usam o Conteúdo simplesmente para contar sua história, porque é uma grande história como resultado do seu propósito.

No meio está uma marca como a IKEA. Começaram como uma marca de móveis do dia a dia, mas desenvolveram um propósito muito alinhado com o que eles fazem, que é criar o ambiente certo para o futuro, seja ele qual for. Por exemplo, na China, as pessoas são, muitas vezes, confinadas em espaços muito pequenos e, assim, o propósito da IKEA lá torna-se construir a casa do futuro, que é perfeita para aquele espaço. Do mesmo modo, na Suécia, onde o mercado é muito preocupado com o meio ambiente, a sua atenção centra-se mais em soluções sustentáveis, e assim por diante.

O verdadeiro problema que Castagno vê acontecer com frequência não é se as marcas têm ou não uma finalidade social, mas quando as estratégias de Conteúdo são construídas em torno de um propósito fabricado quase superior, ou se existem apenas para disfarçar agendas mais orientadas para o lucro:

No outro extremo da balança, há marcas que criam histórias muito complicadas impulsionadas por Conteúdos que parecem mascarar, ou pelo menos ocultar, seu verdadeiro propósito. Isso não funciona mais porque os consumidores estão muito mais ligados a identidades de marca que são fabricadas ou sobrepostas de uma forma que não faz sentido ou soa verdadeira além da venda de produtos.

Dito de outra forma: onde o propósito é confundido com "*purposewash*".

O aumento do *purposewash*

Em um artigo de opinião para a revista britânica de publicidade *Campaign* em abril de 2017, o CEO da D&AD Creative Awards, Tim Lindsay, argumentou por que é hora de a indústria dar uma olhada em si mesma (LINDSAY, 2017). A frase de abertura, que destacou a ironia da vida imitando a arte após a sátira do "Pitch Meeting" do *Saturday Night Live*, em comunicações com propósito encenadas por Alec Baldwin, foi posteriormente superada pelo que ele descreveu como a grosseria de um comercial real da Pepsi (SATURDAY NIGHT LIVE, 2017).

ESTUDO DE CASO: Pepsi - "Live for Now" (Viva para o Agora)

Em 2017, a PepsiCo lançou seu curta-metragem Live For Now para a Pepsi com a estrela de reality show Kendall Jenner – a ideia era "projetar uma mensagem global de unidade, paz e compreensão". Em vez disso, o anúncio causou ira e ridicularização em grande escala pela forma como usava imagens de protesto para ajudar a vender um refrigerante; ao fazê-lo, parecia banalizar os likes de Black Lives Matter, Occupy e o Movimento dos Direitos Civis, assim como as questões que abordam – levando a filha de Martin Luther King Jr., Bernice, a tuitar: "Se ao menos papai soubesse o poder da #Pepsi". Um dia depois, a Pepsi retirou o anúncio, reconhecendo que tinha claramente falhado e desculpando-se por qualquer ofensa causada (MONLLOS, 2017).

É a representação da confusão em torno do propósito de que falamos anteriormente, causando muita *schadenfreude*[1] nas agências de publicidade por ter sido criado pela equipe interna da Pepsi Creative League Studio. A última mancha na paisagem cultural gerou cobertura significativa na imprensa comercial com acusações de "câmaras de eco e clientes de grande porte", mas algumas das críticas mais severas foram encontradas em um tópico dedicado ao assunto no Reddit (SCHULTZ; GRAHAM, 2017):

1. Do alemão "*schaden*" (dano) + "*freunde*" (alegria). Empréstimo linguístico que serve para descrever a alegria em meio ao sofrimento de outrem. (N.E.)

> O interno não é suficiente, pois há poucas pessoas na cadeia que dizem "não". Os anunciantes claramente não têm autodisciplina.
> Os diretores criativos internos são cansados, velhotes exaustos que simplesmente querem ser pagos e ir para casa no fim do expediente.

Atirar pedras em casas de vidro nunca é uma boa ideia, porque não há falta de acidentes semelhantes por parte de agências nas quais as mensagens "emotivas" cruzaram linhas e resultaram num retrocesso. Isso inclui o anúncio de TV "Favourites", da Leo Burnett London para o McDonald's UK, em 2017, com um garoto sendo informado sobre o gosto compartilhado com seu pai, que já havia morrido, pelo Filet-O-Fish. O McDonald's posteriormente retirou o anúncio após um catálogo de queixas sobre "inapropriadamente e insensivelmente usar o luto e a dor para vender fast-food" (RODERICK, 2017).

O fluxo de tais exemplos é agora chamado de "*purposewash*", um termo coletivo rapidamente adotado agora pode ser usado com prefixos de cores como "green" ou "pink." Até as marcas icônicas com objetivos específicos podem escorregar: a Dove conseguiu desfazer muito de seu sucesso anterior de "empoderar" de sua Campanha de Beleza Real com dois exemplos que prejudicam a reputação:

ESTUDO DE CASO: Dove "Bottlegate" – maio de 2017

Dove representou as seis mulheres comuns em roupa íntima da campanha original "Mulheres Reais", de 1997, como embalagens de gel de banho em diferentes formas. Segundo o The Guardian, a ideia de Dove era "evocar as formas, tamanhos, curvas e bordas que se combinam para fazer de cada mulher sua própria edição limitada". O resultado foi que isso apenas ajudou a aumentar a insegurança feminina, exatamente o oposto do que a campanha pretende abordar, e no ponto de venda nas prateleiras das lojas (CRAIK, 2017).

ESTUDO DE CASO: Dove "Whitewash" – outubro de 2017

Como se as acusações de machismo por parte das mulheres não fossem suficientes, Dove enfrentou posteriormente apelos de boicote após acusações de racismo. Esse alerta foi provocado por um anúncio para uma nova campanha que viralizou ao mostrar uma sequência de uma mulher negra sendo transformada em branca depois de usar seu gel de banho. O anúncio foi prontamente retirado com um pedido de desculpas – e uma promessa de enrijecer os processos internos de aprovação de Conteúdo (DANESHKHU, 2017).

É difícil saber quanto dano duradouro esses erros têm nas grandes marcas, apesar de qualquer constrangimento que causem. Para Mark Ritson, o problema que ele descreve em *Marketing Week* é menos sobre danos à reputação e mais sobre como a indústria ficou cheia de "pessoas molengas" que já não veem o que fazem como o meio para atingir fins comerciais, como aumentar o reconhecimento e dirigir preferência como parte do objetivo final de aumentar as vendas. Ele pensa que o branding passou a se importar apenas com "crenças, missões e ideais elevados".

> Cada marca e cada diretor de marketing recém-chegado não estão à procura de um aumento nas vendas; em vez disso, querem ligar a sua marca a uma questão cultural mais rapidamente do que se pode dizer "propósito".

Dado que cerca de vinte por cento dos anúncios apresentados durante o Super Bowl 2017 poderiam ser descritos como "cheios de propósito" ou "politicamente temáticos", ele pode ter razão. Daí as ideias de imigração para transgêneros dos anúncios da Cheetos serem lançados para os clientes na falsificação da SNL mencionada. Parece que as tendências culturais discutidas anteriormente chegaram verdadeiramente.

No entanto, há uma forte oposição a ela, não apenas por parte da Ritson. Em um recente resumo da maré de ideias de "*purposewash*" em "É o fim do propósito de marca?", *Creative Review* (2017), Nick Asbury da Asbury & Asbury pontualmente nos lembra de como a indústria vê o lucro como o propósito do *propósito*, ou pelo menos algum cálculo da "conversa" entre mídia espontânea e mídia compartilhada.

Ao contrário de Ritson, ele contesta não apenas que os anúncios não estejam focados no produto e em fazer com que as pessoas os comprem; é a própria "monetização das causas sociais" e as respostas lúcidas oferecidas como parte da engenharia de uma ilusão de que os consumidores estão fazendo o bem pelos produtos que escolhem. Asbury destrói toda a noção do propósito como um fator de sucesso, a menos que esse propósito realmente esteja no centro da marca.

Sem ele, Asbury não acha que as marcas sejam boas com questões sociais. Sem essa autenticidade, diz Asbury, eles só se veem como sendo "*me-toos*" excessivamente zelosos:

> Não só acreditam agora nessa questão, como também vão ser eles a "liderar a conversa" e a falar sobre ela. Nunca há um sentido de humildade ou envolvimento genuíno, porque as marcas têm sempre de se projetar como heróis.

Grinta pergunta o mesmo: "com que autoridade" as marcas fazem o papel de herói aqui?

Talvez mais condenável seja a crença de Asbury de que a ideia de "fazer o bem é um bom negócio" é desonesta por causa da maneira como ela gera a presunção de ter um propósito maior além do lucro — quando normalmente não há um. Ele graceja que a famosa citação do fundador da DDB, Bill Bernbach, sobre "um princípio não é um princípio até que lhe custe alguma coisa" se inverteu, então um princípio não é um princípio "até que lhe faça dinheiro".

Curiosamente, Asbury vê um lado positivo nessa nuvem de "*purposewash*". Ele acha que isso encorajará a "lógica" das comunicações com propósito a serem desafiadas e avaliadas de forma mais crítica não apenas pelos consumidores, mas também pela mídia e pela indústria publicitária, que têm sido muito rápidos para elogiar e premiar campanhas sem um escrutínio suficiente. Ele vai ao coração do papel da mídia de massa em uma sociedade comercial, como extraído em outra citação de Bill Bernbach, ecoando nossos tópicos do Capítulo 11 (WIKIPÉDIA, 2017[a]):

> Todos nós, que usamos profissionalmente a mídia de massa, somos os formadores da sociedade. Podemos vulgarizar essa sociedade. Podemos brutalizá-la. Ou podemos ajudar a elevá-la para um nível mais alto.

Restauração da confiança

Num mundo de fake news e "fatos alternativos" repleto de "clickbait", há um reconhecimento crescente nos meios de comunicação e nas indústrias de publicidade não só do seu papel na erosão da confiança na sociedade em geral, mas também da responsabilidade de corrigir essa situação. O "trabalho colossal" que a indústria da mídia tem em suas mãos para reconstruir a confiança foi o tema da palestra principal do produtor de filmes britânico Lord Puttnam no IPA Festival of British Advertising que marcou seu centésimo aniversário em 2017 (OAKES, 2017):

> Para mim, a "mudança" mais alarmante que ocorreu foi o aparente colapso da "confiança" — confiança em instituições de todos os tipos, incluindo o governo, confiança na mídia e praticamente em todas as outras fontes de informação — a mais alarmante "confiança" no que é referido como "o sistema".

Lord Puttnam não pensa que o problema será resolvido apenas com o uso de análises e algoritmos, nem simplesmente tentando corrigir um sistema que está tão completamente desacreditado. Ele acha que a resposta é a intervenção humana real, que exigirá uma profunda busca da alma para entender por que as coisas têm corrido tão terrivelmente mal e para que a indústria fique defasada na tentativa de encontrar uma solução para o que ele descreve como um "acordo social" muito mais *sustentável*.

O CEO da D&AD, Tim Lindsay, acha que a indústria de publicidade pode desempenhar um papel importante na promoção dessa sustentabilidade mais ampla, fazendo a sua parte para que os clientes façam a coisa certa e, como consequência, prosperem:

> Precisamos começar a trabalhar com clientes para deixarmos de ser cúmplices na venda de "merda" que as pessoas não precisam, para pagar com dinheiro que não têm, para impressionar aqueles que não se importam.

Um bom ponto de partida para restaurar a confiança de modo geral seria promover mais confiança entre marcas e agências. Ao mesmo tempo, as relações de negócios baseadas numa corrida de fundo não são realmente uma base sólida para realizar o ato de "falar a verdade ao poder" que Lindsay defende. Também é difícil ver como a assimetria incorporada no poder torna as coisas melhores quando o que é mais importante está sob ameaça. Isso não se aplica apenas às agências, mas também aos meios de comunicação, o que constitui um motivo de maior preocupação que discutimos no Capítulo 11.

Uma citação popular atribuída a Marc Mathieu, ex-SVP Global de Marketing da Unilever, aproxima-se mais do que essa mudança de mentalidade pode implicar:

> O marketing costumava ser sobre como fazer um mito e contá-lo. Agora é sobre como dizer uma verdade e partilhá-la.

Parece muito com a velha frase "verdade, bem contada" da rede de publicidade McCann. Pode ser um começo, mas não aborda a parte de *fazer* do problema. Já abordamos a necessidade de falar, e é provável que alguma forma de monitorar e medir tanto a promessa (SIMMS,

2005) como as lacunas de valores sejam úteis (FREEMAN; AUSTER, 2015). Como mencionado, pode ter consequências práticas:

ESTUDO DE CASO: Stop Funding Hate (SFH)

Lançada em 2016, a Stop Funding Hate é uma campanha de crowdfunding que visa incentivar as empresas a parar de anunciar nos jornais do Reino Unido que eles acusam de espalhar o "medo e discórdia para vender mais jornais". Isso inclui mirar em marcas específicas cujos valores que elas dizem ter estão em desacordo com os veículos em que anunciam. A campanha, juntamente com as críticas relacionadas às mídias sociais, levou as marcas a remover anúncios, revisar seu posicionamento de anúncios para alinhá-lo com seus valores e, em alguns casos, como Lego e The Body Shop, encerrar sua publicidade nos jornais que estavam sendo questionados. (WIKIPÉDIA, 2017b).

Algo semelhante tem acontecido nos Estados Unidos, com várias empresas retirando sua publicidade do site de notícias de direita *Breitbart*. Isso inclui a The Kellogg Company, que foi categórica ao afirmar que sua decisão foi tomada com base no fato de ela não estar alinhada aos seus valores como empresa (WOOLF, 2016).

Para muitas empresas, porém, especialmente as globais, existe uma tensão fundamental subjacente entre o lucro e qualquer tipo de propósito social. Isso é ilustrado pela resposta do executivo-chefe do Co-op Group, Richard Pennycook, às chamadas do Stop Funding Hate para parar de anunciar no que eles descrevem como "mídia de ódio" (BOND, MILNE; FEDO, 2016):

> Temos de estar também cientes das realidades comerciais, considerando quais os canais de publicidade produzem os melhores resultados.

As questões destacadas levantam outra: que tipo de ativismo social corporativo o mercado está disposto a tolerar? O problema que as empresas ativistas enfrentam é que, por consequência, elas podem acabar desligando parte da categoria. Daí a resposta da Pennycock apenas ecoando o que Byron Sharp fortemente defende em *How Brands Grow*, sobre a necessidade de sempre falar com todo o mercado (2010).

O "mal que você faz, o mal que você não faz" presente na natureza das questões que abordamos aqui não vem com respostas fáceis. A construção de soluções usando o método iterativo do tipo design *thinking* e a mentalidade de empatia é um possível começo, assim como o método de "descrição densa" para a compreensão como defendido e usado por Madsbjerg e Rasmussen (2014). Mas, como o Gato de Cheshire disse à Alice, "depende muito de onde você quer chegar".

Referências

Asbury, N. Is This the End for Brand Purpose? Londres: *Creative Review*, 19 de junho de 2017 [On-line]. Disponível em: creativereview.co.uk/end-brand-purpose/. Acesso em: 12 dez. 2017.

Bond, D.; Milne, R.; Fedo, L. Lego Split with Daily Mail Puts Pressure on Other Groups. Londres: *Financial Times,* 13 de novembro de 2016 [On-line]. Disponível em: ft.com/content/08995af6-a8fe-11e6-809d-c-9f98a0cf216. Acesso em: 12 dez. 2017.

Carr, A. Chipotle Eats Itself. Nova York: *Fast Company*, 16 de outubro de 2016 [On-line] Disponível em: fastcompany.com/3064068/chipotle-eats-itself. Acesso em: 12 dez. 2017.

Carroll, L. *Alice's Adventures in Wonderland.* Londres: Macmillan & Co, 1865; London co:collective, 2013. Story Doing [On-line]. Disponível em: storydoing.com. Acesso em: 12 dez. 2017.

Collins, J. C.; Porras, J. I. "Building your company's vision". Boston: *Harvard Business Review*, set. - out., pp 65-77, 1996.

Craik, L. (2017) "How Beauty Giant Dove Went from Empowering to Patronizing". Londres: *The Guardian,* 15 de maio de 2017 [On-line]. Disponível em: theguardian.com/fashion/2017/may/15/beauty-giant-dove-body-shaped-bottles-repair-damage. Acesso em: 12 dez. 2017.

Daneshkhu, S. Unilever Pulls Dove Ad after Reclaints of Racism, Londres: *Financial Times*, 9 de outubro de 2017 [On-line]. Disponível em: ft.com/content/32e16984-acf4-11e7-beba-5521c713abf4. Acesso em: 12 dez. 2017.

EY. Winning with Purpose [On-line]. 2016. Disponível em: ey.com/Publication/vwLUAssets/EY-purpose-led-organizations/$FILE/EY-purpose-led-organizations.pdf. Acesso em: 12 dez. 2017.

Fisk, P. *People Planet Profit*: How to embrace sustainability for innovation and business growth. Londres: Kogan Page, 2010.

Freeman, R.; Auster, E. *Bridging the Values Gap*: How authentic organizations bring values to life. São Francisco: Berrett-Koehler, 2015.

Gilmore, J. H.; Pine II, B. J. J. *Authenticity*: *What consumers really want*. Boston, MA: Harvard Business School Press, 2007.

Grinta, E. *Branded Entertainment*: La rivoluzione del settore marcom inizia da qu. Milão: Franco Angeli, 2017.

Harvard Business Review. "The Business Case for Purpose" [On-line]. 2015. Disponível em: hbr.org/resources/pdfs/comm/ey/19392HBRReportEY.pdf. Acesso em: 12 dez. 2017.

IPA. The Long and the Short of It [On-line]. 2013. Disponível em: ipa.co.uk/document/the-long-and-the-short-of-it-presentation#.WjqmniOcZE4. Acesso em: 12 dez. 2017.

Jones, B. Mission Versus Purpose:What's the Difference? (Blog). Lake Buena Vista, FL: *Disney Institute*, 23 de abril de 2015 [On-line]. Disponível: disneyinstitute.com/blog/2015/04/mission-versus-purpose-whats-the-difference/. Acesso em: 12 dez. 2017.

Jones, R. *The Big Idea*. Londres: Profile Books, 2001.

Kirby, J. "What Makes a Brand? Branding Expert Robert Bean on the Single Organising Principle" (Blog). Londres: *MyNewsDesk: Like Minds*, 10 de dezembro de 2013 [On-line]. Disponível: mynewsdesk.com/uk/likeminds/blog_posts/what-makes-a-brand-branding-expert-robert-bean--gives-us-his-views-22586. Acesso em: 12 dez. 2017.

Kirby, J. "Google's Chris McCarthy: A View from the Zoo" (Blog). *BOBCM*, 30 de março de 2015 [On-line]. Disponível em: bobcm.net/2015/03/30/googles-chris-mccarthy-a-view-from-the-zoo/. Acesso em: 12 dez. 2017.

Lieb, R. *Content* — The Atomic Particle of Marketing, Londres:

Kogan Page, 2017.

Lindsay, T. Why the Advertising World Should Take a Long Look at Itself. Londres: *Campaign*, 19 de abril de 2017 [On-line]. Disponível em: campaignlive.co.uk/article/why-advertising-world-long-look-it-self/1430822. Acesso em: 12 dez. 2017.

Madsbjerg, C.; Rasmussen, M. B. *The Moment of Clarity*: Using the human sciences to solve your toughest business problem. Boston, MA: Harvard Business Review Press, 2014.

Monllos, K. Pepsi Pulls Its Much-Hated Kendall Jenner Ad, Saying It 'Missed the Mark': Brand Apologizes to Viewers and to its Endorser. Nova York: *Adweek*, 5 de abril de 2017 [On-line]. Disponível em: adweek.com/brand-marketing/pepsi-pulls-its-much-hated-kendall-jenner-ad--saying-it-missed-the-mark/. Acesso em: 12 dez. 2017.

Montague, T. *True Story*: How to combine story and action to transform. Boston, MA: Harvard Business Review Press, 2013.

Oakes, O. "Lord Puttnam Warns Ad Industry: Trust Is The Most Urgent Task Ahead". Londres: *Campaign*, 9 de março de 2017 [On-line]. Disponível em: campaignlive.co.uk/article/lord-puttnam-warns-ad--industry-trust-urgent-task-ahead/1426792. Acesso em: 12 dez. 2017.

Postrel, V. *The Substance of Style*: How the rise of aesthetic value is remarking commerce, culture, and consciousness. Nova York: HarperCollins, 2003.

Ritson, S. Mark Ritson: Heineken Should Remember Marketing Is About Profit, Not Purpose. Londres: *Marketing Week*, 10 de maio de 2017 [On-line]. Disponível em: marketingweek.com/2017/05/10/heineken-marketing-purpose-profit/. Acesso em: 12 dez. 2017

Roderick, L. McDonald's Pulls 'Dead Dad' Ad after String of Complaints. Londres: *Marketing Week*, 16 de maio de 2017 [On-line]. Disponível em: marketingweek.com/2017/05/16/mcdonalds-dead-dad-ad/. Acesso em: 12 dez. 2017.

Sacks, D. 34_Chipotle: For Exploding All the Rules of Fast Food. *Fast Company*, 7 fevereiro de 2012 [On-line]. Disponível em: www.fastcompany. com/3017469/34chipotle. Acesso em: 12 dez. 2017.

Saturday Night Live. Pitch Meeting — SNL [On-line]. 2017. Disponível em: youtu.be/imUigBNF-TE. Acesso em: 10 mar. 2018.

Schultz, E. J.; Graham, M. Fair or Not, In-House Agencies Take Heat for Pepsi Gaffe, *AdAge*, 7 de abril de 2017 [On-line]. Disponível em: adage.com/article/agency-news/pepsi-gaffe-puts-target-house-agencies-fair/308604/. Acesso em: 12 dez. 2017.

Serafeim, G.; Gartenberg, C. The Type of Purpose That Makes Companies More Profitable, *Harvard Business Review*, 21 de outubro de 2016 [On-line]. Disponível em: hbr.org/2016/10/the-type-of-purpose--that-makes-companies-more-profitable. Acesso em: 12 dez. 2017.

Sharp, B. *How Brands Grow* What marketers don't know. Melbourne: Oxford University Press, 2010.

Simmons, A. *Whoever Tells the Best Story Wins*: How to use your own stories to communicate with power and impact. Nova York : AMACOM, 2007.

Simms, J. *Customer Expectations*: Promises, Promises. Londres: *Campaign*, 13 de julho de 2005 [On-line]. Disponível em: campaignlive.co.uk/article/customer-expectations-promises-promises/484849. Acesso em: 12 dez. 2017.

Sinek, S. *Start With Why*: How great leaders inspire everyone to take action. Londres: Penguin, 2011.

TrendWatching. *Brand Sacrifice* [On-line]. 2015. Disponível em: trendwatching.com/trends/brand-sacrifice/. Acesso em: 12 dez. 2017.

Unilever. Report Shows a Third of Consumers Prefer Sustainable Brands [On-line]. 2017. Disponível em: unilever.com//Press-releases/2017/report-shows-a-third-of-consumers-prefer-sustainable-brands.html. Acesso em: 12 dez. 2017.

Wikipédia. *William Bernbach* [On-line]. 2017ª. Disponível: en.wikipedia.org/wiki/William_Bernbach. Acesso em: 30 dez. 2017.

Wikipédia. Stop Funding Hate [On-line]. 2017b. Disponível em: en.wikipedia.org/wiki/Stop_Funding_Hate. Acesso em: 12 dez. 2017.

Wohl, J. Chipotle's Marketing Menu for 2017: Biggest Campaign Ever, Fewer Promos. Nova York: *AdAge*, 10 de Janeiro de 2017 [On-line].

Disponível em: adage.com/article/cmo-strategy/chipotle-s-marketing--menu-2017-biggest-campaign-fewer-promos/307461/. Acesso em: 12 dez. 2017.

Woolf, N. Breitbart Declares War on Kellogg's after Cereal Brand Pulls Advertising from Site. Londres: *The Guardian*, 30 de novembro de 2016 [On-line]. Disponível em: theguardian.com/media/2016/nov/30/breitbart-news-kelloggs-advertising-boycott-alt-right. Acesso em: 12 dez. 2017.

PARTE DOIS

Como o Conteúdo muda a forma como todos nós fazemos negócios

04.
Perspectiva da agência criativa: como o Conteúdo impacta a criatividade, os processos e as receitas

"*Estamos efetivamente entrando numa era que eu, afetuosamente, chamo de a morte do complexo industrial da publicidade. A publicidade tornou-se um imposto que os pobres e analfabetos digitais têm de pagar. Se você é rico, você pode optar por não participar, mas as marcas ainda dependem disso*".

Professor Scott Galloway, autor de The Four: The Hidden DNA of Amazon, Apple, Facebook and Google (*Financial Times*, 2017)

A ideia de que "Don Draper foi desenhado e esquartejado" é uma narrativa que alguns com quem falamos pensam ser extremamente exagerada e que precisa ser desafiada. O pano de fundo para este capítulo talvez possa ser mais bem resumido pela frase concisa de Keith Weed, da Unilever CMO, em um discurso na Advertising Week New York 2017 (TAN, 2017):

> Embora a publicidade não esteja morrendo, ela tem que evoluir.

A metáfora darwiniana é sobre o dinheiro, dadas as questões estruturais e as pressões competitivas da indústria publicitária.

As cinco forças de Porter aplicadas às agências de publicidade

A rivalidade na indústria: o corte dos orçamentos de marketing e a redução das listas de agências anunciadas por grandes anunciantes como P&G e Unilever em 2017 não apenas aumentarão a concorrência entre agências, mas levarão metade delas à falência, de acordo com Forrester (2017).
Ameaça de novos operadores: os anunciantes, agora, estão comprando serviços criativos e de produção diretamente dos proprietários dos meios de comunicação social e das plataformas como o Google e o Facebook, que têm acesso a audiências e melhor compreensão destas (OAKES, 2017).
Ameaça de substituições: há uma lista crescente de pessoas que tiram uma fatia do mesmo bolo, mas sobretudo mediante o aumento do marketing baseado em dados, da mudança das empresas de consultoria rio abaixo para oferecer serviços de marketing e da reintegração dos serviços criativos nas agências de mídia.
Poder do comprador: a confiança e outras questões, incluindo a capacidade digital e as oportunidades de se conectar diretamente com os clientes, levaram as empresas a desenvolverem a experiência interna e/ou a utilizar mais agências especializadas.
Poder do fornecedor: aqueles que anteriormente estavam na cadeia de fornecimento podem agora vender serviços criativos e de produção diretamente ou por meio de parceiros de agências de mídia, incluindo empresas de produção, agências de talentos, plataformas criativas de crowdsourcing e praticamente qualquer pessoa com influência sobre um público considerável.

Os efeitos de mercantilização dessas forças, juntamente com os problemas reais de aquisição e retenção de talentos da indústria, lançam luz sobre os sérios desafios da saúde. À medida que as agências se adaptam para sobreviver, identificamos uma grande divisão no mundo das agências que poderá moldar o futuro de sua prática nos próximos anos. Além disso, acreditamos que há uma oportunidade para a reconciliação, como explorado adiante.

Uma forma de conseguir isso é mediante as macrotendências detectadas no relatório IPA Future of Agencies, em parceria com a Econsultancy (IPA, 2017). Destaca-se a crescente importância do Conteúdo e dos dados, e o que eles descrevem como as mudanças impulsionadas pelo cliente de produtos a serviços, de campanhas publicitárias a always-on e de marketing à experiência do cliente. O relatório analisa a maneira como as agências devem reformular suas propostas e consolidar suas capacidades.

Velocidades de operação

Um desafio interessante no relatório IPA Future of Agencies diz respeito às diferentes velocidades de ação exigidas atualmente:

> Embora não caiba a cada agência criar uma oferta que abranja um amplo espectro de proficiência, será cada vez mais importante que as agências compreendam exatamente em que ponto se situam ao longo de um espectro que pode ser caracterizado como a diferença entre "rápido" e "lento".

Tabela 4.1 O "espectro de velocidade"

RÁPIDO	DEVAGAR
PERFORMANCE	MARCA
TÁTICO	ESTRATÉGICO
CAMPANHA	CONSULTORIA

FONTE: adaptado de IPA Future of Agencies: Systems and Empathy report (IPA, 2017)

O "espectro de velocidade" do IPA (Tabela 4.1) lembra a antiga divisão "acima/abaixo da linha".

Também representa um grande desafio para qualquer pessoa com a ambição de oferecer um balcão único. Como Mark Runacus, diretor de estratégia da Karmarama, aponta em nossa entrevista, é difícil ver como uma agência pode sustentar a operação em velocidades diferentes para a ampliação do escopo do marketing em prazos mais longos:

Vamos supor que você esteja desenvolvendo genuinamente esse ecossistema de Conteúdo, tudo, da TV tradicional às mídias sociais de hora em hora; tudo feito pela mesma equipe para garantir a consistência. Creio que o modelo tradicional de agência não pode funcionar nessas condições de velocidades distintas.

A "seleção de equipamento" é algo que ele vê ser casado com o modelo de negócio da agência. O padrão para agências de publicidade, por exemplo, é algo que nossos vários especialistas entrevistados consideram lento. Nas nossas conversas, eles destacam a remuneração baseada em honorários incentivando essa lentidão porque, quanto mais tempo as agências de publicidade arrastarem o processo, mais tempo elas ganham e mais podem faturar.

Modelos operacionais

Há outra forma de ver a ligação entre a velocidade e os modelos operacionais oferecidos pelo "Value Discipline Model" delineado por Michael Treacy e Fred Wiersema em *The Discipline of Market Leaders* (1997). Sua premissa é que a liderança de mercado exige que uma das três disciplinas seja escolhida como a principal, e também com alguma proficiência nas outras duas:

1. excelência operacional;
2. intimidade com o cliente;
3. liderança em produtos.

O consultor de estratégia e inovação Huw Watkins acha que isso é tão válido hoje quanto quando foi proposto pela primeira vez e aplicável em vários setores. Se você tomar os vetores *Performance* (Rápido) e Marca (Lento) na Tabela 4.1, ele aponta que eles têm destinos muito diferentes e, portanto, seus modelos operacionais serão, e devem ser, igualmente diferentes porque nenhuma organização pode se destacar em ambos:

Se você colocar esses diferentes modelos dentro da estrutura da Disciplina de Valor, todos, obviamente, exigem níveis substanciais de intimidade do cliente para funcionar e prosperar. No entanto, o modelo "Performance" está claramente alinhado com o eixo "Excelência Operacional", e o modelo "Marca" está alinhado com a "Liderança de Produto". Para ter sucesso, as organizações precisam escolher sua disciplina e alinhar sua estratégia e seu modelo operacional em conformidade, porque elas, fundamentalmente, têm diferentes formas e cultura. Essa decisão conduz tudo dentro de uma organização: as pessoas que você contrata, suas habilidades, as medidas de negócios e relatórios, suas ferramentas, níveis de automação, processos, e assim por diante.

Os cenários de como os "equipamentos" e as disciplinas podem ser misturadas são bem variados para serem, aqui, abordados. No entanto, escolhemos três áreas maiores de consolidação, pois elas ajudam a fornecer um contexto adicional para a grande divisão que discutiremos a seguir.

RP: o negócio de Conteúdo do futuro?

Quando se trata de selecionar o equipamento mais rápido, Runacus acha que as agências de relações públicas estavam entre as mais rápidas e, portanto, fora do padrão:

As agências de relações públicas compreendem a marca, como criar "moeda ganha", e a necessidade de fazê-lo rapidamente. No entanto, a maioria das agências de RP lutam para entregar qualquer coisa em escala, porque se trata sempre de "hoje". Elas podem lutar com esses arcos narrativos maiores a que as agências criativas estão acostumadas, mas, se puderem aprender isso e se colocarem algum tipo de experiência programática, eu diria que elas podem ser as empresas de Conteúdo do futuro.

O ex-CEO da Ogilvy PR, Marshall Manson, em nossa conversa, acredita que há uma razão filosófica para isso, que impulsiona uma razão prática:

> Filosoficamente, quando você começa a falar sobre content marketing, o verdadeiro imperativo é fazer coisas que as pessoas querem consumir e compartilhar, e isso é realmente análogo às habilidades tradicionais de RP e com aqueles que estão sendo bem-sucedidos em escala social e digital. Praticamente, as pessoas que instintivamente entendem como trabalhar de uma maneira mais ágil – para resolver problemas práticos, produzir coisas de forma acessível e, rapidamente, no mundo real – são mais comumente encontradas em RP.

Salesforce: a agência de publicidade do futuro?

A possibilidade de se conectar com clientes por meio das suas jornadas coincide com o aumento da pressão sobre os diretores de marketing para impulsionar o crescimento. Isso resultou na mudança dos orçamentos dos clientes para um marketing mais orientado por dados, o que a conselheira de marketing Lindsey Slaby crê que ajudou as montadoras de marketing a ampliar sua janela de oportunidade (2017):

> A Salesforce se tornando a agência de publicidade do futuro é algo bem real.

Discutiremos a plataformização do marketing mais detalhadamente no Capítulo 9. A proliferação de "*martech*" (tecnologia de marketing) também cria uma oportunidade para aqueles que visam alinhar objetivos e lucros, as estratégias de negócios de longo e curto prazo. Esse desvanecimento das linhas entre a transformação da estratégia e o papel do marketing e da experiência do cliente em sua entrega permitiu que as consultorias se movessem rio abaixo para comer o almoço das agências. A Accenture não só adquiriu a agência criativa Karmarama e sua empresa irmã de CRM Crayon em 2016 (ACCENTURE, 2016a) como sua divisão Interativa é agora a "maior e mais crescente agência digital do mundo" (AdAge, 2016) — e eles estão lançando estúdios de Conteúdo em todo o mundo (ACCENTURE, 2016b).

A Runacus ajuda, aqui, a juntar alguns pontos adicionais, mostrando como os dados são colocados entre os lados da publicidade (lento) e performance (rápido):

> Com o CRM podemos ser players com credibilidade, particularmente porque compreendemos a mensuração e os resultados. No entanto, podemos, por vezes, ser muito centrados na mensuração e "sistemas em primeiro lugar", em detrimento de uma boa história. Essa é provavelmente a única coisa que as boas agências integradas precisam superar: serem capazes de contar histórias maiores e mais consistentes. Ao colocarmos os dados no meio, encontramos novas formas da memória muscular da publicidade utilizar os dados. O que Karmarama acrescentou foi uma crença apaixonada no "propósito da marca" a qual a equipe de CRM também adotou, o que significa que nos tornamos mais confiantes em nossas discussões com os clientes sobre CRM. Tal fato rapidamente levou a discussões sobre "experiência". O CRM é, realmente, a engrenagem que proporciona a experiência. Hoje em dia, a experiência é a marca.

O link que a Runacus faz entre o propósito da marca e a experiência é um dos pontos que vemos adiante, mas Faris Yakob destaca como a "experiência", muitas vezes, é designação incorreta para o CRM malfeito:

> O que está sendo chamado de design de experiência é, realmente, apenas um sistema de marketing de performance maciço. O desafio da experiência do cliente *versus* a peça de marketing de crescimento da marca é que, embora não sejam antitéticas, não estão perfeitamente alinhadas. Uma boa experiência não significa ter uma marca irritando-o constantemente ao tentar levá-lo a comprar seu produto. Em tratando-se de marketing de performance, existe um custo limitado para isso e, assim, eles podem performar Testes A/B até a exaustão.

Yakob não apenas acha que ele cria mais barulho, como também que as comunicações mais direcionadas via CRM são, geralmente, menos propensas a gerar o tipo de sucesso de mídia ganho e compartilhado, como colocar a estátua de bronze da Fearless Girl, encomendada pela State Street Global Advisers, em frente ao touro de Wall Street (SCHULTZ, 2017). Os clientes ainda estão à procura de ideias que ressoem para além dos seus gastos com os meios de comunicação, que é a forma como eles veem as diferenças que a publicidade traz. Tal fato está perto da interseção entre publicidade, RP e pensamento de editor conforme explorado anteriormente e mais adiante no livro. Isso também se refere a outra interseção frequentemente mencionada: entre a publicidade e o entretenimento.

Empresas de entretenimento de última geração

Como o veterano do mercado publicitário Mark Wnek enfatiza no Capítulo 10, nunca se deve esquecer que a maioria dos criativos de agências são aspirantes a criadores de longo prazo: escritores de filmes, programas de TV e romances... Como discutimos no Capítulo 5, a criação de Conteúdo em longo prazo faz parte da herança da indústria publicitária que remonta às primeiras novelas. Há uma nova espécie de empresas de "entretenimento de próxima geração" emergentes da indústria de publicidade que estão "reinventando essa tradição". Eles abraçaram o argumento de que "as indústrias de entretenimento e publicidade devem convergir para sobreviver" feito pelo ex-editor do AdAge Scott Donaton em *Madison & Vine (*2005).

O "*bucket*"[2] de Herói do Google vem-me à mente aqui. O subfestival Cannes Lions Entertainment foi lançado em 2016, com base no crescimento exponencial de sua antiga categoria de prêmio "Conteúdo e entretenimento da marca". A abordagem poderia ser vista como a antítese da automação do marketing baseado em dados mencionada: uma abordagem em que a relevância pode, muito frequentemente, ser enquadrada de forma estreita em torno das jornadas digitais dos clientes e de como eles são encorajados a comprar. Não apenas isso, mas

2. *Buckets* são armazenadores de objetos ou de listas de afazeres. A expressão vem do inglês *bucket list*, que são coisas a se fazer antes de *kick the bucket*, ou seja, "bater as botas". (N.E.)

como explica Ed Warren, diretor de criação da Sunshine, a abordagem é fundamentalmente diferente do foco da mensagem da publicidade:

> Como a cultura se tornou muito mais adepta a evitar a publicidade, a natureza mutável do cenário de entretenimento abriu mais oportunidades para as marcas se tornarem produtoras de entretenimento. Isso está levando a conversas diferentes, muitas vezes fora do departamento de marketing, sobre algo que está sendo visto mais como um produto do que como publicidade. Isso nos permite criar produtos culturais que as pessoas querem consumir e de uma forma que quem ainda pensa em mensagens em vez de audiências está tendo dificuldade de entender porque essa maneira de pensar está enraizada na sua memória muscular. O entretenimento não é uma forma direcionada pela mensagem. Ninguém deixou a exibição de Tubarão dizendo "Gostei muito desse filme porque era muito claro".

A distinção "produto" *versus* "mensagem" é interessante porque é um exemplo da gentil ou mais empática ideia de "design for time" que discutimos no Capítulo 2. O cofundador da Gravity Road, Mark Boyd, explicou como esse pensamento foi incorporado na sua agência desde o início, mas assim como Warren menciona, ele também o vê como uma forma de distinguir o que eles fazem da publicidade:

> Quando montamos a Gravity Road, tínhamos uma hipótese de trabalho que nos serviu bem. Queríamos criar coisas com as quais as pessoas queiram passar o tempo em vez de fazer publicidade sobre o que as pessoas apenas querem te dizer.

No entanto, isso está longe de ser uma navegação simples. Faris Yakob também vê o outro lado da moeda; a capacidade de impactar a cultura, muitas vezes, é exagerada:

> Hollywood é muito boa em fazer filmes. Mas só um em cada dez faz dinheiro. Metade não lucra nem perde e a outra metade perde dinheiro. É assim que a cultura funciona. É totalmente imprevisível, o que o torna um negócio arriscado.

Essa ideia é reforçada pelo *Ad contrarian*, de Bob Hoffman, no Capítulo 10 também. No entanto, as marcas parecem estar se tornando mais confortáveis com a abordagem e estão sendo apresentadas a novas ideias experimentais de marca e formatos de entretenimento por agências criativas e de mídia, agências de talentos, bem como produtores especializados, incluindo aqueles que criam Conteúdo que as pessoas realmente pagam para assistir. Destacamos esse espaço porque é uma das formas em que a capacidade está sendo reembalada para ajudar as marcas a responder ao problema do engajamento do público. Deste, vale destacar a sua atenção cada vez mais fragmentada. Como os outros dois mencionados antes, o público também pode ser colocado em um dos dois lados da linha de falha ativa que, aparentemente, está se tornando terra firme.

A equação binária das agências e suas duas tribos

No Capítulo 2, mencionamos que a batalha pelos orçamentos de Conteúdo pode, muitas vezes, parecer uma disputa de dois campos opostos: branded content e content marketing. Além disso, como mencionado, mostrou-se óbvio que há diferentes velocidades a que as agências têm agora de operar. Tudo isso pode ser visto como parte de uma divisão maior que moldou a indústria durante anos, podendo mesmo intensificar-se no futuro.

Tom Goodwin, da Zenith USA, formulou um pensamento, em nossa entrevista, sobre o que aconteceria se o marketing fosse reinventado hoje:

Então, se você colocar todas as formas existentes de tática, conjunto de habilidades e abordagem em um bucket amorfo, e você então tiver que segmentá-lo de uma nova maneira, então o que você provavelmente faria seria criar dois buckets: publicidade de marca – e isso seria como um mundo inteiro de como criar materiais para promover as marcas nas quais as métricas de marca não têm nenhuma expectativa de resultados imediatos – e então você tem outro bucket que é mais como marketing de performance, em que se trata de ganhar algum patrimônio fazendo as pessoas agirem como um resultado do Conteúdo.

Goodwin acha que, inevitavelmente, segmentar publicidade e marketing desse modo leva a pensar menos em termos de canais e táticas, ou criação *versus* mídia, e mais em termos de marca *versus* metas de performance. Isso é algo que ele acha mais útil porque leva a conversas sobre plataformas, sobre qual é o papel das marcas nelas e qual é o papel desempenhado pela performance.

Os dois *buckets* da Goodwin podem ser reminiscentes da antiga divisão ATL/BTL, mas, dessa vez, são reimaginados nas jornadas intrinsecamente híbridas entre marca/*jornadas diretas alimentadas pelo digital*. Todos estão prontos para comer o almoço dos outros. Esse ponto gera complexidade, como reconhecido por grandes agências e grandes clientes, como o diretor de marca da P&G, Marc Pritchard, que admitiu isso na Conferência Transformation 2017 da 4A (SHERWOOD, 2017):

> A P&G alimentou a besta da complexidade ao contratar milhares de agências globalmente... Com um especialista para tudo, era difícil determinar quem era o responsável por tudo.

Pritchard também reconheceu o papel das grandes marcas na própria fragmentação do público e nos problemas de desordem que estão tentando resolver:

> Nós bombardeamos os consumidores com milhares de anúncios por dia, sujeitando-os a infindáveis períodos de carregamento de anúncios, interrompemos suas telas de exibição com pop-ups e superpovoamos suas telas e feeds...mas toda essa atividade não está acabando com a confusão. Só cria mais barulho.

A solução, ele sugere, é parar de perseguir os fins e ter a coragem de fazer menos, com o foco criativo sendo o desenvolvimento de "menos e melhores ideias que duram mais tempo" (*B&T MAGAZINE,* 2017). O que esperamos fazer a seguir é proporcionar uma maneira de pensar sobre como isso poderá ser alcançado. Isto, por sua vez, pode fornecer mais clareza sobre quem deve liderar o que, onde, quando e como, bem como o talento necessário para entregá-lo. Um bom lugar para começar é tentar desempacotar a grande divisão mencionada. Não apenas Tom Goodwin, mas muitos outros nomes conhecidos na indústria destacaram essa natureza binária da indústria de marketing atual.

Branding profundo versus otimização de pontos de contato

O professor Andrew McStay vê a marca e os *buckets* de desempenho mencionados como dois caminhos que divergem ao longo das seguintes linhas:

- **Branding profundo:** associado às atividades tradicionais de construção de marcas das agências de criação, o que implica cada vez mais em níveis mais elevados de testes de anúncios para determinar a clareza e a relevância emocional, a fim de melhorar o impacto e a eficiência da distribuição.
- **Otimização de pontos de contato:** pode ser ligada aos objetivos de performance e otimização de marketing à medida que o acesso dos clientes ao longo da sua jornada se torna cada vez mais tecnológico e comportamental, incluindo na loja, por meio de assistentes virtuais e programáticos tradicionais e CRM.

Forrester: content marketing liderado pela mídia **versus** *content marketing liderado pelo cliente (2016)*

- **Liderado pela mídia:** evolução da publicidade que apoia os objetivos de publicidade da marca.
- **Liderado pelo cliente:** evolução do marketing direto que apoia os objetivos de resposta.

Google: estrutura HHH (2015a)

As categorias de Conteúdo Herói e Help da estrutura 3H do Google podem ser mapeadas nessas trajetórias e, também, ajudam a explicar as diferentes frequências envolvidas e a escala das diferentes experiências (nível cultural *versus* mais individualizado):

- **Herói:** eventos de *tent-pole*[3] em larga escala de baixa frequência ou momentos "*go-big*" concebidos para aumentar a sensibilização por meio de uma experiência partilhada culturalmente.
- **Help:** Conteúdo "*pull*" de alta frequência sempre ativa, otimizado para a intenção do usuário, que, muitas vezes, é mais relevante pessoalmente para o micromomento.

Adam&Eve: cultura **versus** *garantias*

David Golding (2017) da Adam&Eve tem uma maneira própria de abordar esse assunto:

- **Cultura:** ideias criativamente mais motivadas por grandes momentos culturais com maior custo de produção, que criam experiências compartilhadas e constroem conscientização em massa, geram fama e "falabilidade" por meio de mídia conquistada e compartilhada.

3. *Tent-pole* são eventos dentro de uma grade de programação de cinema que se espera que gerem muito dinheiro em termos de consumo de produtos relacionados a ele, como franquias cinematográficas de sucesso. (N.E.)

- **Garantias:** marketing mais iterativo, orientado por dados e entregue de forma programática com custos de produção mais baixos, em que muitas variações são testadas e otimizadas para atrair os clientes ao longo de seu caminho de compra.

As conclusões apresentadas são apenas ilustrativos de conclusões ainda mais semelhantes. A tabela "velocidade" do IPA mais acima (Tabela 4.1), por exemplo, poderia ter uma interpretação mais detalhada (Tabela 4.2) com base na divergência de opiniões.

A Tabela 4.2 não é, de forma alguma, uma lista exaustiva dos atributos das duas trajetórias, mas ajudou a enquadrar nossas discussões com um amplo espectro de especialistas de agências sobre como o Conteúdo muda a maneira como eles fazem negócios.

Tabela 4.2 A "tabela binária" da indústria de marketing

MARCA	PERFORMANCE
Publicidade criativa	Otimização de marketing
Branding profundo	Otimização de ponto de contato
Objetivos de construção da marca	Objetivos de resposta
Criatividade/Ideias de liderança	Dados dirigidos/Liderança de tecnologia
Hero Content	Help Content
Relevância emociona	Informativo/Educacional/Útil
Altos custos de produção	Baixos custos de produção
Eventos *tent-pole* de larga escala	Otimizado para intenção de uso
Grandes momentos de cultura	Micromomentos
Aumentar o nível de atenção	Encorajamento ao longo do caminho para compra
Baixa frequência	Alta frequência
Evolução da publicidade	Evolução do marketing direto

FONTE: autores

Um novo conjunto de óticas para resolver a equação binária

Algum dia, essa grande divisão pode resultar em divórcio, em que as agências irão se especializar em ambos os lados da linha de falha, ou em casamentos parciais como os que mencionamos na seção "Modelos operacionais", apresentada anteriormente. O princípio de funcionamento da agência R/GA de *Histórias + Sistemas* (LEI, 2014) e a dinâmica de *Sistemas e Empatia* apresentada no Relatório do IPA Future of Agency (2017) tentam fazer algo semelhante, sugerindo uma fusão mental desses modos binários de pensar.

A dinâmica de *empatia* que o IPA levanta pode fornecer o elo quando enquadrada em torno do conceito de Momentos que Importam (MTMs) do Google, mencionado no Capítulo 1 (GOOGLE, 2015b). Cada um dos momentos pode ser visto como uma unidade de entrega microcontextual que pode — e nós pensamos que deve — funcionar envolvendo os clientes nesses pontos de acesso ao longo das suas jornadas de compra. Isso leva a uma concentração no que é entregue — e por quê. Acreditamos que há um novo conjunto de óticas que a indústria deve pensar como uma oportunidade acima e além dos atuais modelos de negócios. Abordamos a base desse pensamento ao explorarmos a economia da experiência, no Capítulo 2.

Esse conjunto de óticas tem duas lentes primárias que, combinadas, criam uma terceira. Em nossa experiência, há apenas duas maneiras pelas quais uma organização de qualquer tipo pode tentar ganhar a atenção das pessoas. Elas refletem a atual divisão binária da indústria, mas também são diferentes, pois são céticas a respeito de quaisquer considerações específicas sobre disciplina, plataforma, modelo de negócio ou jornada do cliente. Eles trabalham, e podem trabalhar, em qualquer lugar, a qualquer hora, de qualquer maneira.

Ressonância Emocional (ER)

"*Just move me, dude*", foi a frase atribuída a Dan Weiden, da Weiden & Kennedy, em um artigo sobre como a publicidade funciona (WEIGEL, 2013). É muito apropriada, pois encapsula um vasto espaço de pesquisa relevante, demonstrando como a emoção é importante para o branding. Pense mais uma vez no relatório do IPA. Ele pode ser considerado como o substituto para o marketing da marca.

Os anunciantes sabiam disso há muito tempo, mas o espaço digital, não sobrecarregado com as restrições de tempo e espaço, segundos e centímetros, descobriu que a duração de suas mensagens importa menos agora. É a história que ela conta. Essa é a razão pela qual temos assistido, nos últimos anos, a uma nova onda de fortes exemplos de marcas de storytelling que ressoaram com dezenas de milhões de espectadores em todo o mundo. P&G Always "#LikeAGirl", Dove "Real Beauty Sketches", Wren "First Kiss", Saddlebag "How to Knock Off a Bag", Knorr "Flavour of Home" e John Lewis e anúncios de Natal da Sainsbury's são apenas alguns deles. Outra expressão da abordagem *Hero*, dessa vez no YouTube, é o canal "Inacreditável" da Pepsi Max UK, que funciona como uma espécie de abordagem "*Hero/Hub*", embalando alguns momentos maiores de espetáculo durante o ano com uma grande quantidade de peças menores, divertidas e inspiradoras.

"Faça-os chorar, com lágrimas ou com risos", outra máxima frequentemente citada, está ganhando uma nova vida no espaço de Conteúdo, para suspiro de alívio de muitas equipes criativas. Neste espaço, coisas bem executadas que as pessoas buscam, compartilham e consomem voluntariamente, seja por meio de uma visão profunda, ou da variedade "fraude" (FELDWICK, 2015), também é Conteúdo. Na frase irreverente do consultor Jay Baer (2014), que se aplica particularmente ao ângulo *Hero* se feito corretamente, "Conteúdo é fogo, mídia social é gasolina".

Utilidade de Intenção (IU)

O tipo de magia emocional que discutimos anteriormente é difícil de controlar; mesmo os melhores não conseguem fazê-lo com frequência, especialmente para a mesma marca. Afinal, os anúncios de Natal de John Lewis e Sainsbury's só acontecem uma vez por ano. Ao mesmo tempo, há um universo de intenções revelado a cada momento no Google, YouTube e em muitos outros pontos de contato digitais. Há cerca de um bilhão de consultas por mês no Google relacionadas apenas a cabelo.

As marcas simplesmente *têm* que estar lá, entregando "utilidade" para essa intenção revelada, de maneiras que são muito mais ricas do que apenas a velha e concisa linha de palavras-chave recheadas em uma página de resultados de motores de busca (SERP) — as inteligentes são, como mostrado no estudo de caso "All Things Hair" da Unilever no Capítulo 2. Isso poderia ser tomado como o substituto para o marketing de desempenho.

Eis como achamos que pode funcionar. Se plotarmos a IU (marketing de performance) em um eixo e a ER (marketing da marca) no outro, obteremos uma ferramenta de planejamento familiar da grade 2 × 2 que contém quatro possíveis cenários de como o Conteúdo poderia funcionar — e em grande parte funciona — hoje (Figura 4.1).

O espaço que é alto na IU e baixo na ER seria o lado "esquerdo do cérebro" do debate — usando essa analogia desatualizada, ainda favorecida por muitos na indústria —; o que é alto na ER e baixo na IU seria o lado "direito do cérebro". Aquele que não tem nenhum dos dois é o motivo pelo qual a maior parte do Conteúdo (e da publicidade moderna) construiu uma reputação terrível. No entanto, o canto superior direito é o novo conceito: um animal muito raro atualmente (e não deveria ser).

Ele integra aspectos de ambos os lados do debate, mudando a forma como os conceituamos, conforme descrito a seguir. Esse é o espaço a considerar e conquistar. Essa é a ponte. O que faz com que a unidade arquetípica de entrega nesse espaço não seja um formato específico, mas uma forma de pensar. Chamamos isso de Utilidade Empática (UE).

Figura 4.1 Grid de Utilidade Empática

FONTE: autores

No entanto, para levar a reflexão ainda mais longe, não acreditamos que a UE seja apenas um quadrante, independentemente de quão tentadora seja a sua simplicidade, pois ainda indica algo separado dos outros dois, algo que fica no seu próprio canto. Em vez disso, pensamos na UE como um espectro. Sempre que uma marca "toca" o consumidor, deve ter os MTMs "carregados" com unidades de contexto relevantes da UE. No topo do funil é provável que seja principalmente ER; à medida que você progride, mais IU se mistura até que certas situações na jornada do cliente se tornem quase todas IU (mas não defendemos isso, visto que não existem produtos ou serviços entediantes, apenas formas entediantes de os enquadrar ou falar sobre eles).

UE é como uma escala Pantone de tons infindáveis entre emoções e utilidades puras, com a intensidade de ambas sendo escolhida em função da situação contextual. É uma ferramenta deslizante para criar significado (Figura 4.2); um termostato para uma unidade de ar-condicionado encarregada de criar um ambiente amigável para o cliente... Temos a certeza de que também terá a sua própria metáfora.

Figura 4.2 Espectro de Utilidade Empática

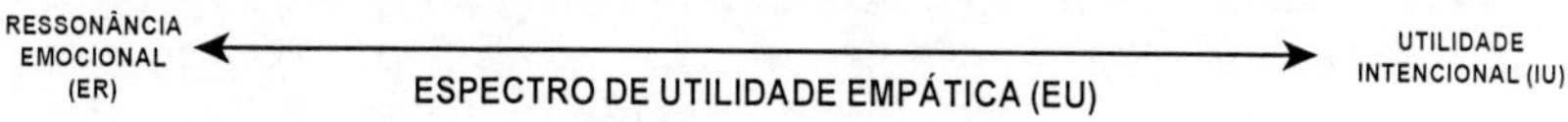

FONTE: autores

A UE tem várias perspectivas que a tornam diferente e potencialmente inovadora.

Perspectivas e benefícios da Utilidade Empática

- Cada MTM é uma oportunidade para entregar não qualquer marca ou otimização, mas ambas! Isso não depende tanto das capacidades operacionais ou organizacionais, mas sim da mudança da ótica do problema. Não é algo novo; é conhecido há muito tempo como resposta de marca.
- O que é emocional ou interessante nem sempre tem de ser lento ou caro; são os nossos modelos de negócio que o fazem assim.
- O que é útil não tem de ser chato; mais uma vez, é uma questão de ótica.

- Mas, para conciliar as duas coisas, precisamos de uma mistura diferente de competências, processos e incentivos, acima e além da equipe criativa de dois átomos mencionada no Capítulo 1.
- Trata-se de uma abordagem predominantemente digital, porque a televisão é, na sua maioria, limitada no tempo e mais amplamente orientada, o que limita o seu aspecto IU.
- A UE pode ser vista como a convergência de pensamento a partir de diferentes disciplinas geradoras de conhecimentos, nomeadamente as que dizem respeito à concepção de produtos e plataformas, como a concepção centrada no humano (HCD), a concepção de design, a concepção da experiência do usuário (UX), a arquitetura da informação (IA) e o bom e velho planejamento contabilístico.
- O espectro da UE é agnóstico, disciplinar e contextual: enquanto se tentar "desenhar para o tempo e o espaço", utilizando a ideia do Capítulo 2, está funcionando; não importa se está off-line ou on-line, de empresa para empresa (B2B), de empresa para consumidor (B2C), de consumidor para consumidor (C2C) ou de humano para humano (H2H), em que plataforma ou em que parte da jornada do cliente, quer se trate de comunicações ou de aplicações.
- A UE é também é uma mídia de paradigma agnóstico: funciona em todos os espaços dos meios tradicionais ou novos, incluindo a Internet das coisas (IoT), AR, VR/MR, inteligência artificial (AI) e tudo mais que possa surgir; mais uma vez, desde que estejamos projetando para o tempo e o lugar.
- UE também funciona como uma lente geradora de experiência dentro de uma organização, pois é um composto universal: tem os dois ingredientes mais importantes de qualquer experiência.
- Vemos a UE como uma abordagem de construção de objetivos que pode ajudar a preencher as lacunas em termos de promessas e valores discutidos no Capítulo 3. O papel que as marcas desempenham nos MTMs prova, na verdade, o que elas dizem que são.
- Finalmente, a UE dá uma expressão mais ética de tudo o que as marcas, agências, plataformas e outros atores da indústria fazem: se o foco está em maximizar UE – e a privacidade dos dados, a transparência, a não aditividade e o pensamento não predatório devem fazer parte dela – o resultado provável será mais construtivo para as marcas a longo prazo.

A Utilidade Empática está no centro do triunvirato das forças que impulsionam o marketing moderno. É uma peça fundamental (Figura 4.3) entre elas e fornece o conjunto de óticas que permite uma resposta robusta a provavelmente uma das melhores perguntas já feitas na história do marketing, apresentada por Tony Stead, um dos primeiros planejadores do negócio e criador do nome "Account Planning":

> Por que raios haveriam de fazer? (GRIFFITHS, 2014)

Por que as pessoas devem pensar ou fazer — dar seu tempo e atenção — aquilo que as organizações gostariam que elas pensassem ou fizessem (ver Figura 4.3).

Como desenvolver a ótica da Utilidade Empática — uma oportunidade para as agências

Como vimos anteriormente, assim como todas as outras, a indústria da publicidade está fazendo perguntas existenciais sobre o seu *porquê*, e a oportunidade para as agências não é apenas como elas descobrem isso por si mesmas, mas também como elas ajudam os clientes a fazerem o mesmo. Isso as leva a simplesmente responderem ao marketing com briefings de comunicação, para ajudar a resolver desafios de negócios muito mais amplos e profundos.

Figura 4.3 Utilidade Empática como peça fundamental

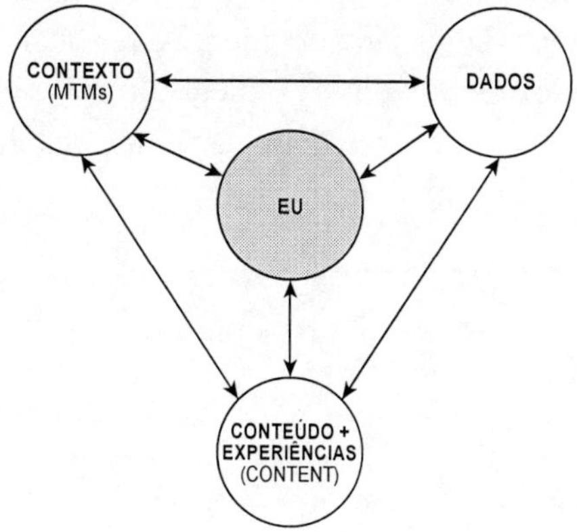

FONTE: autores

Por sua vez, isso as leva para a arena da estratégia de negócio e da transformação. Isso está se tornando uma virtude crescente da necessidade por causa da velocidade das consultorias, como a Accenture, se dirigindo a elas. A zona de impacto é onde eles colidem no "círculo virtuoso" de "o propósito começa com o porquê e o Conteúdo começa com o propósito" apresentado no Capítulo 3 (Ver figura 4.4).

Figura 4.4 Agências *versus* consultorias – Zona de impacto de Conteúdo

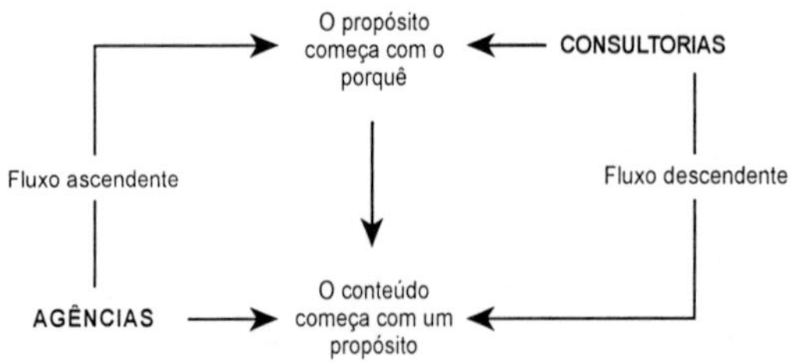

FONTE: autores

O que isso significa, na prática, é que os antigos responsáveis pelas comunicações externas podem agora se mover contra a corrente para ajudar a clarificar e articular propósitos. O oposto também é verdadeiro por causa da forma como a transformação é, muitas vezes, uma resposta à forma como a tecnologia está conduzindo a missão de marketing — indo mais além ao longo da jornada do cliente e particularmente em áreas pós-compra, como o atendimento ao cliente. Richard Wilding, fundador do setor dos especialistas em comunicação interna da WMW, ajuda a explicar como esses pontos estão se unindo:

> As empresas precisam vender seus produtos e empregar agências de marca para ajudá-las. Agências de marca têm simpatizado – pelo menos, as inteligentes – com a noção de que o produto que uma empresa vende deve ser uma forma de manifestação do seu propósito, e construir propósito nas marcas está se tornando um critério necessário (mas não suficiente) para o seu sucesso.

Articulando o porquê

Em termos de oportunidades para as agências, a primeira é a definição e articulação de propósito e, como discutido no Capítulo 3, ela está sendo feita de várias maneiras. Um exemplo é o "Princípio de Organização Única" de Robert Bean, em que o propósito e outras variáveis se condensam em um slogan semelhante a um anúncio, ou no qual o princípio de organização ou *ethos* é desenvolvido no que o co:collective chama de "história central". Quando se trata de mapeamento de valor para o cliente do tipo "trabalhos a serem feitos", as agências de publicidade parecem ser ideais. Eles ainda são os mestres em pegar algo e destilá-lo até a essência desse pensamento.

Alinhar as pessoas com o propósito

Se as agências querem definir e articular objetivos é outra questão, mas essa é a oportunidade que as marcas que competem no mundo digital da interrupção decrescente parecem estar oferecendo. É também o trampolim para uma maior oportunidade de oferecer o novo valor que é identificado no relatório do IPA:

> A experiência dos funcionários é, muitas vezes, o parente pobre em iniciativas de transformação, mas é um elemento essencial para alcançar os objetivos organizacionais e uma oportunidade para as agências oferecerem novos valores. Seja por meio de iniciativas de transformação, trabalho de visão, campanhas internas e comunicações, essa é uma oportunidade relativamente inexplorada, mas essencial.

A ideia para isso decorre da progressão explorada no Capítulo 2: o empoderamento, a motivação e engajamento dos funcionários, para que os objetivos organizacionais sejam realizados, torna-se parte da prática da agência à medida que eles evoluem ao longo da progressão da economia da experiência, da prestação de serviços, por meio de experiências estacionárias, para *orientar* transformações (empresariais). Essa é uma peça importante do quebra-cabeça maior porque, como

Wilding explica, não são apenas os produtos que devem se alinhar com o propósito:

> A ficha está caindo aos poucos sobre como as pessoas que sonham, fazem e vendem os produtos também se beneficiariam se estivessem alinhadas com o propósito. Empresas esclarecidas entendem isso, mas ainda não sabem como fazer isso acontecer, e as agências estão começando a perceber que, se querem alcançar o sucesso para seus clientes, devem prestar tanta atenção ao que está acontecendo com a experiência/sentimento do funcionário dentro do seu cliente quanto a transmitir o que o mundo externo pensa e sente sobre um produto.

Cultivando uma cultura orientada para propósito

Isto remete à ideia do Capítulo 3 sobre uma marca ser uma promessa de uma experiência e à ideia do co:collective de StoryDoing, em que as marcas incorporam a noção de Simon Sinek sobre "o que você faz simplesmente prova o que você acredita". Wilding define-o como "não o que dizemos aqui, mas o que fazemos":

> Internamente, os líderes seniores são o produto; eles incorporam por suas ações a promessa da marca. E com uma frequência deprimente, eles não percebem isto. Suas ações não estão alinhadas ao propósito maior nem aos valores que sustentam esse propósito. Assim, o que os funcionários veem é a falta de autenticidade e o que sentem é uma experiência pobre. Se você quer um maior retorno sobre a experiência, você precisa de líderes para liderar de uma forma que esteja claramente em sintonia com o propósito (o porquê) e os comportamentos corretos (o como).

Hugh MacLeod, em seu *post* "So What Comes After Advertising?" acredita que é um trabalho difícil e que as agências podem ajudar com esse novo "produto" (2013):

> A parte mais difícil do trabalho de um CEO é compartilhar seu entusiasmo com seus colegas, especialmente quando muitos deles estão fazendo um quinto do que ele faz. Vender a empresa para o público em geral é fácil em comparação com vendê-la para as pessoas reais que trabalham para ela. O futuro da publicidade é interno.

Wilding considera que a integração do "retorno sobre a experiência" (RoE) na tomada de decisões do conselho de administração poderia ser uma solução para esse problema. A experiência interna, nesse caso, significa cultura, que, infelizmente, ainda pode ser definida como "o pior comportamento tolerado".

Construção de capacidade própria

Há uma série de razões para mencionar isso em um livro sobre Conteúdo e em um capítulo sobre agências — a mais simples é que a construção da cultura representa apenas um dos espaços para as agências entrarem. Também está ligada a analistas que identificam que os anunciantes estão trazendo capacidades de agência internamente e/ou trabalhando com agências independentes. As questões de confiança que os analistas diagnosticam são um fator, mas há outro igualmente importante, identificado em nossa entrevista com Robert Rose do Content Marketing Institute:

> Muitas das grandes empresas com quem falo estão completamente frustradas com a incapacidade de suas agências de simplesmente "acompanhar" ou "inovar" (quer se trate de desenvolvimento de Conteúdo, comércio ou outra experiência digital). Assim, a tendência de mover alguns serviços internamente é apenas isso: um movimento para adquirir o talento e institucionalizar (e centralizar) as capacidades.

Parte da capacidade interna inclui a criação de plataformas de mídia ou *hubs* de Conteúdo próprios e operados (O&O). Daí a brincadeira de Rose sobre como não importa quem é o dono de qual parte da jornada do cliente internamente, desde que ela seja propriedade de alguém. O sucesso da marca em todas as jornadas dos clientes precisa de mais do que apenas uma estratégia de "construa e eles virão", ou a centralização da capacidade, integração da *martech* e aplicação de um dos crescentes conjuntos de estruturas de Conteúdo-estratégia. O que também é provável que seja necessário é a mudança da cultura interna, começando com a mentalidade e passando para o desenvolvimento da "memória muscular".

Mudando a ótica interna para construir memória muscular

Os MTMs são também uma forma útil de pensar sobre a experiência do empregado. Eles são um ponto de partida para mudar a mentalidade organizacional porque ajudam a moldar a entrega de estratégias por meio de empatia e iteração melhoradas. Pensamos que o nosso conceito da UE pode desempenhar um papel neste contexto, mas a nossa questão é simplesmente que, se quisermos ser bem-sucedidos com sua estratégia externa de Conteúdo e com seu leque mais vasto de experiências digitais, então é necessário introduzir uma maneira mais empática de pensar na forma como a organização realmente funciona.

Essa é também outra métrica de mudança interna que apenas faz o monitoramento da experiência do cliente por meio da métrica Net Promoter Score (NPS) (WIKIPÉDIA, 2017). Detectar sintomas não é o mesmo que chegar à raiz das causas, particularmente quando estas são culturais. É também uma forma de lançar luz sobre o que o relatório do IPA pode ter em mente com o vetor de experiência dos funcionários como parte de três oportunidades de experiência para as agências (ver Figura 4.5).

A marca e a experiência do cliente são claras: trata-se de uma fusão dos discípulos que se concentram no design e otimização de pontos de contato e jornadas com objetivos mais orientados para a marca, tais como posicionamento, diferenciação e consistência do que é executado por meio dessas interações entre marca e cliente. O que ficou menos claro no relatório foi como isso se conjuga com a experiência dos colaboradores, que esperamos ter ajudado a esclarecer aqui.

Reforço da capacidade de ação

As agências mais ágeis e digitais já intervieram para apoiar como a experiência da marca e do cliente ganha vida a partir do trabalho de equipes internas. O fundador da Brilliant Noise, Antony Mayfield, explica por quê:

Figura 4.5 Três oportunidades de experiência para as agências

FONTE: adaptado do IPA Future of Agencies: Systems and Empathy (IPA, 2017)

> As organizações estão enfrentando uma explosão de problemas complexos em todos os níveis, desde o estratégico – "o que está acontecendo com o meu mercado?" – até o tático – "é o app **x** ou **y** o caminho do futuro que eu deveria explorar apostando os recursos de marketing, ou é apenas fogo de palha?
>
> Os velhos modelos de parceiros para resolver problemas não funcionarão eficazmente porque o fosso entre pensar e fazer, entre aprender e aplicar, é mais curto. Estes ***loops*** acontecem tão rápido que uma abordagem liderada por um consultor levará muito tempo e dará respostas a problemas que já mudaram de natureza ou mudaram para além do reconhecimento. As organizações precisam construir capacidade – e a **capacidade de construir capacidade** – rapidamente e em escala. Como disse Louis Pasteur, "o acaso só favorece a mente preparada". Os líderes devem criar culturas preparadas – desenvolvendo a capacidade de agir de forma decisiva e rápida em resposta a desafios complexos.

A abordagem action capability building (ACB) da Brilhant Noise é informada tanto pelo design thinking como pela aprendizagem pela ação. Isso é interessante por uma série de razões, particularmente por ser uma abordagem ágil na qual a aprendizagem é facilitada pela prática e as soluções são construídas em etapas iterativas. Os exemplos de Brilliant Noise e WMW são apenas dois exemplos de agências especializadas que estão ajudando a incorporar um pensamento mais empático e orientado para a experiência na organização.

Idealmente, isso deveria incluir o tipo de "personalização do propósito" de que o professor Dan Cable fala com base na pesquisa de Adam Grant's *Give and Take: Why helping others drives our success* (2014). A ideia é fazer com que os funcionários façam seu próprio propósito (DAISLEY, 2017). Uma maneira de fazer isso é ir além da pesquisa documental, painéis analíticos e esconder-se atrás de telas de grupos focais para, realmente, conhecer os clientes pessoalmente e ouvir sobre suas experiências relacionadas ao que você lhes oferece.

Dan Cable acha que isso é importante porque ajuda a construir uma ligação emocional e não cognitiva com os clientes. Paralelos podem ser feitos com a metodologia mais centrada no ser humano, concebida por Beyer e Holtzblatt em *Contextual* Design (1998), que incorpora metáforas de pesquisa etnográfica para reunir os "thick data" de por que fazemos o que fazemos. Esse lado da moeda de dados está frequentemente em falta (vamos explorá-lo no Capítulo 7).

Vemos que a compreensão emocional e os "thick data" alimentam a Utilidade Empática. Isso, por si só, não garante que o propósito e os valores sejam vividos, mas é uma forma de pensar que pode fazer parte disso — inclusive ajudando as marcas a entender como elas geralmente estão provocando um incômodo para si mesmas ao bombardear os consumidores com mensagens e a neblina cognitiva que cria. A UE pode ser uma pequena engrenagem na roda maior que temos debatido aqui, mas que esperamos que possa contribuir para o espírito criativo exigido por Marc Pritchard, da P&G, mencionado anteriormente, que ajuda a concretizar "menos e melhores ideias que duram mais tempo".

Referências

Accenture *Acquires Creative Agency*. [On-line]. 2016a. Disponível em: accenture.com/gb-en/company-news-release-accenture-acquire-karmarama. Acesso em: 11 jun. 2017.

Accenture. Accenture Interactive Launches Its First Content Studio to Deliver Innovative and Engaging Content to Clients [On-line]. 2016b. Disponível em: newsroom.accenture.com/news/accenture-interactive-launches-its-first-content-studio-to-deliver-innovative-and-engaging-content-to-clients.htm. Acesso em: 11 jun. 2017.

AdAge. Agency Report 2016 Index [On-line]. 2016. Disponível em: adage.com/article/datacenter/ad-age-agency-report-2016-rankings-analysis/303559/. Acesso em: 11 jun. 2017.

Baer, J. Why Content Is Fire and Social Media Is Gasoline [On-line]. 2014. Disponível: youtu.be/b4J4NbGhiLc. Acesso em: 11 jun. 2017.

Beyer, H.; Holtzblatt, K. *Contextual* Design: Defining customer-centered systems. São Francisco: Morgan Kaufmann, 1998.

B&T Magazine. P&G's Marc Pritchard: 'We Need Fewer Agencies and Fewer Ads', 7 de abril de 2017 [On-line]. Disponível em: bandt.com.au/media/pgs-marc-pritchard. Acessado em 11 jun. 2017.

Daisley, B. Alive at Work (Blog). Londres: *Eat Sleep Work Repeat,* 23 de novembro de 2017 [On-line]. Disponível em: eatsleepworkrepeat.fm/2017/11/23/alive-at-work/. Acesso em: 12 dez. 2017.

Donaton, S. *Madison & Vine*: *Why the entertainment and advertising industries must converge to survive*. Nova York: McGraw-Hill, 2005.

Feldwick, P. *The Anatomy of Humbug*: *How to think differently about advertising*. Leicester: Matador, 2015.

Financial Times. FT Alphaville Alphachat Podcast: Don Draper Has Been Quartered (*Podcast*), 11 de agosto de 2017 [On-line]. Disponível em: ft.com/content/413879df-bf91-43cd-875f-b2c83cf2f765. Acesso em: 12 dez. 2017.

Forrester. "Don't Confuse Media-Led and Customer-Led Content marketing" [On-line] Disponível: forrester.com/report/Dont+Confuse+MediaLed+And+CustomerLed+Content+Marketing/-/E-RES131044. Acesso em: 11 jun. 2017.

Forrester. The New Agency Operating Model for Brands: Follow a Four-Step Plan to Realign Your Agency's Value Around the Customer [On-line]. 2017. Disponível em: forrester.com/report/The+New+Agency+Operating+Model+For+Brands/-/E-RES122385. Acesso em: 12 dez. 2017.

Golding, D. The Big Adland Divide: Cultura vs Collateral. *Campaign*, 20 de fevereiro de 2017 [On-line]. Disponível em: campaignlive.co.uk/article/big-adland-divide-culture-vs-collateral/1424173. Acesso em: 12 dez. 2017.

Google. Build a Content Plan [On-line]. 2015a. Disponível: thinkwithgoogle.com/marketing-resources/youtube/build-a-content-plan/. Acesso em: 12 dez. 2017.

Google. Win the Moments that Matter [On-line]. 2015b. Disponível: thinkwithgoogle.com/intl/en-gb/marketing resources/micro-moments/ganhar os momentos que interessam. Acesso em: 15 maio 2017.

Grant, A. *Give and Take*: Why helping others drives our success. Londres: Weidenfeld & Nicolson, 2014.

Griffiths, J. "Justifying My Job — What Is Account Planning For?" (Blog). Londres: *Postcards From A Planner*, 12 de junho de 2014 [On-line]. Disponível em: accountplanning.blogspot.co.uk/2014/06/justifying-my--job-what-is-account.html. Acesso em: 21 dez. 2017.

IPA. IPA Future of Agencies: Systems and Empathy [On-line]. 2017. Disponível em: ipa.co.uk/Framework/ContentDisplay.aspx?id=12292. Acesso em: 11 jun. 2017.

Law, N. *Introduction*: Managing Creativity in the Connected Age. Nova York: *R/GA Future Vision* [On-line]. 2014. Disponível em: cdn.space.rga.com/production/file-6c7deef6ab6dad07876ef78.pdf. Acesso em: 12 dez. 2017.

MacLeod, H. So What Comes after

Advertising? (Blog). Miami Beach: *Gaping Void*, 11 de março [On-line]. 2013. Disponível em: gapingvoid.com/blog/2013/03/11/hughtrain/. Acesso em: 12 dez. 2017.

Oakes, O. Analysts no WPP: 'Expected Bad, Got Worse'. Londres:

Campaign, 23 de agosto de 2017 [On-line]. Disponível em: campaignlive.co.uk/article/analysts-wpp-expected-bad-worse/144272727. Accessado em: 12 dez. 2017.

Schultz, E. J. Mccann's 'Fearless Girl' Is Monday's Big Winner at Cannes. Nova York: *AdAge*, 19 de junho de 2017 [On-line]. Disponível em: adage.com/article/special-report-cannes-lions/mccann-fearless-girl-big-winner--cannes/309476/. Acesso em: 12 dez. 2017.

Sherwood, I.-H. Too Much 'Complexity' and 'Crap' Hinders Agency-Brand Relationships, Says P&G CMO, Londres: *Campaign*, 4 de abril de 2017 [On-line]. Disponível em: campaignlive.co.uk/article/complexity-crap-hinders-agency-brand-relationships-says-p-g-cmo/1429596. Acesso em: 12 dez. 2017.

Slaby, L. Adland's Talent Drought Is a Real Problem and Salesforce Wants to Take the Lead on the New Agency Skillset (Blog). *Medium.com: @lasslaby*, 22 de outubro de 2017 [On-line]. Disponível: medium.com/@lasslaby/adlands-talent-drought-is-a-real-problem-and-salesforce-wants-to-take--the-lead-72105df34838. Acesso em: 12 dez. 2017.

Tan, E. Unilever Marketing Boss Weed Revela 5C Brand Strategy. Londres: *Campaign*, 25 de setembro de 2017 [On-line]. Disponível: campaignlive.co.uk/article/unilever-marketing-boss-weed-reveals-5c-brand-strategy/1445575. Acesso em: 12 dez. 2017.

Treacy, M.; Wiersema, F. *The Discipline of Market Leaders*: Choose your customers, narrow your focus, dominate your market. Nova York: Basic Books, 1997.

Weigel, M. 'Just Move, Me Dude': The Ancient Path to Effectiveness (Blog). *canalside view*, 11 de novembro de 2013 [On-line] Disponível em: martinweigel.org/2013/11/11 just-move-me-dude-the-ancient-path-to-effectiveness/. Acesso em: 12 dez. 2017.

Wikipédia. Net Promoter [On-line]. 2017. Disponível em: en.wikipedia.org/wiki/Net_Promoter. Acesso em: 12 dez. 2017.

05.
Perspectiva da agência de mídia: como o Conteúdo impacta a criatividade, os processos e as receitas

Uma história breve do Conteúdo em mídia eletrônica moderna

Desde o início, os meios de comunicação têm procurado formas de atrair financiamento externo para os Conteúdos, bem como meios para cumprir os seus horários. Já em 1929, mais de 55 por cento dos programas de rádio nos Estados Unidos foram financiados ou produzidos por marcas (LEHU, 2007). Uma das primeiras e mais famosas foi a Little Orphan Annie, da NBC Blue Network, patrocinado pela Ovaltine, fabricante de um suplemento dietético lácteo. Esta peça de rádio, baseada em um gibi de mesmo nome, teve grande popularidade, conseguindo atrair seis milhões de fãs para seus aparelhos de rádio (HARMON, 2001)! O modelo foi considerado atrativo tanto pelos anunciantes, para quem era uma forma interessante de publicidade, como pelas estações, que acharam mais fácil preencher um horário de programação durante todo o dia.

Na década de 1940, os anunciantes começaram a mostrar interesse no crescente meio televisivo. Com base nas experiências do rádio – seus modelos de financiamento de programas e a presença genera lizada de Conteúdo patrocinado – a indústria publicitária nos anos 1940 e 1950 exerceu forte pressão sobre as emissoras comerciais nos Estados Unidos (GODZIC, 2010). Essa pressão, combinada com o desejo da emissora de desenvolver e adquirir novos programas, levou à repetição de formatos e abordagens do meio de comunicação mais antigo – daí os antigos favoritos da rádio, como The Colgate Comedy Hour (LEHU, 2007) ou Kraft Television Theatre (AdAge, 2003). Esses programas foram produzidos principalmente por agências de publicidade e visavam aos interesses comerciais dos patrocinadores.

O domínio do financiamento comercial era tão forte que mesmo o primeiro noticiário americano era, na verdade, um Conteúdo publicitário. Transmitido pela estatal NBC, foi intitulado Camel News Caravan e efetivamente serviu como um anúncio para uma marca popular de tabaco (GODZIC, 2010). O apresentador que lia a notícia fumava cigarros no ar, com a embalagem sempre visível na tela, e o programa de notícias terminava com um cigarro no cinzeiro. A influência da marca na NBC era tão grande na época que um sinal de "proibido fumar", ou qualquer informação sobre as consequências fatais do tabagismo, não podia aparecer em nenhum lugar. Curiosamente, não era permitido aparecer nem mesmo pessoas fumando charutos, que eram os concorrentes dos cigarros. As exceções foram feitas apenas para o Primeiro-Ministro britânico contemporâneo Winston Churchill – que tinha o charuto como sua marca registrada (UTLEY, 2000)!

Tornou-se evidente, relativamente cedo, que o modelo de rádio baseado num patrocinador que financia a criação de um programa não funciona para a televisão a longo prazo devido aos elevados custos de produção de programas. Os anunciantes se voltaram cada vez mais para gêneros mais baratos, como gameshows, que, por um lado, afetaram significativamente a qualidade do Conteúdo, enquanto, por outro, resultaram em uma série de escândalos causados pela manipulação dos resultados do quiz (LOTZ, 2007; CARTER, 2003). No final dos anos 1950, os patrocinadores disponibilizaram perguntas aos participantes selecionados em cooperação com diretores e produtores. Eles ganharam grandes somas em estilo espetacular e as audiências cresceram rapidamente. Estes escândalos tiveram uma influência negativa sobre o patrocínio de Conteúdos televisivos e resultaram num esforço significativo para travar a prática de colocar no ar programas financiados por um patrocinador.

Simultaneamente, desenvolvia-se "mercado negro da publicidade indireta". Cada vez mais, as marcas pagavam aos escritores para colocar seus produtos em scripts. Produtos de marca deveriam aparecer na tela de forma aparentemente natural, enquanto atores e apresentadores eram pagos por corporações para atuar em cenas individuais (NEWELL, SALMON; CHANG, 2006). Em 1948, a NBC começou a combater essas práticas por meio de um departamento de normas e práticas, que servia, em essência, como um censor. Logo, relatórios que avaliaram previamente Conteúdos programáticos sobre sexualidade, produtos alcoólicos, estereótipos raciais, violência, delinquência juvenil, religião ou blasfêmia, também passaram a relatar atividades de pseudopublicidade (PONDILLO, 2003). A primeira menção de que um produto foi retirado pelo departamento de censura data de 1949. No ano seguinte, as marcas foram retiradas dos scripts uma vez por semana, em média. No entanto, se qualquer atividade de publicidade ilegal tivesse escapado à atenção dos censores, era frequentemente comunicada à rede pelos fabricantes de produtos concorrentes. Isso resultou na decisão da NBC de usar temporariamente garrafas e embalagens sem rótulos ou, no caso em que a cena exigia a indicação de uma marca, obrigando os criadores a verificar se a marca era atualmente um anunciante na NBC.

O patrocínio de programas por vários anunciantes não era a forma dominante de financiamento até o início dos anos 1960. No período entre 1962 e 1963, 52 dos 94 programas no ar foram financiados com base nesse modelo. A televisão começou a procurar outros meios e modelos de cooperação com as marcas, apenas para voltar – recentemente, após alguns anos – às soluções originais, mas de uma forma moderna.

Supõe-se que o início do que é considerado hoje como branded content remonta a 2001, quando a minissérie The Hire teve sua estreia on-line. Ela foi criada e financiada pelo fabricante alemão de automóveis BMW e é considerada a primeira campanha de branded content moderna.

De "Advertising in the post-network era: branded Content – case study", tese de doutorado, Izabela Derda (2017)

Como deve ter sido fácil para as primeiras agências de publicidade e mídia, mesmo depois da grande "separação" do final dos anos 1960 e início dos anos 1970, quando a função de planejamento e compra de mídia se divorciou de seu glamoroso irmão criativo! Nesse mundo, marcas e agências operavam num espaço de vários canais "marcomms" principais: TV, rádio, imprensa, outdoor, lojas — um universo de mídia no estágio inicial de seu desenvolvimento, em que a seção "canais principais" do plano de mídia não tinha mais de quatro ou cinco rubricas.

Compare isso com o mundo digital atual com mais de cem caminhos de marketing (comunicações) para o consumidor, um universo em que a maioria dos pontos de contato serve, ao mesmo tempo, de publicidade, relações públicas, promoções, vendas, uso de produtos, entrega de serviços, atendimento ao cliente e ambientes de CRM.

Em outras palavras, tudo se tornou híbrido e as marcas e suas agências agora falam menos em canais e mais em "ecossistemas" para organizar os esforços de marketing em geral. Os clientes, bem como as agências, estão pensando muito sobre o papel que uma agência de mídia desempenha neste novo mundo, e como ela se entrelaça com as lojas criativas.

"O mundo do Conteúdo está definitivamente mudando o DNA da indústria de mídia", diz Sasha Savic, CEO da MediaCom US, em nossa conversa para este livro:

> O mundo das comunicações mudou mais nos últimos cinco anos do que nos últimos cinquenta. Para permanecer relevante, toda agência de mídia deve repensar a forma como faz negócios: o talento que atrai, sua estrutura, seu modelo de negócio, sua oferta... tudo.

Muitas das velhas regras já não se aplicam, enquanto, ao mesmo tempo — como evidenciado pela história do Conteúdo na mídia moderna e pelos insight*s* neste capítulo —, algumas ainda se aplicam! O que parece estar em andamento é uma interessante reintegração de funcionalidades e habilidades separadas durante o grande divórcio da mídia e dos lados criativos da indústria. Isso é ampliado por várias novas tendências, particularmente a necessidade de que as agências de mídia se tornem mestres em dois aspectos de sua expertise tradicional de "última milha": os *dados* sobre como as pessoas realmente consomem Conteúdo midiático, bem como a *tecnologia* que elas usam para consumi-lo.

A agência de mídia moderna está evoluindo para algo que seus irmãos históricos achariam totalmente desconcertante. As mesmas forças que estão impulsionando o Conteúdo como o novo paradigma estão desempenhando um papel importante nessa evolução.

Mudanças ecossistêmicas que impulsionam a reinvenção da agência de comunicação social

Tia Castagno, Líder Global de Inovação da Vizeum e ex-vice-presidente da Maker Studios, em uma entrevista conosco, oferece três razões para o modo como essa evolução aconteceu:

> De um lado, havia certa frustração em ser o irmão mais novo no contexto de a marca ter dois contratos quando se trata de marketing: um com a agência criativa e outro com a agência de mídia, em que a agência de mídia era vista como o parente pobre e no qual a agência líder era sempre considerada a agência criativa. Então houve uma verdadeira viagem para mudar isso e esperar pela oportunidade certa, e o content marketing ofereceu exatamente isso porque era uma espécie de "espaço em branco" no qual as regras podiam ser reescritas e não era tão óbvio quem era a agência principal. Assim, ele abriu um espaço em que, se você fosse oportunista o suficiente, poderia assumir o comando, juntamente com insights e dados que se tornaram muito mais essenciais para o sucesso das campanhas.
>
> Em segundo lugar, como mencionado anteriormente, você não pode simplesmente confiar em um icônico spot de trinta segundos no espaço de Conteúdo, porque o desenvolvimento de uma forma mais longa de Conteúdo de múltiplas iterações requer conhecimentos muito detalhados da audiência além de continuar atualizado das mudanças para avaliar o que está funcionando para você. Isso tem sido inestimável para as agências de mídia quando se trata de fazer do Conteúdo um sucesso.

A terceira variável tem sido o acesso à tecnologia. O content marketing tem proliferado tão rapidamente como resultado da tecnologia, que se tornou uma força motriz de efeito para permitir um progresso muito rápido, e isso inclui a tecnologia de vídeo ou qualquer outra tecnologia que os proprietários de mídia e empresas de tecnologia têm no mercado. Porque as agências de mídia tinham acesso a proprietários de mídia e editores e estavam lidando com eles diariamente, elas tiveram acesso à tecnologia muito mais rapidamente e puderam trabalhar em parceria com as publicações desde o primeiro dia, seja em Conteúdo cofinanciado ou produzido pela editora e com a marca da empresa. Esses três elementos – ser mais oportunista, ter acesso a insights e dados, e ter relacionamentos mais próximos com a tecnologia e as publicações – têm sido as razões pelas quais as agências de mídia impulsionam o content marketing para estar à frente do jogo.

O planejamento e a compra de mídia costumavam ser bastante simples e baseados em um modelo linear com três partes principais: *Conteúdo* (entendido amplamente como todo tipo de formas inseridas na mídia tradicional), *distribuição* (mídia) e *audiência* (espectadores, leitores, usuários). O grupo de produtores e editores era limitado e estritamente definido. Porém, como Izabela Derda, uma acadêmica e ex-diretora de entretenimento da Havas, apontou em nossa entrevista, a internet e a digitalização do nosso mundo criaram esse "espaço branco" de que fala Castagno:

Um mercado de mídia relativamente pequeno (com motor de propaganda) tornou-se um universo enorme com espaços livres de propaganda. Os consumidores não só obtiveram o poder de escolha e a possibilidade de criar seu próprio Conteúdo de mídia, como também plataformas como a Netflix provaram que a mídia e as plataformas não precisam necessariamente estar sob o poder dos anunciantes e serem apoiadas por anúncios para terem sucesso no mercado, pois toda a sua receita vem de assinaturas.

Isso não ajudou as agências criativas que acharam o novo espaço, assim como o Conteúdo, um pouco ameaçador. Castagno observa que:

> A tradição do grande anúncio de TV tem sido muito difícil de quebrar, e os conjuntos de habilidade têm ficado presos nesse velho modelo. Uma das razões é que, em content marketing, as percepções se tornam mais relevantes, e elas precisam ser integradas com os dados que você tem sobre os consumidores, a fim de tornar suas histórias mais relevantes. Você não pode simplesmente confiar na sua intuição em cerca de trinta segundos, que serão ótimos, não importa qual seja a percepção do público. Por outro lado, no que diz respeito às agências de comunicação, penso que foi por esse momento de mudança que estivemos à espera, porque até agora fomos remetidos para o papel de analista de números dentro da cadeia, em que a agência criativa se concentraria na criação do anúncio e aqui estariam as pessoas dos dados fazendo o crivo deles e concentrando-se nos conhecimentos. No entanto, com toda essa experiência em dados e insights, a oportunidade oferecida pelo content marketing tem sido enorme para nós porque os dados se tornaram muito mais valiosos para ajudar a contar histórias modulares, que não são apenas relevantes para grandes grupos de pessoas, mas também para indivíduos. O content marketing oferece uma oportunidade maior de pensar um a um e criar Conteúdo modular direcionado para nichos, e também individualmente. Isso tem sido definitivamente visto como uma oportunidade pelas agências de comunicação, daí que todas as principais criem divisões de Conteúdos especializados, os quais são, agora, a parte com maior crescimento, incluindo, entre outras, o "Story Lab" na Dentsu e o "Mediacom Beyond Advertising" na Mediacom.

Scott Donaton da Digitas é inflexível em afirmar que o Conteúdo é tanto uma oportunidade como uma ameaça para as agências estabelecidas:

Sinto que a verdadeira ameaça é não prestar atenção a ela, porque penso que, em muitos aspectos, esse é o futuro do marketing. Voltando à questão dos rótulos e de tudo isso, não tenho certeza de que sempre será uma disciplina separada e especialista, mas à medida que avançamos para um mundo no qual o público vai determinar o que, se e onde vai interagir com qualquer forma de Conteúdo, essa abordagem de como eu agrego valor à vida das pessoas em vez de interromper vai estar onde todas as marcas têm que ir, porque não acredito que os mecanismos de interrupção vão estar lá ou serão tão eficientes.

Obviamente, tem havido um enorme crescimento em coisas como a venda antecipada de mídia na TV, apesar do declínio do público, mas, ao mesmo tempo, acho que o consumidor tem provado repetidamente que vai pular a publicidade se tiver a oportunidade, e que não acredita que ela agregue valor às suas vidas. Acho que uma série de razões pelas quais as marcas, mesmo na era de saltar e bloquear anúncios, ainda pensavam que o seu lugar era seguro, foi, em última análise, porque o consumidor nunca quis pagar por sua própria experiência de mídia e gostou que as marcas subsidiassem essa experiência. Obviamente, isso ainda é verdade e torna-se uma questão de divisão econômica, mas cada vez mais estamos vendo Netflix, Amazon, Spotify Premium e esses outros lugares onde os consumidores estão dizendo: "Vou pagar por um Conteúdo que não conseguiria obter em outro lugar, mas às vezes vou pagar uma conta premium apenas para não ter publicidade". Nem todo consumidor pode se dar ao luxo de fazer isso, e não creio que estejamos no ponto em que o papel de subsidiar as experiências do consumidor esteja desaparecendo, mas acho que toda essa tendência mostra que o público vai estar cada vez mais no controle. Então eu acho que a resposta é que as marcas têm que descobrir como que o que elas querem dizer é digno do tempo de alguém, e agrega valor à sua vida, além de ser algo que alguém escolheria para passar o tempo. Caso contrário, eles não vão levar sua mensagem diante das pessoas.

Para Derda, tudo isso significa que há um novo "contexto de Conteúdo" no espaço midiático moderno:

> A jornada do consumidor é agora cada vez mais a jornada de Conteúdo. A jornada de mídia agora é a jornada de Conteúdo. Hoje em dia, a maior parte da marca torna-se "movida a dados, movida a Conteúdo", como costumávamos dizer em Havas.

Grace Letley, diretora de inovação estratégica da Vizeum, compartilha o sentimento:

> O cenário mudou significativamente. Na mídia pré-digital havia um número finito de lugares e espaços a serem preenchidos com publicidade, seja no patrocínio de rádio, em cartazes de seis folhas, em cartazes impressos 24 × 4 ou em um dos spots de trinta segundos num punhado de canais de televisão, por exemplo. A introdução da mídia digital mudou tudo isso. Cada espaço é agora um espaço midiático. Qualquer pessoa pode e todos estão criando, carregando e compartilhando Conteúdo. As marcas não competem apenas entre si e com as publicações por atenção, elas estão competindo com os amigos de seu público. Neste fluxo infinito de Conteúdo, as marcas estão lutando por uma fatia da atenção finita dos consumidores, o que obriga os anunciantes a pensarem cada vez mais não apenas em enviar mensagens para os consumidores, mas em vez disso perguntar o que pode empurrá-los até sua marca por meio de entretenimento, informação ou utilidade valiosos.

Em outras palavras, essas novas dinâmicas da mídia exigem que a abordagem esteja mudando de "conduzida pela campanha" para "impulsionada pela campanha". Há uma atividade de comunicação de base "sempre ativa" que agora é impulsionada por picos de campanha tradicionais e de engenharia para gerar atenção adicional. Em um mundo de atividade constante, a maior parte da estratégia e do trabalho criativo está começando a se mover para o lado da agência de mídia, já que seus modelos de negócios são mais flexíveis para cobrar por atividades constantes do que os de uma agência criativa.

Dada a reação, muitas vezes, bastante esnobe aos dados como um combustível criativo de muitas agências de publicidade, há uma ameaça de que mais do pensamento conceitual, que é alimentado por dados de várias fontes, também possa sair de seu domínio. Essa abordagem baseada em dados se traduz numa abordagem criativa ligeiramente diferente, ligeiramente menos suscetível de começar com apenas uma "grande ideia", como a antiga, e provavelmente mais baseada na entrega de Conteúdos personalizados a vários públicos. Ou nas palavras de Savic:

> Não começamos com formatos de Conteúdo. Começamos com as pessoas. Os jovens não consomem Conteúdo de longa duração; eles querem vídeos curtos criados para smartphones. As demos mais antigas continuam a ser Conteúdos de longa duração para os consumidores em telas maiores. Conteúdos e modelos de produção/monetização são customizados pelo público.

As faíscas com as agências criativas já estão voando. Em 2016, Justin Tindall, diretor de criação da M&C Saatchi, reclamou em um artigo que as agências de mídia dão às agências criativas apenas "uma procissão de baldes para encher" (DEGUN, 2016).

Mas para Castagno, isso também reflete algumas das realidades do novo espaço midiático:

> Hoje, você pode ver muito isso no mundo programático: todos de agências criativas e origens criativas reagem negativamente quando ouvem essa palavra porque se sentem como uma maneira muito mecânica de lidar com a mídia e também muito mecânica por parte da publicidade, mas o que você pode fazer com o programático em termos de cocriar um formato, e também a entrega desse formato, mostra que são todos dependentes de acordos feitos com editores diariamente – o que tem sido fundamental para o content marketing no dia a dia. Então será usado para distribuir grandes anúncios icônicos de trinta segundos, sim, mas o programático também permite a distribuição de Conteúdo modular e o storytelling do cotidiano. Departamentos programáticos como o Amnet têm de dez a vinte pessoas focadas apenas no elemento de parceria com editoras para a criação de formatos e o desenvolvimento desses acordos e negócios.

Alguns dos maiores anunciantes do mundo parecem concordar com tudo isso. O que foi um movimento que fez com que as pessoas das agências criativas ficassem chocadas, a Unilever anunciou, em outubro de 2017, sua intenção de revisar sua estratégia de marca até 2019, reduzindo sua lista de três mil agências globais pela metade e reduzindo o número de anúncios em trinta por cento! A nova estratégia, apelidada de "5Cs", tem cinco pilares reveladores: consumidores, conectar, Conteúdo, comunidade e comércio (GWYNN, 2017). É o vento que pode levar a nova agência de mídia a pensar mais profundamente nos Conteúdos.

Novos papéis para a agência de mídia

O resultado da evolução descrita é que algumas agências de mídia não se autodenominam mais assim. Algumas, Savic's por exemplo, apresentam-se agora como a agência "Content and Connections". Elas estão tentando ser a ponte entre as marcas e as pessoas; elas são o que chamamos de "os quatro certos": *o Conteúdo/mensagem certo, para as pessoas certas, nos lugares certos, nos momentos certos...* Tom Goodwin, vice-presidente executivo de inovação de produto da Zenith USA e um dos mais seguidos influenciadores globais da indústria, apresentou em nossa conversa alguns esboços de um possível papel para a futura agência de mídia totalmente evoluída como, exatamente, esse tipo de ponte:

> Há duas partes nisto. Há um papel enorme para representar a voz do consumidor e da marca nesse processo de trabalhar com os estúdios de Conteúdo dos proprietários de mídia, porque conhecemos os tópicos em que o público está interessado, juntamente com exemplos do que fizemos no passado que funciona, e outros dados sobre atributos e características do público. Isso evita comissionamento de trabalho, que tem absolutamente nada a ver com qualquer marca, e em que o Conteúdo é tão genérico que você poderia substituir a marca por qualquer outra e, portanto, acabam pagando caro demais para o que é efetivamente um banner. Assim, por um lado, há a necessidade de nos inserirmos para garantir que o que é criado seja útil para todos, e com isso quero dizer que tem de servir o dono da mídia, seus leitores e a marca. A segunda parte é que você está medindo as coisas certas, não apenas o alcance e o nível de engajamento, mas também os níveis de associação e atribuição de aumento de vendas.

> Pode-se argumentar que o desempenho do papel da voz do consumidor pode ou deve ser conduzido por uma agência criativa, mas alguém precisa fazer isso e é discutível se esse é um papel que as agências criativas querem desempenhar. Isso dá às agências de mídia a oportunidade de o fazer em vez disso e também porque envolve uma relação com um proprietário de meios de comunicação. Quando se trata de avaliação, há uma adequação mais óbvia para a agência de mídia, devido ao nosso papel na forma como o orçamento para a comunicação social é atribuído a que, juntamente com os dados de que dispomos sobre a razão pela qual essas decisões estão sendo tomadas.

Faris Yakob, um dos principais consultores e autores da indústria, explica em nossa entrevista por que as agências criativas podem não querer ser esse canal:

> As agências criativas não querem fazê-lo porque é um planejamento, não um trabalho criativo. As agências são brifadas por um... briefing. Os diretores criativos, particularmente, não gostam disso e as agências criativas são em grande parte estruturadas em torno de criativos. Além disso, no que diz respeito à pesquisa para a estratégia, isso não é mais feito pelas agências criativas, é terceirizado para agências de pesquisa ou consultores.

Para Derda, esse processo de "inserção" significa que o Conteúdo não pode mais ser definido apenas como uma forma de mídia, como era a publicidade tradicional, mas que ele se tornou um *processo de troca* entre consumidores, marcas e um meio, com a agência de mídia como catalisador, ou, nas palavras de Yakob, "uma enzima" que torna esse processo possível (ver Figura 5.1).

Por último, mas não menos importante, o novo tipo de agências de mídia — quase como uma consequência natural de sua evolução

— também deveria ser muito mais comercialmente amigável com marcas e ajudá-las a transformar todo o ecossistema de mídia em um sistema de comércio, diz Goodwin:

> De um modo geral, não temos sido muito imaginativos no que diz respeito à transformação digital. Pegamos em dispositivos analógicos e fazemos versões digitais menores. Porém, se pensássemos mais imaginativamente, perceberíamos que as coisas poderiam ser maiores e mais interessantes. Parte disso inclui todas as telas digitais que existem sendo um serviço de compras, incluindo aquelas que você passa quando viaja no subsolo ou no metrô. Se você pensar sobre cada tela sendo a abertura do funil de compra, e se você pensar sobre como a tecnologia pode ajudar a movê-lo por esse funil de compra mais rapidamente, então há uma oportunidade de pensar em comércio de uma maneira diferente, você começa esse fino serviço shoppable em todos os lugares. Assim, os anúncios na TV devem ser algo com que você pode conversar e comprar o produto diretamente, e até mesmo pairar seu telefone sobre um anúncio impresso para comprar o que está em oferta usando Touch ID. O Conteúdo tem um papel a desempenhar nesse contexto, uma vez que pode ser mais interessante e envolvente, então será interessante ver como a capacidade de compra e o Conteúdo irão funcionar em conjunto.

Figura 5.1 Conteúdo como processo

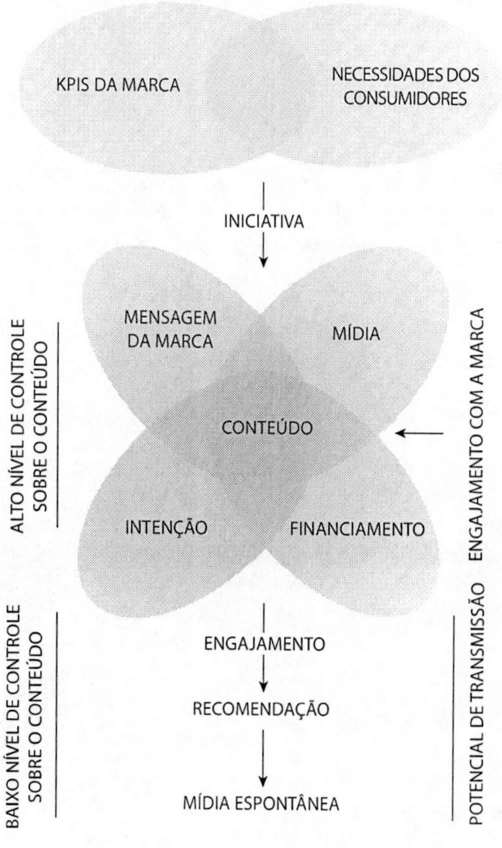

FONTE: usado com a gentil permissão de Izabela Derda (2017)

Impacto do Conteúdo no modelo de negócio

A implacável diversificação dos fluxos de receita na indústria de serviços de marketing, como uma resposta às pressões e oportunidades do espaço digital, é provavelmente mais visível no mundo das agências de mídia. Savic é preciso ao dizer que:

> Em 2016, tivemos 26 fluxos de receita diferentes em nossa agência. O Conteúdo é apenas um deles. Nada mais, nada menos. O Conteúdo tem duas oportunidades: produção (taxas) e licenciamento (quando o Conteúdo é produzido não para uma marca específica, mas para uma audiência específica e pode ser licenciado para várias marcas). Investir na criação de Conteúdo é mais arriscado do que o conjunto de produtos tradicionais de uma agência de mídia, mas tem o potencial de gerar maior receita.

No entanto, para algumas agências — dependendo do tamanho, história da empresa, habilidades herdadas e estilos pessoais da alta administração —, o Conteúdo é potencialmente o foco principal para gerar novas receitas. Derda resume tudo como:

> O content marketing pode agora ser a base para impulsionar o crescimento dos negócios e fornecer uma fonte independente de receita. Já não é um modelo de marketing, é um modelo de negócio. Obrigou as agências de mídia a se reestruturarem internamente para poderem fazer o melhor uso possível das relações redefinidas com os meios de comunicação e a avalanche de dados.

ESTUDO DE CASO: Dentsu

A Dentsu do Japão é frequentemente citada como um excelente exemplo de como uma agência de publicidade outrora tradicional está se reinventando em torno de abordagens de propriedade intelectual (PI) baseadas no Conteúdo.

Primeiro, a agência trabalha com estúdios de cinema no Japão e em Hollywood nos estágios iniciais do desenvolvimento de filmes como investidor. Tanto Os Miseráveis como Jurassic World se beneficiaram do seu investimento. Em segundo lugar, a agência está ativa no desenvolvimento de Conteúdo de TV, tanto regular quanto pontual, com várias abordagens para monetizá-lo. Além disso, está envolvida no financiamento e na criação de várias canções na indústria da música e eventos ao vivo, desenvolvimento de artistas, exposições, musicais e outros produtos de entretenimento.

Finalmente, Dentsu também é famosa por seus vários personagens animados, muitos deles muito populares no Japão, como Mameshiba. Esses caracteres são então implantados, em uma base de licenciamento, em vários clientes (consulte DENTSU, 2017).

Castagno concorda com a Derda que essa é uma oportunidade bem-vinda para reengenhar a forma como o negócio foi feito em quase todos os aspectos: conjuntos de competências, organização interna, formas de cobrar os clientes e avaliar os esforços:

> Tem sido uma grande oportunidade para as agências saírem um pouco do ciclo dos meios de comunicação, tornando-se uma mercadoria neste mundo liderado por mediadores, onde todos nós corremos para o fundo. Isso se deve às formas normais de lidar com os meios de comunicação, que se baseiam em comissões, e que não se aplicam ao mundo dos Conteúdos. Isso ajuda a abrir conversas que giram em torno de talento e das habilidades que eles fornecem, e que se afastam dessa corrida – especialmente para as agências que têm sido capazes de alavancar o content marketing como uma nova oferta para os clientes.
>
> Em termos de conjuntos de competências e de como criar uma agência hoje em dia, considerando toda a grande concorrência que existe para o talento criativo – não apenas de startups, estúdios de Conteúdo, empresas de tecnologia, como o Facebook e o Google – aprendemos que é menos importante ter talento o tempo inteiro e mais importante ter um ambiente flexível onde se trabalha de forma temporária em colaborações mais baseadas em projetos de cerca de três a seis meses. As pessoas estão mais focadas porque os projetos são frescos, e porque você tem o melhor talento para a tarefa que tem em mãos. Com a mídia, eram necessários especialistas em mídia, mas esse conjunto de habilidades era praticamente a mesma marca que você trabalhou, enquanto, no Conteúdo, você precisa de especialistas específicos, dependendo do tópico em que você está trabalhando. Do ponto de vista das receitas, afastou-nos do modelo baseado em comissões e nos fez colocar muito mais ênfase no talento real e nos conjuntos de habilidades que eles fornecem para garantir que os clientes realmente valorizem o trabalho feito a eles pela agência a partir de uma perspectiva estratégica.

Esse aumento da vantagem comercial, da experiência em dados e do conhecimento técnico, interna e externamente, significa que as agências de mídia digitalizadas estão cada vez mais assumindo o papel de um parceiro de negócios responsável pela conversão final de uma mídia digital em um consumidor de marca. As novas agências de mídia, muitas vezes, orgulham-se das coisas "rastreáveis" e "atribuíveis" que elas podem oferecer. Derda vê nisso um papel específico, também, para o Conteúdo:

> O "sistema" de planejamento e aquisição de mídia tornou-se muito difundido, complexo e fragmentado. Comprar mídia de alto alcance com boa afinidade não funciona mais. Na medida em que o mundo digital se tornou "rastreável", as agências precisam ter em mente mais indicadores-chave de desempenho (KPIs) (por exemplo, vendas) da marca, então use os dados e a tecnologia para atingir não um público amplo, mas o público que se converterá em vendas. As agências estão cada vez mais próximas dos parceiros das marcas – ajudam a compreender as audiências, seus hábitos (não apenas na esfera da mídia) e o que as faz vibrar. Assim (em um mundo perfeito) o Conteúdo que é entregue a eles não se intromete e não os desativa, mas os fazem querer mais e pode elevar as marcas à esfera da "significação".

Agências criativas e de mídia como agentes para contextualizar a escolha

A última palavra na citação de Derda, derivada da principal pesquisa da Havas sobre como as marcas podem se tornar "significativas" para os consumidores (HAVAS, 2017), é potente e abre um dos papéis-chave para o pensamento de Conteúdo hoje. Não nega a existência da publicidade, mas a desenvolve e trabalha em paralelo a ela. Esse papel está em como o Conteúdo pode criar "contexto" para a escolha do consumidor, como ele pode enquadrá-lo.

Apesar de falarmos sobre o contexto com mais detalhe no Capítulo 6, dedicado ao papel dos Conteúdos ao longo da jornada do cliente, aqui estão algumas ideias iniciais sobre como as agências de mídia mais ágeis podem usar essa oportunidade para também deixar a sua marca. Sasha Savic resume o desafio ordenadamente:

O sucesso de uma marca hoje tem a ver menos com gastos e mais a ver com quão relevante ela é para os consumidores e como sua história é envolvente. Algumas das marcas mais bem-sucedidas do nosso tempo nunca gastaram mais do que os seus concorrentes; apenas expressaram o seu propósito de uma forma mais humana por meio do Conteúdo, da experiência e da boa e velha narrativa. Dadas a persistente fragmentação de mídia e a concorrência pela atenção do consumidor, a necessidade de histórias mais diferenciadas continuará. Dado que estamos marchando para um mundo onde um algoritmo saberá quando nos oferecer um produto de que precisamos, queremos e estamos dispostos a pagar, sua pergunta é muito maior: qual será o papel das marcas no futuro?

Uma possível resposta a essa pergunta pode estar ligada ao tempo. Em uma de nossas entrevistas anteriores com Rory Sutherland, vice-presidente da Ogilvy UK, ele apontou que há alguns problemas que só podem ser resolvidos a partir da comunicação de forma prolongada (KIRBY, 2014). Ele citou a QVC, a rede de *home shopping* televisionada, como um exemplo antiquado de como uma fortuna foi feita a partir dessa descoberta — há coisas que você nunca poderia vender em trinta segundos, mas poderia em vinte minutos.

Para Sutherland, o problema que a publicidade está tentando resolver pode não ser simplesmente aumentar as vendas, ou mesmo aumentar a possibilidade de venda, mas sim reduzir a "incapacidade de venda" — "ultrapassar os obstáculos à compra que impedem as pessoas de comprar com confiança algo cuja propriedade acabaria por justificar o custo". Tal como acontece com o QVC, ele pensa que às vezes isso requer mais do que uma manchete de seis palavras, ou um pitch de trinta segundos:

> Pegue como exemplo, o filme "Go further to get closer" (2014) da British Airways (BA) Índia. Não é possível conseguir isso em trinta segundos — e foi duplamente eficaz para mim porque o vi num voo da BA imediatamente antes do filme The Lunchbox. Mas igualmente, incluir um

> anúncio que o meu antigo chefe, Drayton Bird, escreveu para o primeiro relógio digital LCD à venda no Reino Unido, no qual, com mais de novecentas palavras, escreveu basicamente — numa página dupla — o manual de instruções completo do relógio e todas as suas características. Quando você terminava de ler o anúncio, você sabia como usar o relógio, então você se sentia tolo por não tê-lo.

Curiosamente, Tom Goodwin mencionou algo semelhante quando ele estava elaborando sobre a necessidade de novos cortes comerciais que as agências de mídia deveriam começar a desenvolver. Seu exemplo era que um varejista "*omnichannel*"[4] integrado, como a Argos, poderia se tornar uma marca de comércio de Conteúdo, com um catálogo que se torna mais uma revista do que apenas um diretório seco de produtos. Esse tipo de abordagem criativa, não necessariamente baseada na "grande ideia" tradicional, mas sim no tipo de pensamento dominado pelos editores, está claramente ao alcance das agências de comunicação social.

Outra forma de responder à pergunta de Savic é aplicando um paradoxo — e um pouco da nova filosofia francesa, muitas vezes impenetrável, do tipo Michel Foucault: *tornar as marcas culturalmente mais relevantes, tornando a comunicação menos focada na marca*. Há até pouco tempo, seria considerado um puro disparate. Porém, no ambiente dos meios de comunicação, em que a regra é a escassez de atenção e em que um número crescente de consumidores está bloqueando os "anúncios sempre", parece que as marcas podem fazer melhor caso se concentrem em tornar-se uma parte relevante do repertório cultural do seu público, e não apenas fornecedores de pesadas mensagens de "compra". Em outras palavras, as marcas precisam se tornar menos narcisistas, menos vaidosas, menos intrusivas, como retratado vividamente na citação de David Beebe, ex-vice-presidente global de marketing criativo e de Conteúdo, e fundador do Marriott Content Studio (2015):

---

4. Omnicanal é uma estratégia de uso simultâneo de diferentes canais de comunicação, para estreitar a relação on-line e off-line de modo a aprimorar a experiência do cliente. (N.E.)

O content marketing é como um primeiro encontro. Se você só falar de si mesmo, não haverá um segundo.

Essa abordagem ficou famosa com Adam Arvidsson no seu livro *Brands: Meaning and value in media culture* (2006):

> A gestão da marca não é uma prática disciplinar. Não procura impor certa estrutura de gostos ou desejos, nem sequer uma determinada forma de se relacionar com mercadorias. Em vez disso, a gestão da marca funciona permitindo ou fortalecendo a liberdade dos consumidores, de modo que é provável que ela evolua em direções específicas. Na sua forma atual, a gestão de marcas reconhece a autonomia dos consumidores. Visa proporcionar um ambiente, uma ambiência que antecipa e programa a agência dos consumidores. A gerência da marca não diz: "Você deve!". Ela diz: "Você pode!"

O papel das agências de dados e mídia na criação de "mídia empática"
O mundo digital é rastreável. Graças aos dados, somos capazes de seguir todo o caminho do consumidor: desde ver o anúncio ou produto pela primeira vez, passando por todos os pontos de contato digitais, até uma visita ao *e-commerce*. Sabemos quanto tempo os consumidores gastam em determinado site ou assistindo a Conteúdo. O truque é usar bem esses dados. Infelizmente, parece que ainda não há muitas marcas fazendo isso. A pesquisa "Meaningful Brands" de propriedade da Havas global indica que se 74 por cento das marcas desaparecessem amanhã, ninguém se importaria (2017).

É bastante poderoso, se entendermos que são cerca de trezentas mil pessoas globalmente dando sua opinião sobre 1.500 marcas em 33 países. Os dados são ainda mais chocantes se olharmos para os mercados desenvolvidos: sessenta por cento dos consumidores pensam que o Conteúdo proveniente de marcas é de má qualidade ou irrelevante. Como o título deste livro aconselha, o content marketing deve ser estratégico. De acordo com a pesquisa, 84% dos consumidores de hoje esperam receber branded content com quatro lados fortes:

Quatro forças do branded content

- Entretém.
- Conta histórias.
- Fornece soluções.
- Cria experiências e eventos.

Em outras palavras, os consumidores gostariam que as marcas e suas escolhas de mídia fossem mais — o que o professor McStay nomeia no Capítulo 11 — "empáticas". Nada disto é possível nessa escala e, muitas vezes, de uma forma "sempre ativa", sem utilizar sabiamente o vasto universo de sinais de dados que deixamos para trás quando perseguimos as nossas necessidades e desejos no espaço digital sem fim.

Sabemos agora que essa inteligência em tempo real será quase impossível de ser percebida sem a implementação de inteligência artificial (AI) nesses algoritmos. Os primeiros sinais dessa maré já estão chegando aos pés dos negócios da agência de comunicação, como de costume. Como amplamente divulgado na imprensa especializada em 2017, a marca de lingerie Cosabella havia implantado um "planejador de mídia" chamado "Albert", por uma empresa, Adgorythms, com resultados espetaculares na otimização do orçamento de mídia, resposta e taxas de conversão do cliente (MARTIN, 2017). Um exercício semelhante foi repetido no final de 2017 nas Filipinas com a marca Dole Seasons, com o aumento de 87% das vendas em termos homólogos (PATHAK, 2017). É muito discutível se ainda podemos falar aqui de "empatia", pelo menos no sentido que as agências criativas gostariam de ter. Porém, os resultados dos negócios baseados na relevância pessoal para os consumidores falam por si.

A última fronteira na criação de mídia empática e na definição da agência de mídia do futuro é o impacto que a AI pode ter na definição das próprias palavras "mídia" ou "interface". Provavelmente, a maior questão tanto para a mídia como para as agências criativas — e, reconhecidamente para as marcas e todo o ecossistema de agências — é:

quando a voz inteligente se torna "A" interface, como vamos garantir que ainda temos a atenção do consumidor, se o acesso é supervisionado por um assistente virtual inteligente? Como otimizar para certa idade e direcionar o marketing para a máquina, não para o usuário real — e se as máquinas terão seus próprios "vieses cognitivos" que poderiam ser identificados? Dados e sinais que os consumidores deixam para trás como migalhas de pão vão certamente ser ainda mais importantes, mas isso tem fortes implicações éticas.

Pode haver outro desenvolvimento mais positivo para os bons contadores de histórias: mesmo na era "mais forte" da AI, as pessoas ainda vão procurar diversão para matar o tempo, experiências transformacionais, conhecimentos e habilidades. Continuarão a ver filmes e vídeos. Eles vão rir e chorar. Isso certamente incluirá branded content, mas parece mais provável que uma das maneiras de contornar o filtro AI poderia ser fazer com que o consumidor deliberadamente diga a ele para ir buscar algo específico. Que algo terá, portanto, que ser muito bom, muito famoso, ou recomendado por muitas pessoas em quem confiamos, para ficar registrado em nosso radar de atenção.

Por outras palavras, tem de ter *força*. Pode significar o fim da publicidade tal como a conhecemos e provocar fusões novas e inesperadas de disciplinas como publicidade, entretenimento, relações públicas e CRM; "contexto cultural", planejado ao longo da jornada do cliente. Os capítulos seguintes irão explorar alguns desses cenários potenciais, mas ninguém, ainda, sabe exatamente como eles se desenrolarão. É por isso que, para as agências de mídia, especialmente, mas não exclusivamente, a fala de Alan Kay, que, mais uma vez, citou o cientista húngaro Dennis Gabor, pode ser muito pertinente: a melhor maneira de prever o futuro é inventá-lo.

> Disponibilizamos gratuitamente as importantes perspectivas de clientes e editores como capítulos on-line, como uma mostra das extensas contribuições feitas por aqueles que entrevistamos para este livro. Isso ajudou-nos a (re)moldar nosso pensamento e conclusões (veja a lista completa em *Agradecimentos*).

Referências

A seção sobre a história do branded content é baseada no fragmento do capítulo "The TV is dead, long live the TV!", "Advertising in the post-network era: branded content — case study", tese de doutorado, Izabela Derda, University of Social Sciences and Humanities, Varsóvia, Polônia, 2017.

AdAge. Kraft Foods [On-line]. 2003. Disponível em: adage.com/article/adage-encyclopedia/kraft-foods/98739/. Acesso em: 30 dez. 2017.

Arvidsson, A. *Brands*: Meaning and value in media culture, Londres: Routledge, 2006.

Beebe, D. Why Content marketing Is Like Dating. Dublin: *LinkedIn*, 27 de abril de 2015 [On-line]. Disponível em: linkedin.com/pulse/why-content-marketing-like-dating-david-beebe/. Acesso em: 30 dez. 2017.

British Airways British Airways India — Go Further to Get Closer [On-line]. 2014. Disponível em: youtu.be/ixbLMsVlpes. Acesso em: 30 dez. 2017.

Carter, B. Skipping ads? TV gets ready to fight back. Nova York: *The New York Times*, 10 de janeiro de 2003.

Degun, G. Transparency Concerns Could Lead to Clients Hiring Separate Planning and Buying Shops, *Campaign*, 14 de junho de 2016 [On-line]. Disponível em: campaignlive.co.uk/article/brands-split-media-planning-buying/1398068. Acesso em: 30 dez. 2017.

Dentsu. Entertainment Content: Japan Is Brimming with Entertainment [On-line]. 2017. Disponível em: dentsu.com/business/japan/contents/entertainment.html. Acesso em: 30 dez. 2017.

Godzic, W (ed.). *Audiovisual Media*: Academic Manual Varsóvia, Polônia: Academic Publishers Professional, 2010.

Gwynn, S. Unilever's '5C' Strategy Heralds 'Functional' Shift in Marketing, Londres: *Campaign*, 9 de outubro de 2017 [On-line]. Disponível em: campaignlive. co.uk/article/unilevers-5c-strategy-heralds-functional-shift-marketing/1446647. Acesso em: 30 dez. 2017.

Harmon, J. *The Great Radio Heroes*. Jefferson: McFarland & Company, 2001.

Havas. Meaningful Brands. [On-line]. 2017. Disponível em: meaningful-brands.com. Acessado em 30 dez. 2017.

Kirby, J. "Rory Sutherland on Long-Form Branded Content" (Blog). *BOBCM*, 20 de agosto de 2014 [On-line]. Disponível em: bobcm.net/2014/08/20/rory-sutherland-on-long-form-branded-content/. Acesso em: 30 dez. 2017

Lehu, J-M. *Branded Entertainment:* Product placement and branded content in the entertainment business. Londres: Kogan Page, 2007.

Lotz, A. D. *The Television Will Be Revolutionized.* Nova York: New York University Press, 2007.

Martin, C. "Cosabella Lingerie Balances AI With Humans". Nova York: *MediaPost*, 24 de setembro de 2017 [On-line]. Disponível em: mediapost.com/publications/article/307725/cosabella-lingerie-balances-ai-with-humans.html. Acesso em: 30 dez. 2017.

Newell, J.; Salmon, C. T.; Chang, S. "The hidden history of product placement". *Journal of Broadcasting & Electronic Media*, n. 4, v. 50, 2006, pp 575-94.

Pathak, S. "Who Needs Media Planners When a Tireless Robot Named Albert Can Do the Job?" Nova York: *Digiday*, 9 de maio de 2017 [On-line]. Disponível em: digiday.com/marketing/needs-media-planners-tireless-robot-named-albert-can-job. Acesso em: 30 dez. 2017.

Pondillo, R. J. *"Censorship in a 'golden age'*: postwar television and America's first network censor – NBC's Stockton Helffrich, tese de doutorado inédita. Madison: University of Wisconsin, 2003.

Utley, G. *You Should Have Been Here Yesterday:* A life in television news. Nova York: Public Affairs, 2000.

PARTE TRÊS

Dados, novos formatos e o papel do Conteúdo na jornada do consumidor

06.
Distribuição de Conteúdo e seu papel na jornada do consumidor

Em março de 1996, ninguém menos que Bill Gates declarou que "o Conteúdo é rei" (1996). A internet como a conhecemos hoje — social, colaborativa, móvel e rápida — era apenas um vislumbre aos olhos dos futuristas e levaria mais três anos para o nome que a introduziu às massas — Web 2.0 — ser criado (WIKIPÉDIA, 2017).

Para as editoras, empresas de jogos, estrelas do YouTube e um grupo selecionado de marcas tradicionais, isso acabou por ser verdade. O mesmo não ocorreu para o resto da comunidade de marcas e publicidade, que copiava os antigos formatos de interrupção dos impressos e da TV para o novo espaço digital. Para eles, outra coisa era sempre fundamental: a inserção. Levou mais de uma década para o novo esclarecimento dessa interessante dinâmica. Em 2012, o agora igualmente famoso Gary Vaynerchuk observou que "se o Conteúdo é rei, então o contexto é Deus" (FAETH, 2012). A disputa nas metáforas não diminuiu desde então, acrescentando várias novas versões: sobre como o contexto é realmente King Kong (DZAMIC, 2016), ou, segundo alguns, até mesmo a Rainha (CHAN, 2015) — e ela está no comando!

É uma mensagem simples, mas muitas vezes negligenciada: uma grande peça de Conteúdo oferecida a um consumidor errado, colocada num local errado ou na hora errada, tornando-a irrelevante ou irritante, irá falhar; uma unidade de Conteúdo criativamente decente, não necessariamente revolucionária, no contexto certo pode parecer A resposta à necessidade do consumidor.

Em outras palavras, a criatividade — seja qual for sua forma — deve ser combinada com uma grande inserção contextual, de modo a ser eficiente e eficaz. O Conteúdo é como a água, para citar a máxima de Josh Clark de 2011 (inspirada por ninguém menos que Bruce Lee): ele flui por toda a jornada do cliente (MYERS, 2011). Como Izabela Derda expressou no Capítulo 5, a jornada do cliente é agora a jornada do Conteúdo.

Figura 6.1 Contexto em toda a jornada do cliente © Brian Solis

FONTE: usado com a gentil permissão de Brian Solis, www.briansolis.com (2016)

O que isso significa na prática? Predominantemente que o Conteúdo pode agora ser usado para aumentar o impacto de todos os elementos--chave da jornada, desde a aquisição até as atividades de recuperação, e tudo mais entre elas. Ela mitiga a tendência, como evidenciada em várias partes do livro, de opor o Conteúdo apenas à publicidade. Isso simplesmente não é verdade. O papel do Conteúdo é muito mais amplo. Tem agora a possibilidade, se aplicada corretamente e com integridade, de atingir novos patamares de imaginação, precisão e relevância.

Porém, o que é o contexto? Um conhecido consultor e autor, Brian Solis, esquematizou os elementos do contexto em toda a jornada do cliente, como mostrado na Figura 6.1.

ESTUDO DE CASO: TUI Conteúdo contextual – pós-reserva

Uma vez que um viajante tenha feito sua reserva, a TUI – uma das principais operadoras de viagens do mundo – ativa uma sequência sofisticada de mensagens repletas de Conteúdo útil e relevante. Inclui detalhes sobre onde fazer o check-in no aeroporto de partida, como melhorar a experiência no avião, informações sobre o destino, tais como temperatura e eventos culturais no momento da visita, serviços adicionais que podem ser úteis, tais como aluguel de automóveis e excursões, dinheiro, vistos e outras informações. Tudo isso é embalado em um microsite personalizado como o Hub de parada única para a viagem. O sistema utiliza milhões de variações de diversas fontes de Conteúdo e dados de clientes para alimentar uma abordagem muito eficaz.

Gary Vaynerchuk (2016) oferece três maneiras de transformar o contexto em "Deus", fazendo eco dos princípios de design para “tempo e lugar” do Capítulo 2:

1. Respeitar a plataforma e a psicologia do público que passa tempo ali.
2. Evitar interromper a experiência que o público quer ter na plataforma:

"Conheça os consumidores no seu dia a dia de forma autêntica".

3. Ser consistente e autoconsciente, o que significa ter uma história, tonalidade e personalidade consistentes.

Conhecer o seu propósito como empresa, conforme discutido no Capítulo 3, também ajudará.

Em sua entrevista conosco, Scott Donaton, da Digitas, enfatiza essa necessidade fundamental de entender o papel do Conteúdo em toda a jornada:

> Acho que, em termos de retorno sobre o investimento (ROI) para as marcas, muitas vezes nos perguntam qual é o melhor Conteúdo e onde ele entrega o melhor valor para as marcas. É consciência, é percepção, é intenção, é lealdade? Penso que estamos descobrindo que essa não é a forma correta de analisar a questão. Estamos realmente descobrindo que o Conteúdo personalizado pode superar a publicidade tradicional em quase qualquer ponto ao longo da jornada de decisão do cliente. Então, é melhor pensar no que se está tentando realizar e, uma vez que você tenha estabelecido o KPI, então ele vai mudar o tipo de Conteúdo que você cria e como o distribui. Acredito que tenha menos a ver com como você obtém um retorno sobre o Conteúdo e em que ele é melhor, e mais a ver com o que você está tentando alcançar e, então, que tipo de Conteúdo você cria e como o distribui.
>
> Assim como outro debate acerca disso, não precisa ser Conteúdo versus publicidade, ou Conteúdo versus mensagens de produto. Voltando ao "pessoas primeiro versus a marca primeiro", eu ainda acredito que se você está levando as pessoas a olharem para um vídeo que é em vez de algo mais tradicional, isso não significa que você não esteja fornecendo os ganchos para ir além na informação, para tomar medidas etc. Penso, por isso, que será sobre a forma como isso se conjuga num único ecossistema, em vez de o Conteúdo ser melhor do que a publicidade.

Ana Andjelic, do Fashion Tech Lab, e ex-estrategista da Havas, compartilha um sentimento semelhante em nossa conversa:

O design de Conteúdo precisa começar a partir de todo o serviço e experiência que uma marca oferece, em vez de a partir de um único canal ou dispositivo. A combinação de Conteúdos deve ser impulsionada pela arquitetura da jornada do cliente por meio desse serviço e experiência, que liga as interações individuais de uma forma que cria novo valor para um cliente final. Essa jornada de valor acrescentado torna-se central para a forma como os clientes experimentam uma marca e seus produtos. Atualmente, a mídia centrada em campanhas compra mensagens de marca favoritas em vez de Conteúdo que cria e agrega valor. É difícil mudar esse ritmo de planejamento de mídia. As marcas são grandes e a mudança é cara. Porém, em longo prazo, a coisa mais cara possível de se imaginar pode acabar se concentrando na mídia, não nos clientes.

O conceito de "jornada" do consumidor ou do cliente não é novo. De E. St. Elmo Lewis, que inventou a AIDA em 1898, passando pela "espiral" de McKinsey (COURT *et al.*, 2009), até o caminho da "predisposição" e "heurística" da MillwardBrown (STAPLEHURST, 2016), marcas, consultorias e agências têm tentado engarrafar essa magia particular que acontece no caminho da compra e além.

Nesse esforço, começamos a passar de uma jornada largamente linear Adquirir > Converter > Reter > Conquistar o retorno para o já mencionado paradigma "Momentos que Importam" [MTMs, do inglês *Moments That Matter*] do Google (GEVELBER, 2015). As marcas devem falar com seus prospectados e consumidores o tempo todo, em todos os lugares, exatamente nos momentos em que revelam intenção, necessidade ou desejo, não apenas em janelas de campanha bem compostas. Como diz o novo ditado, "Todas são horas nobres". Isso cria vários desafios filosóficos, empresariais e organizacionais para os principais atores da indústria, conforme discutido em várias partes deste livro.

Principais desafios conceituais e organizacionais com contexto

O CRM está se fundindo com a publicidade — e agora é para todo mundo

O CRM costumava ser, historicamente, apenas duas coisas: dados e plataformas. No entanto, ambos eram de aparência interna e *nossos* (próprios). Tem tudo a ver com controle. Esse quadro está agora se tornando muito simplista e, cada vez mais, não reflete plenamente a realidade. Os consumidores deixam agora uma grande quantidade de "sinais" de dados no espaço digital e esses sinais podem ser captados, analisados e utilizados por profissionais de marketing inteligentes.

Agora podemos saber que alguém é nosso cliente, ou está na fase de conversão, mesmo que esteja nas propriedades digitais de outras pessoas. Nesse caso, podemos usar a publicidade programática como uma extensão do CRM — conversão, *upselling*, *cross-selling* e relacionamentos estimulantes —, onde quer que estejam. Essa é também uma das razões para o surgimento do novo superparadigma — Customer Experience Management (CXM/CEM) — uma forma holística, quando bem executada, de olhar para todos os pontos-chave da jornada do cliente. Essa é, infelizmente, ainda mais uma tentativa do que a regra, como explorado detalhadamente no próximo capítulo.

Há outro desafio. Como vimos no Capítulo 4, a indústria está binariamente dividida: agências de publicidade focadas no topo do "funil", enquanto várias agências integradas e especializadas diligentemente se desfizeram do resto. Com a natureza mais "líquida" do comportamento de compra dos consumidores de hoje, isso já não funciona, especialmente do ponto de vista do Conteúdo. Ele está conduzindo um novo tipo de integração; não apenas uma nova maneira de fazer publicidade, mas também uma nova maneira de fazer CRM. Quando se olha através da lente do Conteúdo, agora nada impede as agências de publicidade, agências de mídia, consultorias de gestão, editores, várias empresas de produção e todos os tipos de especialistas de apresentar com credibilidade soluções baseadas no Conteúdo em toda, ou apenas parte, da jornada do cliente. O CRM tornou-se algo que pode ser usado por todos. Se você já se perguntou por que a Accenture comprou Karmarama e sua agência associada integrada Crayon, olhe para esse espaço.

O funil de vendas não está morto — mas pertence aos consumidores

O "funil" é uma das controvérsias perenes da indústria. Muitos afirmam que o velho cavalo de batalha está cansado, principalmente devido ao aumento de MTMs. O professor Mark Ritson discorda:

> O funil está sendo usado cada vez mais e melhor em muitas organizações, pois se tornou mais importante do que nunca no planejamento. A beleza disso é que você não tem que separar uma parte da outra porque ele é, por definição, uma jornada. O verdadeiro problema é que o marketing digital está se concentrando exclusivamente na parte média e inferior do funil, porque esse é o bit que ele pode atribuir, e esse é o bit a que ele visa. O que falta é o contexto em que o funil tem esse movimento fluido e no qual é preciso alcançar os primeiros bits para poder mover-se para o próximo. Temos visto isso se materializando em empresas que fizeram um bom trabalho com comunicações digitais e então descobrimos que seus números estão diminuindo rapidamente em termos de desempenho e quaisquer outras métricas de atribuição que eles têm porque, como o IPA tem demonstrado muito bem, **é fantástico usar seu robô para colher as frutas de forma eficiente, mas se você não estiver alimentando sua árvore no topo do funil, em algum momento a fruta começará a desaparecer.**
>
> O ponto principal da experiência do cliente (CX) se resume à orientação ao mercado: **não é o que a empresa pensa ou faz, é o que o consumidor vivencia!** Novamente, está repleto em muitas organizações: todas elas têm um funil de vendas digital; mas não há um funil de vendas digital, há apenas a experiência do cliente e várias ferramentas táticas que podemos usar, mas o funil em si e a jornada do cliente é a jornada do cliente e isso não tem nada a ver com a empresa.
>
> A tática que usamos para trazer esse cliente em nossa direção é uma pergunta muito interessante, mas muito tardia; a primeira pergunta é: "Onde queremos concentrar nossos recursos estrategicamente nessa jornada, independentemente da ferramenta ou dispositivo?". Eu concordo que o CX é cada vez mais importante, mas eu também estou vendo em primeira mão que, novamente, é algo que nós tendemos a ver como uma coisa puramente de comunicação. Se o NPS não está desempenhando um papel no funil, então algo deu terrivelmente errado. Ele é a ferramenta

ideal para usar nos bastidores e ver o que está acontecendo, quase como a captura final. O CX parece estar girando em sua própria pequena tribo com linguagem e sistemas próprios, e não como a espinha dorsal do planejamento de marketing como costumava ser – o que, mais uma vez, não prognostica nada de bom para o marketing ao longo do caminho. Uma das grandes ironias é que o funil foi ridicularizado nos últimos cinco ou seis anos porque tudo está mudando e é feito em tempo real, mas isso é um erro clássico porque o funil ainda existe. O que pode mudar são as tácticas de como movemos o consumidor pelo do funil, digitalmente ou não. Apenas não use o funil genérico de algum livro-texto, use o seu próprio, baseado na categoria em que você está; segmentos diferentes têm funis diferentes e números diferentes!

A intenção supera a identidade; o imediatismo supera a lealdade

Neste novo espaço "fluido", como bem entendido pelo Google e Facebook, algumas novas ideias ajudam (GEVELBER, 2015). Tome a base do marketing, "segmentos" ou "*personas*", usados durante décadas para segmentar publicidade e CRM, bem como projetos de construção de websites. Eles ainda não desapareceram completamente, mas é cada vez mais reconhecido que, no mundo digital em rápida evolução, a intenção é, muitas vezes, tornar-se uma moeda mais forte do que a identidade. Essa tendência é conhecida como marketing "pós-demográfico" (TRENDWATCHING, 2017).

Dada a variedade de formas e pontos de contato que os consumidores têm durante o dia, ou dentro de um ciclo de compra, estar "lá" torna-se fundamental. De que serve saber que o consumidor típico de um automóvel de luxo é um 50+, majoritariamente do sexo masculino, um gestor sênior ou um pai de família rico, que vive em condomínios e prefere fazer cruzeiros de férias e jogar golfe — e acabou de comprar esse automóvel há um mês? A identidade pode ser usada para criar o tom da mensagem (por exemplo, música clássica ou falar sobre quantos tacos de golfe podem caber no porta-malas mas o tempo e o contexto, estar lá quando se precisa, estão se tornando essenciais. Na declaração provocativa da AI e da agência de marketing contextual Sentiance: "Não existe tal coisa como um segmento de cliente, existe apenas o contexto do cliente" (VANDENDOOREN, 2016).

Não é um grande salto de imaginação fazer com que isso ressoe com a afirmação do professor Byron Sharp de que em qualquer categoria particular, dentro do período de medição, cerca de metade dos consumidores estão no modo de comutação (2010). Se isso for verdade, significa que todo o marketing pode agora ser dividido em apenas duas partes: falar com os *switchers* (imediatismo) e falar com os seus próprios clientes (a longo prazo)? Isso significa que seria fundamental distinguir os dois. O marketing de massa não está morto, só precisa se tornar mais inteligente.

Organizar para uma experiência de Conteúdo fluída não é fácil

Essas novas formas agora são amplamente discutidas, mas ainda é difícil fazer algo a esse respeito na prática. Modelos de negócio herdados, estruturas organizacionais, armazéns operacionais, culturas de conjuntos de habilidades compartimentadas — é toda a "memória muscular" e a necessidade de se mover a diferentes velocidades que Mark Runacus da Karmarama falou no Capítulo 4. No entanto, a nossa experiência diz-nos que há um movimento lento, mas perceptível, no sentido de uma unificação mais conceitual e operacional baseada no conceito da jornada do cliente como a "cola", interna e externamente. Jornada do cliente (CJ, na linguagem da indústria) torna-se assim, particularmente do lado do cliente, um dos fatores-chave para alcançar a transformação digital, formas mais ágeis de trabalhar e retorno financeiro.

Então, de que forma o Conteúdo desempenha um papel em toda a jornada do cliente, desde a aquisição até o retorno?

Conteúdo como publicidade

Novamente, a estrutura 3H do Google vem a calhar. Nela, o Conteúdo pode desempenhar plenamente o seu papel de Utilidade Empática (UE): envolver emocionalmente as pessoas (Hero) e dar-lhes o que querem nesse momento.

ESTUDO DE CASO: Unibet – pontos de paixão como o caminho para o sucesso

O Grande Prêmio do DMA Awards em 2016 contemplou essa abordagem baseada no Conteúdo, aproveitando o momento do *tent-pole* da Euro 2016. *Punters*[5] foram alvejados com base em seus interesses em jogos específicos. A estratégia da campanha, contraintuitivamente, consistiu em ajudá-los a vencer por meio de um melhor entendimento dos elementos básicos do jogo, como posse de bola *versus* chutes, ou se as condições climáticas podem favorecer determinadas equipes.

Em vez de estatísticas secas, a marca fez parceria com as estrelas do YouTube S2freestylers para realizar uma série de seis rodadas de experiências divertidas em torno das condições específicas do jogo, apoiadas por especialistas, tais como ex-jogadores e técnicos. Para a marca, além das questões éticas, foi também um estratagema inteligente superar as restrições à publicidade de jogos de azar em alguns países mediante a criação do buzz e do Hub de Conteúdo nas mídias sociais e no YouTube (DMA, 2016a)

Seria uma surpresa para alguns que um dos mais onipresentes formatos de publicidade, o AdWords, também seja percebido como Conteúdo. Essa é a visão de Omaid Hiwaizi, diretor global de estratégia de experiência da Blippar e veterano de várias e proeminentes agências integradas, em nossa conversa:

O Conteúdo pode ser uma promessa melhor se olharmos para o modelo de interrupção do antigo; se olharmos para o AdWords, é Conteúdo devido à pontuação de qualidade que o Google aplica. É uma unidade de anúncios, mas ninguém a vê dessa forma, nem mesmo os próprios anunciantes. É tão bem direcionado que as pessoas clicam neles felizmente porque satisfazem essa necessidade específica, pois o Google tem o privilégio de saber sobre o que alguém está curioso nesse momento em particular, e os anunciantes

5. Jogadores que chutam a bola a esmo. (N.E.)

têm a oportunidade de satisfazer essa necessidade. É a mentalidade do Conteúdo. Não significa dizer que não pode ser transmitido, e os AdWords são, de certa forma, transmitidos, mas são tão bem direcionados que não estão tentando nos distrair do que nos interessa: estão tentando nos ajudar com isso.

Naturalmente, programático é a palavra do momento, firmemente posicionada nesse paradigma particular. As agências criativas a odeiam porque não lhes permite abrir realmente as asas. Anúncios brutos, com *template*, em que as máquinas mudam contextualmente a imagem de fundo, manchete, copy e oferta com base na intenção do consumidor estão muito distantes das obras-primas de storytelling refinadas — pelas quais as agências criativas são conhecidas.

Além disso, para Bob Hoffman, do famoso *Ad Contrarian,* o programático tornou-se quase uma palavra suja. Fraude, desperdício, aborrecimento público e as questões de segurança e transparência da marca são frequentes e os grandes clientes já começaram a agitar as coisas, até o embaraço da indústria (2017).

No entanto, algumas das recentes campanhas premiadas, como a da *The Economist* (DMA, 2016b), apontam as novas formas de pensar sobre como o programático pode evoluir para cobrir ambos os lados da Utilidade Empática. Para *The Economist*, o programático foi usado em todo o espectro da mídia, incluindo as redes sociais, para atingir contextualmente os *millennials* que não consideravam a venerável revista como sua fonte de informação sobre o mundo. Os anúncios foram combinados com o Conteúdo entregue no destino e o Conteúdo gratuito relevante foi o sorteio principal. A campanha gerou mais de cinquenta mil variantes, um excelente ROI, valor de subscrição de longo prazo — e prêmios.

Outro exemplo frequentemente citado, "Romeo Reboot" para o desodorante Axe/Lynx, vem do Brasil e é, ainda, um experimento raro (NEFF, 2015). Programático foi aqui redefinido como "vídeo dinâmico", uma abordagem que não era nova em um site, mas está no espaço da rede de anúncios. Os sinais dos consumidores foram agrupados em vários perfis com base em interesses e, em seguida, seis das cenas ("vinhetas") da recontagem da célebre história de Shakespeare foram automaticamente substituídas para criar uma versão do filme da marca que melhor ressoasse com esses interesses dos consumidores. Então, um fã de ficção científica que ouve heavy metal ou hip-hop terá uma versão diferente da história do que alguém que ama romance e prefere Céline Dion. A abordagem permitiu um total reivindicado de cerca de cem mil variantes — mas os resultados e eventuais melhorias conforme o habitual, no momento da redação, ainda estão por ser reveladas.

Em última análise, o pomo de discórdia que o lado criativo da indústria tem com o programático pode estar no fato de que é difícil ver nele seu papel. É, no fundo, a questão não só dos modelos de negócio, mas também da ótica. Pode até ser a questão da *fama* e das formas de merecê-la. É por isso que acreditamos que, com a mudança da ótica e a limpeza das más práticas no espaço, as equipes criativas podem encontrar um novo sopro de vida no programático, mesmo na parte utilitária do espectro.

Se o Conteúdo *Hero* é como um tipo de fama no estilo do *blockbuster* de Hollywood, *Help* poderia ser como o tipo de fama do documentário da BBC, se bem executado. E *Hub* trata-se de empacotar o Conteúdo de forma episódica, ecoando o que a HBO faz com sua série. Há oportunidades para as marcas e agências inteligentes se tornarem as BBCs e as HBOs de suas respectivas categorias, ao longo da jornada do cliente, se eles implantarem a tecnologia em sua vantagem empática e centrada no cliente. Nesse sentido, o que costumávamos chamar de "publicidade" tem a possibilidade de se transformar numa nova forma de "informar, educar e entreter", que, estranhamente, reflete bem a estrutura de Conteúdos que podemos encontrar no YouTube...

O papel do Conteúdo na pesquisa

Embora a Utilidade Intencional aborde uma grande parte dessa dimensão, há algumas especificidades que queremos mencionar brevemente aqui.

Para muitos especialistas da indústria, Conteúdo e SEO são dois lados da mesma moeda. Essa visão foi provavelmente mais bem encapsulada pelo analista de mídias sociais e blogueiro de SEO Neil Patel (2015), em uma postagem no Blog. Ele a compara com uma conversa entre duas pessoas: SEO faz exigências, o Conteúdo cumpre essas exigências. Não existe tal coisa como SEO sem suporte de Conteúdo. SEO exige palavras-chave, o Conteúdo usa e permite palavras-chave e frases que as pessoas realmente procuram. SEO exige *linksbacks*, Conteúdo introduz *linksbacks*, particularmente se ele é bom, e obtém conexões em domínios que lhe dão mais "consistência" ao link.

Finalmente, diz Patel, SEO exige uma produção consistente e um bom Conteúdo é sobre a produção consistente de Conteúdo relevante e recente que ressoa como as pessoas querem. Nesse ínterim, Patel faz questão de salientar que é a profundidade e a qualidade do Conteúdo que importam (e para o Google), e não o fino e superficial "material" repleto de palavras-chave para otimização máxima.

Atualmente, um vídeo, um mapa, um infográfico, um guia, uma lista ou uma apresentação podem ser o que os consumidores recebem nos resultados de pesquisa e o que precisam. Um dos estudos de caso de SEO baseados em Conteúdo mais mencionados é novamente o "All Things Hair" da Unilever no YouTube (SHORTY AWARDS, 2015). Ele implantou todos os três "Cs" de geração de Conteúdo para manter a qualidade, credibilidade, diversidade e alcance:

- **Criação** — Conteúdo produzido pela própria marca, sobre um tema específico.
- **Colaboração** — Conteúdo criado em colaboração com algumas das principais estrelas do YouTube nessa categoria.
- **Curadoria** — Conteúdo existente dos criadores do YouTube que foi "importado" para o canal da marca.

O papel do Conteúdo na conversão

Se a publicidade — ou seja qual for a unidade de comunicação que levou o consumidor ao "campo gravitacional" da marca — atraiu a atenção do consumidor, é na fase de conversão que esse investimento se perde ou se realiza. Pode ser um relâmpago-curto, em que a ação inicial de alocação de atenção leva ao carrinho de compras; ou mais longo, no qual a mesma ação termina no *pool* de geração de *leads*, para ser seguida por outra mensagem ou uma sequência que tenta gerar uma venda. Nessa etapa, em que o consumidor pode mostrar certo "calor" em relação à compra ou à coleta de dados, uma peça de Conteúdo eficiente pode ter três funções:

Funções para Conteúdo na conversão

1. Apresentar uma marca para lista de consideração durante a fase de "consideração ativa" (para retomar a frase do modelo da McKinsey).
2. Transformar um navegador em um prospecto, revelando a uma marca uma parte mais profunda de dados contatáveis.
3. Dar razões adicionais para fechar a venda contra os concorrentes.

Em muitas categorias, é o detalhe relevante e, muitas vezes, personalizado que conta. Três conceitos proeminentes de marketing, conforme apresentados a seguir, podem ser considerados como os principais campos de atividade para o papel do Conteúdo na conversão: *marketing do comprador*, *otimização da taxa de conversão* e *trocas de valor*.

Marketing do consumidor

Essa é uma das novas áreas de marketing mais efusivas atualmente. Está intrinsecamente ligada aos conceitos de "jornada do cliente" e "caminho até a compra". Omaid Hiwaizi é um grande apoiador no papel do Conteúdo nessa fase:

> Primeiramente, o marketing do consumidor tem a ver com entender o modo que as pessoas compram, e não interromper as pessoas para vender coisas para elas. Os **insights** são baseados no que o

comprador quer, não no que a marca quer. Normalmente, o gatilho é uma necessidade, ao contrário de "Eu vi um anúncio na TV". Nesse contexto, o marketing do consumidor consiste em ajudá-los a compreender essa necessidade e, em seguida, ajudá-los a navegar para a solução do produto ou serviço que atenda a essa necessidade. "Do que eu preciso?" "Onde eu escolho?" "Como é que eu escolho?" Um Conteúdo bem colocado é a resposta a tudo isto. Na categoria de cosméticos, por exemplo, quando você está na frente da prateleira há opções complexas a respeito da categoria sobre o que escolher, o que parece que você pode comprar e assim por diante. É por isso que muitas marcas empregam pessoas para ajudar os clientes a fazer a seleção do produto no momento em que eles estão prontos para comprar. A minha opinião é que esse é o Conteúdo do jogo. Trata-se de a marca ou um varejista ter o Conteúdo certo em um momento-chave. E isso é marketing do consumidor. Normalmente não é o que as agências de publicidade fazem. Falamos para além da publicidade e da versão mais longa do anúncio televisivo; o Conteúdo poderia ser "Qual destes três xaropes para a tosse vai me ajudar com a minha tosse em particular?" Acho que a conversa-padrão sobre Conteúdo vem de pessoas que não são ***copywriters*** tradicionais, ou cineastas, e a questão com agências de publicidade é que grande parte do Conteúdo nesses contextos não é sobre contar a história da marca: é sobre a marca ajudar o comprador.

ESTUDO DE CASO: Max Factor – "Make-up Artist in Your Pocket" [Maquiador no Seu Bolso]

Um projeto da Blippar no qual os clientes podem escanear, usando o aplicativo Blippar AR, qualquer uma das quinhentas unidades de manutenção de estoque (SKUs) na prateleira a fim de obter informações para ajudá-los a escolher o produto certo. Eles podem ver as fotografias "antes" e "depois", comentários de clientes e dicas de maquiagem profissionais, paletas de cores diferentes e similares, tudo para incrementar o produto que escanear. Eles podem até comprar pelo telefone, caso queiram. Então, eles podem escanear novamente em casa no intuito de obter ajuda de um especialista em como fazer a aplicação do produto e comprar outro (BLIPPAR, 2016).

Hiwaizi também adverte que nesse espaço podemos nos acostumar a medir as coisas de forma diferente:

> As pessoas estão cada vez mais tomando decisões para comprar coisas com base no Conteúdo que encontram: recomendações de um amigo, pesquisa no Google em um Blog aleatório, ou um anúncio. As marcas não estão, em grande parte, envolvidas em aproveitar ao máximo esse Conteúdo no momento, mas poderiam criar e colocá-lo usando várias técnicas. Seja RA, embalagem de marca, anúncios ou outras plataformas de marca... apenas certifique-se de que está visível nos momentos em que as pessoas precisam. A publicidade nativa é uma área intermediária interessante, uma casa intermediária, mas apenas se os KPIs passarem das métricas da publicidade da marca para o marketing do comprador: da medição do *brand equity [valor da marca]* e do conhecimento não solicitado (um ponto de estrangulamento cultural na categoria, um padrão quando a categoria é inserida) para mais KPIs de marketing de compras, como barreiras de valor e complexidade quando as pessoas estão envolvidas na categoria; é mais sobre comportamento do que *recall*. Ele também impacta no que devemos testar com base nesses KPIs, por exemplo, testes A/B para intervenções de Conteúdo em uma loja, como taxas de caminhada, taxas de conversão, peso da compra e similares.

Otimização da taxa de conversão (CRO)

Essa é outra área em evidência e um grande gerador de dinheiro para marcas que estão prestando atenção a ela. Poderia ser definido, em poucas palavras, como uma abordagem sistemática para tentar aumentar a taxa de visitantes de um website (ou outro destino digital transacional) que são convertidos em compradores. É uma espécie de equivalente digital do marketing do comprador.

Testar diferentes variáveis para otimização máxima é uma das abordagens básicas do CRO. O Conteúdo desempenha, muitas vezes, um papel proeminente neste contexto, por exemplo, alterando o Conteúdo da página para corresponder ao perfil ou intenção do consumidor, ou oferecendo uma unidade de Conteúdo como uma "troca de valor" para uma ação do consumidor que é valiosa para a marca.

Muitas categorias vendem produtos e serviços com características complexas e qualquer ajuda adicional no espaço transacional pode influenciar a decisão daqueles que nos apoiam a fazer melhores escolhas. Os guias do comprador para tudo, desde televisores a máquinas de lavar roupa, são exemplos disso. Vídeos tutoriais, *e-books*, *podcasts*, *white papers* e infográficos são outros. Amazon, TripAdvisor e alguns outros realmente começaram muito cedo quando introduziram uma das formas mais poderosas de Conteúdo como uma ajuda adicional na avaliação de produtos (embora não sem percalços iniciais de validação): opiniões de outras pessoas como Conteúdo livre, autogerado e influente...

ESTUDO DE CASO: Playlists das marcas Lowe's e IKEA no YouTube

A Lowe's é uma das maiores cadeias de bricolagem dos EUA (LOWE'S, 2017). IKEA é um fenômeno global (IKEA, 2017). Ambas as marcas compreenderam que o YouTube é o lugar onde bilhões de pessoas se reúnem para obter respostas sobre bricolagem ou mobiliário doméstico. Ambas as marcas têm dezenas de playlists com vídeos explicando centenas de diferentes conceitos, ações e necessidades. Os vídeos são vistos antes e depois da compra, fazendo com que esse Conteúdo funcione em várias etapas da jornada.

Criação de "trocas de valores" (VEs) atraentes

VE [do inglês *value exchanges*] é um conceito muito familiar a todos os que passaram algum tempo no mercado direto e no CRM. É a pedra angular da construção de uma lista de *leads* e da captura de dados. A VE é a razão pela qual um consumidor deve nos fornecer algo — especialmente dados de contato, como um e-mail, endereço postal ou um número de celular — e esperar ou pedir para receber algo em troca; a boa VE responde às perguntas: "Por que eu entraria no mundo da sua marca? Por que eu iria ler seu *white paper*[6], assinar seu boletim informativo, me juntar ao seu clube ou, por outro lado, deixaria que você me incomodasse?". A VE ruim é uma das principais razões pelas quais muitos Conteúdos (e comunicações de marketing em geral) são ruins, irritantes e ignorados.

Em nosso conjunto de óticas de que falamos no Capítulo 4, VE é como uma grande Utilidade Empática (UE) será expressa. É o que o torna tangível.

As abordagens habituais de VE e as razões para os consumidores entrarem no mundo de uma marca

1. Porque me dá algo de graça ou com desconto.
2. Porque me dá algo exclusivo que o dinheiro não pode comprar.
3. Porque me dá algo relevante.
4. Porque me dá algo interessante ou divertido.
5. Porque me dá algo útil.
6. Porque me dá algo que posso partilhar ou desfrutar com os outros.
7. Porque é essencial para a utilização do produto ou serviço.

Uma das ferramentas que desenvolvemos ao longo dos anos foi sempre útil para decidir que tipo de VE e que tipo de Conteúdo poderia se encaixar nos objetivos estratégicos. Ela consiste em três camadas de considerações (ver Figura 6.2):

Três rodas de troca de valor (VE)

1. **A roda de posicionamento (WHY)** – todos os ***inputs*** estratégicos que precisam ser considerados para moldar o tipo certo de sensação, dimensões e mecânica para a VE (**insights**-chave sobre marca, categoria, consumidores, cultura, concorrentes etc.).

6. Estudo mais detalhado e profissional, que envolve pesquisas, e ajuda o content marketing. (N.E.)

2. **A roda das dimensões (WHAT)** – territórios-chave possíveis, individuais ou em uma mistura, para abordar a arquitetura motivacional real da experiência VE, com base nos **insights** da roda anterior (por exemplo, exclusividade, recompensas financeiras, cocriação, entretenimento, ferramentas).
3. **A roda mecânica (HOW)** – o(s) mecanismo(s) tático(s) exato(s) que transformará(ão) as dimensões num sistema de entrega específico de uma forma rentável e da forma que é simples para os consumidores (por exemplo, pontos, cupons, clube, Conteúdo exclusivo, recompensas sociais, competições, eventos etc.).

ESTUDO DE CASO: IKEA Family Club

Tem milhões de membros no âmbito global, que são também alguns dos clientes mais leais e frequentes. A VE é uma combinação de produtos exclusivos, descontos em produtos selecionados do programa principal, freebies[7] de restaurante, uma revista, seguro de transporte gratuito e substituição de mercadorias danificadas no transporte próprio dos membros e várias outras regalias (DMA, 2016c).

O papel do Conteúdo no pós-venda e no atendimento ao cliente

Provavelmente, a maior tela para a implementação contínua de Conteúdo é a parte da jornada do cliente que muitos equiparam ao CRM "*hardcore*" — tudo o que acontece após a compra. Isso é particularmente válido em categorias com ciclos de compra mais longos, com produtos e serviços de maior valor ou mais compatíveis. Afinal de contas, ter um intervalo de vários anos entre a compra de automóveis (em mercados desenvolvidos, muito mais tempo nos mercados em desenvolvimento) é um tempo terrivelmente longo para confiar apenas nos caprichos das mensagens publicitárias de alto nível para manter viva a chama da marca no ponto de recompra.

7. Gratuidades. (N.E.)

Figura 6.2 Rodas de **valores** para uma marca de cerveja local

FONTE: Autores

Entretanto, há muitas oportunidades para uma marca falar com os consumidores, de formas relevantes, tornando a experiência de propriedade ou uso mais gratificante. O Conteúdo poderia desempenhar um grande papel aqui, transformando aquele "robô" de marketing eficiente, sobre o qual Ritson falava, em um agente de irrigação de "árvore de marca". Para que isso aconteça, clientes e agências precisam adotar o pensamento de Utilidade Empática, que, mais uma vez, vai além da mentalidade de "campanha". Mark Runacus de Karmarama sublinha a importância dessa nova e mais rica abordagem:

> O exemplo que vou dar é de um dos nossos clientes de serviços financeiros, sobre hipotecas. Na forma tradicional de CRM, queríamos entender a jornada, por isso mapeamos e identificamos os momentos da verdade para descobrir em que o Conteúdo pode ajudar a partir de uma "perspectiva merecida". Tínhamos um forte foco na utilidade, mas não confiávamos nela. Essa decisão foi motivada por um entendimento do propósito do Conteúdo que, por sua vez, se desdobrou do propósito da marca. Em seguida, definimos os pontos de contato importantes dos clientes e identificamos itens de Conteúdo que devem atrair os clientes ao longo da jornada e em direção a pedaços maiores de Conteúdo. Pequenos lanches no meio social podem levá-los ao canal do YouTube, ou e-mail se capturarmos os dados.
>
> Em resumo, a abordagem foi criar um ecossistema de Conteúdo mapeado ao longo de toda a jornada. Olhando para trás, percebi que ainda tratávamos esse exercício como uma campanha. Ainda não tínhamos desenvolvido a mentalidade para perceber que essa é uma atividade viva, que respira, sempre ativa – é como pintar a Ponte do Forth: você tem que continuar fazendo isso o tempo todo. Porém, o modelo de negócio da agência atrapalha – estávamos focados em precificar para fazer isso, não para mantê-lo. As agências integradas podem ser atores verdadeiramente com credibilidade nesse espaço, especialmente porque compreendemos a medição e os resultados, para além de todos os outros elementos que mencionei anteriormente. No entanto, podemos, por vezes, ser muito centrados na mensuração e "sistemas em primeiro lugar", em detrimento de uma boa história. Esse é provavelmente o único obstáculo que as boas agências integradas precisam superar: ser capazes de contar histórias maiores e mais consistentes.

Zappos concordaria, pois é famoso pelo seu excelente e autêntico serviço ao cliente. O atendimento da marca viralizou há vários anos, quando um dos seus representantes enviou um e-mail a um cliente irritado, não apenas para resolver o problema, mas, mediante a grande tonalidade da escrita e das recompensas adicionais para o cliente, transformar a situação problemática em uma celebração da marca (COPYWRITING TIPS, 2011). Era a Utilidade Empática em sua forma mais pura!

A natureza utilitária do Conteúdo também vem à tona nessa parte da jornada, transformando os canais digitais das marcas em FAQs de autosserviço. Em maior medida, o YouTube pode ser considerado como "o FAQ do mundo", dada a prevalência do Conteúdo de resolução de problemas, educacional e de aconselhamento sobre ele, muito maior em volume do que apenas entretenimento. Os exemplos da Lowe's e da IKEA apresentados mostram que as marcas líderes estão começando a compreender essa verdade.

Finalmente, com os *chatbots* como a mais recente adição à jornada do cliente e ao arsenal de marcas de serviço, a noção de sua tonalidade aumentará com a crescente sofisticação de seu processamento de linguagem. Esperamos que as marcas em breve tenham *chatbots* com "personalidades" que reflitam a tonalidade da marca, embora, reconhecidamente, isso já esteja acontecendo com a alegada implantação de pessoas reais no Facebook para alimentar seus *chatbots* (SIMONITE, 2017). Devemos esperar que essas novas plataformas, surpreendentemente, se transformem em plataformas de Conteúdos por direito próprio — ligando sem esforço, contextualmente e com grande UE, vários ativos de Conteúdos que residem do lado da marca para a máxima empatia.

Neste ponto, Ana Andjelic introduz um novo conceito interessante que pode ajudar as marcas a pensarem e se comportarem nesse espaço:

Do ponto de vista do cliente, as marcas são valiosas apenas quando respondem a suas motivações, barreiras e objetivos. Desde então, a experiência e o serviço de marca superior tornaram-se um dado adquirido: só são perceptíveis quando está em falta. O Conteúdo desempenha um papel fundamental no bom serviço, e os consumidores querem Conteúdo que atenda e supere suas expectativas e agregue valor às suas vidas, de uma maneira que não é diferente do princípio japonês de omotenashi: por ser intuitivo, sem esforço e flexível. Para atender a essa expectativa, os criadores de Conteúdo precisam entender como seus clientes se movimentam por meio da experiência que sua marca oferece e conectar esses passos em uma jornada do cliente. Eles precisam se afastar de seu foco direcionado em interações individuais entre um cliente e a marca e entender como essas interações formam um relacionamento. O design de Conteúdo baseado em omotenashi aloca e sequencia investimentos em etapas dessa relação que são mais desejáveis do ponto de vista do cliente e essenciais em seu processo de tomada de decisão.

Toda a indústria, ao que parece, *tem* de se tornar mais "*omotenashi*". Como Ben Jones, do Google Art, Copy & Code uma vez disse, "nós não deveríamos estar pensando em como evitar ser afinado, precisamos descobrir como ser escolhido" (TWITTER, 2017). O contexto é a chave para isso. Ao fortalecer os contextos mais relevantes e empáticos de clientes e Conteúdo, os dados desempenharão um papel cada vez mais importante, sobre o qual falaremos no Capítulo 7.

Referências

Blippar. "Blippar & Max Factor: The Future of Retail Is Here" (Blog). Londres: *Blippar*, 21 de abril de 2016 [On-line]. 2016. Disponível em: blippar.com/en/resources/blog/2016/04/21/blippar-max-factor-future-retail-here/. Acesso em: 30 dez. 2017.

Chan, N. "Content Is King, But Context Is Queen". Nova York: *ClickZ*, 21 de maio de 2015 [On-line]. Disponível em: clickz.com/content-is--king-but-context-is-queen/25867. Acesso em: 30 dez. 2017.

Copywriting Tips. Why Zappos Is Awesome (Blog). *Copywriting Tips: The Belligerent Copywriters' Guide*, 10 de dezembro de 2011 [On-line]. Disponível em: copywritingtipsguide.com/447/zappos-customer-service-letter/. Acesso em: 30 dez. 2017.

Court, D.; Elzinga, D.; Mulder, S.; Vetvik, O. J. The Consumer Decision Journey. Seattle: *McKinsey Quarterly*, junho de 2009 [On-line]. Disponível em: mckinsey.com/business-functions/marketing-and-sales/our-insights/the-consumer-decision-journey. Acesso em: 30 dez. 2017.

DMA. 2016 Gold Travel, Leisure and Entertainment [On-line]. 2016a. Disponível em: dma.org.uk/awards/winner/2016-gold-travel-leisure-and-entertainment. Acesso em: 30 dez. 2017.

DMA. 2016 Gold Best Use of Programmatic [On-line]. 2016b. Disponível em: dma.org.uk/awards/winner/2016-gold-best-use-of-programmatic. Acesso em: 30 dez. 2017.

DMA. 2016 Gold Best Loyalty or CRM Programme [On-line]. 2016c. Disponível em: dma.org.uk/awards/winner/2016-gold-best-loyalty-or-crm-programme. Acesso em: 30 dez. 2017.

Dzamic, L. King Kong Rules: Redefining What Content Is and How It Shapes the Future of Advertising (Blog). *BOBCM* , 7 de abril de 2016 [On-line] Disponível em: bobcm.net/2016/04/07/king-kong-rules-redefining-what-content-is-and-how-it-shapes-the-future-of-advertising/. Acesso em: 30 dez. 2017.

Faeth, B. Gary Vaynerchuk: If Content Is King, then Context Is God (Blog). *Inbound Marketing* Blog, 1 de setembro de 2012 [On-line]. Disponível em: inboundmarketingagents.com/inbound-marketing-agents-blog/ bid/214177/Gary-Vaynerchuk-If-Content-is-King-then-Context-is-God. acessado em 30 dez. 2017.

Gates, B. Content Is King. *Microsoft*, 1 de março de 1996 [On-line]. Disponível em: web.archive.org/web/20010126005200/http://www.microsoft.com/billgates/columns/1996essay/essay960103.asp. acessado em 30 dez. 2017.

Gevelber, L. Why Consumer Intent Is More Powerful than Demographics. *Think With Google*, dezembro de 2015 [On-line].

Disponível em: thinkwithgoogle.com/marketing resources/micro-moments/why-consumer-intent-more-powerful-than-demographics/. Acesso em: 30 dez. 2017.

Hoffman, B. Top 10 Reasons Online Advertising Must Change (Blog). *The Ad Contrarian*, 24 de outubro de 2017 [On-line]. Disponível em: adcontrarian.blogspot.rs/2017/10/top-10-reasons-online-advertising-must.html. Acesso em: 30 dez. 2017.

IKEA. Playlists [On-line]. 2017. Disponível em: youtube.com/user/IKEA/playlists. Acesso em: 30 dez. 2017

Lowe's. Playlists [On-line]. 2017. Disponível em: youtube.com/user/Lowes/playlists. Acesso em: 30 dez. 2017.

Myers, C. B. Josh Clark Debunks the 7 Myths of Mobile Web Design. Amsterdã: *The Next Web (TNW)*, 7 de novembro de 2011 [On-line] Disponível em: thenext-web.com/dd/2011/11/11/07/josh-clark-debunks--the-7-myths-of-mobile-web-design. acessado em 30 dez. 2017.

Neff, J. Axe Remakes Story of Romeo – 100,000 Times: Brazilian Programmatic Creative Campaign Takes.

Customization to New Level. Nova York: *AdAge*, 10 de agosto de 2015 [On-line]. Disponível em: adage.com/article/see-the-spot/unilever-s-axe--remakes-story-romeo-100-000-times/299888/. Acesso em: 30 dez. 2017.

Patel, N. Why SEO Is Actually All About Content marketing (Blog). *Kissmetrics*, 19 de fevereiro de 2015 [On-line]. Disponível em: blog.kissmetrics.com/seo-is-content-marketing/. Acesso em: 30 dez. 2017.

Sharp, B. *How Brands Grow*: What marketers don't know. Melbourne: Oxford University Press, 2010.

Shorty Awards. From The 7th Annual Shorty Awards All Things Hair — Big Hair Meets Big Data [On-line]. 2015. Disponível em: shortyawards.com/7th/all-things-hair-big-hair-meets-big-data. Acesso em: 30 dez. 2017.

Simonite, T. Facebook's Perfect, Impossible Chatbot. Cambridge: *MIT Technology Review*, 14 de abril de 2017 [On-line]. Disponível em: technologyreview.com/s/604117/facebooks-perfect-impossible-chatbot/. Acesso em: 30 mar. 2017.

Staplehurst, G. How Consumers Buy Brands: The New Decision

Journey. Londres: *Milward Brown* [On-line]. 2016. Disponível em: millwardbrown.com/Insights/Point-of-View/How_Consumers_Buy_Brands_The_new_decision_journey/. Acesso em: 30 dez. 2017.

Trendwatching. 5 Consumer Trends for 2017 [On-line]. 2017. Disponível em: trendwatching.com/trends/5-trends-for-2017. Acesso em: 30 dez. 2017.

Twitter. #4AsTransformation ben jones [On-line]. 2017. Disponível em: twitter.com/search?q=%234AsTransformation%20ben%20jones.

Vandendooren, T. 6 Reasons Why Context is the New King in Marketing Land, Nova York: *Sentiance*, 28 de abril de 2016 [On-line]. Disponível: sentiance. com/2016/04/28/6-reasons-why-context-is-the-new-king-in-marketing-land/. Acesso em: 30 dez. de 2017.

Vaynerchuk, G. Content Is King, But Context Is God. Amsterdã: *The Next Web (TNW)*, 11 de abril de 2016 [On-line]. Disponível em: thenextweb.com/insider/2016/04/11/gary-vey-vee-content-king-context-god/. Acessado em 30 dez. 2017.

Wikipédia. Web 2.0 [On-line]. 2017. Disponível em: en.wikipedia.org/wiki/Web_2.0. Acesso em: 30 dez. 2017.

07.
Conteúdo e storytelling na era da abundância de dados do usuário

Se considerarmos o Conteúdo, como destacado neste livro, como parte da melhor promessa do novo marketing dissociado dos obstáculos do modelo de interrupção comercial, parece que os dados estão no centro dessa promessa. Particularmente, dados *digitais*, todos os sinais que deixamos no espaço digital.

No agora muito famoso aforismo — supostamente criado primeiro pelo "pai" do Tesco Clubcard Clive Humby, depois atribuído à consultoria Gartner — "dados são o novo petróleo", enquanto a análise é o novo motor de combustão (HAUPT, 2016). A frase tem muitos simpatizantes e alguns opositores, mas era óbvio que vários nomes importantes que entrevistamos para o livro olham para os dados como uma vantagem potencial no novo jogo de Conteúdo. A verdade é sempre mais matizada, pois os dados podem ser de um amigo ou inimigo dependendo de quem os está usando e como. Os exemplos de práticas de dados eticamente desafiadoras destacadas no Capítulo 11 são um bom aviso. Além disso, olhando para os problemas de relevância e fraude que a indústria das comunicações comerciais está combatendo nos últimos tempos, parece que o novo petróleo está derramando por todo o lado, poluindo tudo.

Ao mesmo tempo, exemplos de grande ressonância contextual, eficiência e eficácia nos negócios, bem como dados que alimentam histórias criativas mais interessantes, também estão ao nosso redor. Sem contar os programas de CRM extremamente lucrativos do tipo Tesco, Target e TUI, máquinas sofisticadas de criação de valor que estão em constante evolução e rodando suavemente no mesmo óleo...

O papel dos dados na narrativa de Conteúdo e marca na era da abundância de dados é, portanto, a história do equilíbrio.

A promessa de dados

Primeiro, a boa promessa. Como mencionado no Capítulo 4, "Momentos que Importam" (MTMs) ou "Micromomentos" (focando especificamente o espaço móvel), pioneiro do Google, está rapidamente se tornando a estrutura líder para os profissionais de marketing modernos com um impacto potencialmente enorme no pensamento de Conteúdo. Não é de se admirar, uma vez que o Google tem sido durante anos "a página inicial do mundo", processando quase 1,7 trilhão de consultas de pesquisa por ano de acordo com a última contagem do "Internet Live Stats" em novembro de 2017. Isso já é quatro a dezessete vezes maior — dependendo da abordagem aos cálculos — do que o número de estrelas na Via Láctea! É um universo de maravilhas, a maior biblioteca de intenções que já houve — se apenas um é capaz de lê-lo...

"Momentos" de marketing como o novo combustível para o Conteúdo

O primeiro grupo dessa estrutura é impulsionado pelas quatro principais necessidades dos consumidores, em grande parte condicionadas pela dependência do telefone celular e pela evolução dos serviços móveis para assistentes de voz com capacidades preditivas mais sofisticadas (LAWSON, 2017):

- Momentos "Quero saber" (informação);
- Momentos "Quero ir" (destinos);

- Momentos "Quero fazer" (ações);
- Momentos "Quero comprar" (transações).

Em cada um desses momentos arquetípicos, uma marca pode estar presente com a solução certa que, muitas vezes, envolve algum tipo de Conteúdo. À medida que os momentos evoluem, a leitura dos comportamentos dos consumidores também evolui. Várias tendências mais recentes identificadas pelo Google elucidam as abordagens potenciais que os profissionais de content marketing poderiam adotar.

Uma delas é a ascensão do "consumidor avisado" que agora investiga tudo, independentemente da categoria e do preço. Por exemplo, as buscas por "melhores" têm mostrado maior crescimento entre os produtos de baixa-consideração do que os de alta-consideração no período 2015-2017. O outro é o "consumir aqui mesmo", buscando interesses e necessidades locais — ao mesmo tempo que revela menos de onde eles estão por meio dos blocos de localização! Há também o consumidor "agora mesmo" que está tomando decisões mais rapidamente do que nunca e age com base nessas decisões, também instantaneamente. Por exemplo, as pesquisas relacionadas a viagens para "hoje à noite" e "hoje" cresceram mais de 150 por cento em celulares, no mesmo período de dois anos (GEVELBER, 2017).

Funções de dados para Conteúdo: definir, direcionar e otimizar

A estrutura "Momentos" abre três papéis específicos que os dados podem desempenhar no pensamento de Conteúdo — bem como no processo estratégico e criativo geral:

Definir

Um dos papéis tradicionais dos dados era informar melhores ideias criativas e de Conteúdo — o que os bons planejadores de agências e cientistas de dados sempre souberam. Aqui, os dados são um dos ingredientes — ou o único motor, dependendo das circunstâncias — do discernimento ou da ideia.

O Buzzfeed está usando dados tanto para encontrar coisas novas e interessantes sobre as quais falar, quanto para otimizar tudo para alcançar as melhores taxas de engajamento. A empresa de escuta social Brandwatch tem a mesma abordagem: transformar o que suas ferramentas pegam na esfera digital em Blogs e artigos interessantes em seu site que atua não apenas como um veículo de vendas e marketing, mas também como um *Hub* de Conteúdo para os potenciais clientes (BRANDWATCH, 2017).

Youtubers "são os novos mestres das narrativas digitais e também mestres de transformar quaisquer dados de tendências atuais — tais como lançamentos de filmes, eventos de moda, memes e "desafios" — em pano de fundo para novos episódios ou mesmo séries. Eles não fazem Big Data, mas são muito inteligentes e ágeis com os "pequenos dados", geralmente por meio de ferramentas gratuitas do YouTube e do Google (por exemplo, Google Trends ou Google Correlate).

Momentos "*tent-pole*" são outro exemplo, também usados por muitos "criadores" do YouTube e marcas sofisticadas. Durante o ano, há muitos momentos importantes em determinadas categorias, ou na sociedade em geral, que podem ser uma oportunidade para criar Conteúdos que ressoem com um público maior. Os grandes eventos desportivos e culturais, regulares ou ocasionais, as marés sazonais, como a época da febre das estações ou as celebrações e os feriados — e o acompanhamento de vários termos e momentos de pesquisa atuais — são todos eles "resumos criativos" de uma espécie de Conteúdo contextual relevante.

Então há os padrões interessantes reais nos dados de usuário que podem inspirar uma boa ideia criativa. Spotify marcou o final de 2016 com uma campanha global *outdoor* que gerou muita publicidade (curiosamente, criada por uma equipe interna), baseada em insights comportamentais intrigantes de sua base global de usuários. A campanha que teve como lema "Obrigado, 2016. Foi estranho", foi intenso ao usar insights comportamentais reais como "Querida pessoa que ouviu 'Sorry' 42 vezes no Dia dos Namorados, o que você fez?" ou "Queridas 3.749 pessoas que ouviram 'It's the End of the World As We Know It' no dia da votação do Brexit, aguentem firme" (NUDD, 2016).

Rob Blackie, um distinto consultor de negócios digitais com ampla experiência tanto em agência quanto ao lado do cliente, aponta em nossa conversa outro ângulo interessante sobre como os dados dos consumidores — neste caso, o Conteúdo gerado pelo usuário [UGC, do inglês *user generated content*] — poderiam ser usados para fins de insight e estética criativa:

> A regra-chave é compreender o que os seus clientes acham interessante ou, talvez, saboroso, sobre si. O UGC só funciona se você for uma marca de alto engajamento, por exemplo, na moda, em que o UGC é comprovado para aumentar as taxas de conversão. No entanto, não existem tantas marcas B2C de alto envolvimento, ao contrário do B2B, onde as pessoas apostam a sua carreira na compra do seu produto ou serviço. O UGC poderia aproveitar um insight útil ou um *prompt* criativo, em vez de reunir algum volume significativo de trabalho excelente por direito próprio. Não muitas pessoas podem responder, mas pode ser de alto valor. Se você é uma cadeia de hotéis, pouquíssimas pessoas postam fotos de seu hotel no TripAdvisor, mas isso influencia muito a jornada de compra de seus clientes.

Os exemplos dessa abordagem de baixa complexidade/elevada integração à percepção são bastante comuns. A Lego é muito boa nisso, transformando a sua competição anual pela melhor ideia de novo brinquedo vinda dos seus usuários numa enorme unidade de engajamento, que só pode ser comparada aos lançamentos da maior franquia de filmes como *Star Wars*! Funciona porque o público já está muito envolvido e porque pode ver sua ideia transformada num produto tangível, com um acordo de participação nos lucros como uma razão adicional para se entusiasmar.

Observar o que e como as pessoas fazem as coisas pode ter impacto não só no Conteúdo da comunicação, mas também na sua estética. O Conteúdo pode emprestar o tom de voz real dos usuários da marca.

Isso é particularmente importante, como assinalado nos capítulos sobre a finalidade (Capítulo 3) e a perspectiva do editor (Capítulo 2), do ponto de vista da autenticidade e evitando a linguagem visual clichê da publicidade tradicional. Rob Blackie tem estado envolvido em vários projetos nos quais a observação do comportamento do usuário levou a novas abordagens criativas:

Duas coisas fazem a UGC funcionar esteticamente: uma é a demonstração de um produto e a outra é quando é óbvio que pessoas reais o usam. Nós, como consumidores, somos muito bons em filtrar o tipo de estética de foto de banco de imagem que prevalece na publicidade atual".

Uma pesquisa que fiz para a categoria de fast-food mostrou que as pessoas que vão ao Burger King postam fotos com seus amigos lá dentro, enquanto as do KFC postam apenas fotos de comida. Ou, pessoas de férias que, muitas vezes, postam uma foto de uma bebida em suas mãos, mas é uma abordagem composicional que você raramente vê replicada pelas marcas. Eu trabalhei com um grande *pub* recentemente e eles perceberam que uma das histórias mais fortes é que eles estão cheios de jovens atraentes.

Quando eles viram o que as pessoas estão postando nas mídias sociais em que o *pub* foi marcado, foram *selfies* tiradas no *pub*... Então eles abraçaram isso completamente, por exemplo, seu *feed* do Instagram é em torno do que são e o que fazem e também repostam o Conteúdo dos clientes no *feed* oficial do *pub*. Então, ele cria a sensação de comunidade, mas também amplia o que os clientes estão fazendo de qualquer maneira. Acho que muitas marcas ainda não viram como as pessoas as usam, como estão fazendo UGC e depois o copiando.

ESTUDO DE CASO: Airbnb 'Hosted Walks' oferece aos turistas uma experiência como a de um morador da cidade

Para demonstrar o princípio da relevância contextual, a Airbnb, em colaboração com o Google, criou um áudioguia sincronizado com o mapa de hotspots em locais específicos. Quando os usuários inserem o ponto de destino em uma cidade na qual querem caminhar, o aplicativo mapeia a rota que também traz clipes de áudio dos anfitriões locais da Airbnb que oferecem aos visitantes um relato em primeira mão de suas lojas e lugares favoritos nessa rota. Os clipes não são anúncios, mas conselhos, e a sensação de autenticidade é o que o torna diferente e útil (THINK WITH GOOGLE, 2015).

Alvo

Conforme discutido no Capítulo 6, o contexto de um ponto de contato do consumidor pode criar ou quebrar um Conteúdo. A abordagem "Momentos", em teoria, oferece um enorme potencial para que a marca esteja onde ela diz, com intenção espetacular e ressonância emocional. Aqui estão dois exemplos:

ESTUDO DE CASO: "Pedigree Found" – um alerta de cão perdido por meio de anúncios móveis segmentados por localização

Um grande caso de marketing de serviço. Os donos de cães registram o seu cão num aplicativo de celular e, se ele se perder, apertam apenas um botão. Imediatamente, um conjunto de anúncios móveis geodirecionados – pagos pela marca – são acionados, contendo o nome e a foto do cão perdido naquela área. As chances de encontrá-lo aumentam exponencialmente se mais pessoas na área ficam cientes do desaparecimento mais rapidamente. Um verdadeiro "Momento que Importa" e um verdadeiro papel da marca relevante nessa ação (RedazioneBrandNews, 2015).

Contudo, olhando para os números e as tendências predominantes do espaço de marketing digital, exemplos como estes ainda são apenas uma exceção, como evidenciado a seguir.

Otimizar

Quando se trata de usar dados para otimizar o Conteúdo, o Buzzfeed tem praticamente escrito o livro de regras, colocando o CRM antigo e publicando testes em grandes quantidades. Eles estabeleceram ciclos de feedback sofisticados nos quais o fluxo constante de análise de dados por meio de cientistas de dados internos alimenta a criação de Conteúdo, que então é testado, os dados fluem de volta para dentro, o Conteúdo é otimizado e assim por diante.

Primeiro, há a otimização da pré-publicação, por exemplo, um teste A/B sobre o título de um artigo, uma miniatura, o número de itens que devem ser usados em uma "*listicle*" ("dezesseis coisas...") e assim por diante — tudo feito como testes ao vivo em sua plataforma, com audiência ao vivo. Isso ajuda os editores a "trazer à tona" os elementos ou combinações que funcionam melhor e os esforços editoriais são então focados neles para aumentar as chances de aderência e engajamento do Conteúdo. Por exemplo, uma das descobertas foi que o número numa lista não deveria ser muito grande (porque as pessoas não estão inclinadas a consumir tudo), mas também não muito pequeno (pois isso pode indicar falta de substância).

Além disso, os redatores também recebem um pouco de condicionamento por meio de "*trending badges*", que são uma combinação do número de visualizações dentro de um período de tempo e que indicam aos redatores se seu Conteúdo está funcionando bem nas fases iniciais.

Finalmente, o painel de controle pós-publicação diz aos editores quanto do total de visualizações foi descoberto devido ao próprio Buzzfeed tê-lo empurrado em contrapartida à descoberta orgânica via compartilhamento (a "viralidade" do Conteúdo), dando-lhe um pontuação para a métrica interna chamada "*social lift*" (LOOKER, 2016).

Reconhecidamente, esse tipo de otimização pode favorecer um editor on-line popular mais do que o planejamento a longo prazo da marca. Se tudo é otimizado para o imediatismo, qual é o papel do Conteúdo que deve durar mais tempo e não pode ser submetido aos caprichos das tendências? Além disso, há a questão do alinhamento da marca, como o que quer que possa ser popular neste instante pode não ser adequado ao propósito, missão ou tonalidade de cada marca, nem com o público. Como um princípio de marketing direto, porém, aplicado rigorosamente no campo do Conteúdo, é uma evolução valiosa no pensamento em comparação apenas com a intuição da equipe editorial.

Problemas com dados — exagero, desperdício e visão limitada

Há, claro, o outro lado da história. Os dados ainda são uma promessa não cumprida e, em suas piores manifestações, um ingrediente ativo no atual desaparecimento de grandes partes do marketing digital. Isso se aplica a todos os dados mal utilizados, grandes ou pequenos. A promessa de dados na indústria do marketing estava sempre próxima da utopia: poder dar sentido a tudo o que o consumidor toca que esteja relacionado com a marca e deixe sinais, todos os dados estruturados e não estruturados, sensores dos próprios produtos e serviços, até mesmo estados de humor — tudo oferecendo oportunidades sem paralelo para ser mais relevante, para transformar a miserável e desprezada publicidade do passado em um suprassumo de serviço! O paradigma do Big Data é frequentemente citado aqui, imediatamente contrabalançado pelos formidáveis desafios devido aos seus famosos "4V": Volume, Velocidade, Variedade e Veracidade (IBM BIG DATA HUB, 2013). Porém, é no quinto "V", menos citado — valor —, que reside o cerne da questão.

Problemas com dados — a grande campanha publicitária

No momento, a personalização é o ideal evasivo. É uma grande história à espera de ser contada na prática, particularmente no que se refere a Conteúdo, mas, na frase hipnotizante de Ben Jones sobre a fama do Google Art, Copy & Code: "Dados ainda estão à espera do seu Scorsese" (TWITTER, 2017). Não apenas Bid Data, quase todos os dados... Certamente, há um número decente de casos individuais de dados sendo usados na mídia tradicional e no espaço de CRM usando conjuntos de dados mais tradicionais, muitas vezes vários potes de "pequenos dados" criativamente conectados — mas dizer que a maioria das organizações são totalmente alfabetizadas em dados e maximizam o uso de dados em marketing é um exagero. Ainda estamos, de fato, à espera do Scorsese dos dados.

Provavelmente, ninguém resumiu isso recentemente de forma tão precisa quanto Rob Blackie, em "Three Laws of Technology Hype" (2017). É uma advertência presciente e um apelo à sanidade, um manifesto para concentrar os esforços no que é mais importante. Para muitos, isso ainda significa dominar, primeiro, os dados e as bases técnicas:

> Ainda não há muitos exemplos de boa personalização. Os pedaços de dados estruturados, como o nome de uma pessoa, não são tão engajados em si mesmos e os dados não estruturados, que são muito mais interessantes, são muito mais difíceis de gerenciar. O Facebook e o Google são provavelmente os únicos que o podem fazer em alta qualidade com as suas ferramentas. Juntar os potes de dados sobre as pessoas é difícil; a maioria dos visitantes, para a maioria dos destinos, são anônimos na maioria das vezes; os cookies se degradam, as pessoas usam vários dispositivos ou várias pessoas usam o mesmo dispositivo (iPad, por exemplo)...
>
> Os tamanhos dos *pools* que frequentemente temos são muito pequenos para vários fins. Quando eu estava tentando atingir um subconjunto específico de proprietários de pubs no Reino Unido, aproximadamente cinco mil pessoas, era impossível fazê-lo via social. Além disso, vários potes de dados dizem a mesma coisa, o que significa que adicionar mais informações em cima de algumas partes-chave de dados não lhe dá um monte de poder preditivo (por exemplo, se eu sei quem comprou um BMW em dinheiro vivo, saber o tamanho da hipoteca ou se ele comprou alguma roupa de luxo não acrescenta muito). Portanto, a menos que você seja um site de comércio eletrônico de grande escala como a Amazon, que pode usar suas próprias grandes quantidades de dados, a única opção realista é pegar seus próprios dados e emparelhá-los com o

Google ou o Facebook. Isso se resume ao uso criativo apenas dessas duas plataformas.

A segunda questão é que a maioria das organizações não tem dados suficientes do tipo certo para fazer Conteúdo personalizado para mais de uma fração do seu público. Isso torna realmente difícil alterar a sua quota de mercado se atingir apenas dez por cento do seu mercado. Para o meu dinheiro, o canal mais negligenciado para personalização, ou para quase tudo, é o SMS, mas quase ninguém faz nada de interessante. Você mesmo pode gerar dados próprios suficientes, mas isso leva tempo e há a questão do desgaste da categoria (pessoas entrando e saindo da categoria), além de precisar de um fluxo constante de bom Conteúdo. A grande questão é que sua organização precisa se comprometer com ela por anos seguidos, e muito poucas são capazes de fazer isso. Mesmo que você faça isso, é uma melhor opção do que as alternativas? A personalização é importante na categoria? Para os produtos de grande consumo, o leite para bebês é bom, uma vez que tem utilidade, já o detergente em pó, nem tanto...

As três leis de Rob Blackie de hype tecnológico

1 Impossibilidade – a tecnologia não existe ou é impraticável:
– A extração de dados em massa é geralmente impossível.
– A grande maioria dos dados é privada, anônima ou simplesmente não muito útil.
– Impraticável para além do hype...
– Desafios legais sobre privacidade.

2 Valor – a nova tecnologia não vale o esforço:
– Alternativas mais baratas e mais fáceis são, muitas vezes, igualmente eficazes, se não mais, eficazes.
– Você esgotou todas as suas opções de teste e otimização?
– Mesmo as empresas de tecnologia nem sempre usam tecnologias de ponta.

3. Alcance – a tecnologia não atinge pessoas suficientes para trabalhar:
– Penetração: que proporção do público-alvo encontra a sua tecnologia?
– Uso do tempo: quanto tempo o seu público gasta com tecnologia?

Com base nas três leis, qual é a tecnologia mais avançada?

- Qualquer coisa que não tenha alcance suficiente, e pouca evidência de impacto em muitos casos.
- AI que é implícita para ser totalmente automatizada. Se você reformular essas afirmações como "ferramentas de software que tornam as pessoas mais inteligentes", então há uma abundância de casos sensatos. Mas concluir que você tem uma inteligência artificial, quando você tem apenas uma compra de mídia programática, significa que você está praticando um golpe.
- Quase todas as discussões de mídia social que não mencionam alcance.
- "Ciência de dados" que diz conhecer as pessoas melhor do que elas próprias.

Problemas com dados — privacidade e ética

Conforme explorado detalhadamente no Capítulo 11, há um lado preocupante da personalização e da promessa de onisciência de dados: opacidade da mensagem, bolhas de filtro, atomização das sociedades modernas, arquitetura viciante da experiência do usuário e manipulação empática. Os dados aqui não são apenas sensacionalistas, mas também perigosos.

Tem sido feito muito barulho na imprensa comercial em torno da introdução de novas regras da UE em matéria de proteção de dados, o General Data Protection Regulation (RGPD) (WIKIPÉDIA, 2017a). Em poucas palavras, pretende devolver o controle aos cidadãos e residentes sobre seus dados pessoais e simplificar o ambiente regulamentar para as empresas internacionais mediante a unificação do regulamento na UE. A indústria do marketing já está fazendo alarde sobre o aumento dos custos para as empresas e para o marketing que essas novas regras irão exigir, mas dado o seu histórico até agora, os consumidores podem, na realidade, encará-lo com um olhar mais favorável.

Problemas com dados — resíduos

Em um artigo altamente crítico mencionado no Capítulo 6, Bob Hoffman (no *The Ad Contrarian*), expõe níveis bastante chocantes de resíduos, negligência e, ainda pior, que a indústria parece atormentada (HOFFMAN, 2017). Citando Marc Pritchard, da P&G, que disse que apenas 25 por cento do seu orçamento programático chega ao consumidor, Hoffman também menciona pesquisas que mostram que menos de 10 por cento dos anúncios que chegam ao consumidor são notados!

Nas suas palavras, "um fator de desperdício inacreditável". Além disso, há a questão da eficácia, hilariantemente refletida no fato, também citado por Hoffman, de que a P&G havia cortado cerca de US$ 140 milhões de seu orçamento de publicidade on-line do segundo trimestre de 2017 — período durante o qual suas vendas cresceram 2 por cento, com mínimo impacto desse corte nos negócios! Se houvesse uma vitrine deliberadamente projetada para demonstrar exatamente o oposto do que a promessa da publicidade digital automatizada baseada em dados poderia ser, a prática programática atual seria difícil de ser vencida!

Mark Higginson, da Twenty Thousand Leagues, um dos críticos mais ferozes da indústria de publicidade moderna, incluindo o Conteúdo, em nossa conversa também desafia fortemente o registro da indústria sobre o uso inteligente de dados para fins e relevância:

Parece idiota apontar isso, mas a necessidade fundamental de qualquer atividade de marketing, antes mesmo de considerarmos o efeito psicológico de uma mensagem e se ela suscita alguma ação, é: ela foi vista ou ouvida? Eu começaria com isso. Eu me concentraria especialmente nisso porque a mensurabilidade é o que nos foi prometido pelos comerciantes digitais. No entanto, aqui estamos nós, anos depois desse projeto, e ninguém concorda com nenhum tipo de padrão para medir o impacto desse material, nem ninguém pode produzir resultados verificáveis independentemente, confirmando que isso não é perda de tempo e recursos. Esqueça o Conteúdo da rotulagem, a embalagem, a criação de equipes nas agências ou internamente para a sua produção. Olhe para o que já está sendo feito que é semelhante ao que você pode produzir e simplesmente pergunte:

- Em que lugares ele aparece?
- Quantas vezes aparece e para quantas pessoas?
- Como isso é observável e verificável independentemente?
- O formulário se encaixa no contexto?

Para uma melhor promessa de dados

Existem soluções potenciais para o excesso de irrelevância que se observa no espaço moderno de mídia e marketing, apesar de toda a sofisticada tecnologia? A resposta tem várias partes.

Uma delas é um foco maior — para muitas empresas forçadas pelas demandas do mercado e dos consumidores — sobre o propósito organizacional, conforme explorado no Capítulo 3. Como um corolário, deve conduzir à produção de mensagens de marketing mais responsáveis e relevantes, incluindo Conteúdos, disseminadas em pontos de contato contextualmente mais relevantes.

Outro é o surgimento da regulação mais aguçada, como uma resposta ao perigo claro e presente que as principais plataformas digitais apresentam como um disruptor não apenas das práticas de negócios desatualizadas, mas também de nossa civilização. Os consumidores que votam com a suas carteiras e a regulamentação parecem ser ainda dois dos mecanismos mais poderosos para alterar o comportamento das empresas.

Finalmente, parte da resposta pode vir da atual reflexão da indústria e da admissão de dados exagerados e práticas questionáveis. Neste espaço, os principais papéis poderiam ser desempenhados pelos maiores clientes do mercado mundial e pelas agências que podem perceber que a relevância obsessiva, e não apenas a otimização obsessiva do orçamento, pode configurar uma melhor resposta. Se os vastos e atualmente incontroláveis conjuntos de dados não nos dão as respostas mais relevantes, — e o bloqueio de anúncios, a fraude e a queda geral na confiança no setor de publicidade digital parecem apoiar o caso — o que pode nos dar respostas relevantes? Quais são as formas de introduzir níveis crescentes de Ressonância Emocional e Utilidade Intencional em todo o espectro, e até mesmo uma melhor fusão das duas, atualmente antagônicas, escolas de pensamento?

Fusão de dados "pequenos", "grandes" e "espessos" em dados "ricos"?

Uma resposta potencial vem da Antropologia e da sua utilização dos conceitos de descrições "densas" e "finas" do comportamento humano. A descrição "densa" explica não só o comportamento humano (o que), mas também o contexto que gera e enquadra o comportamento (por que) para que ele se torne significante mesmo para um estranho (WIKIPÉDIA, 2017b).

É uma forma mais qualitativa de descrever e explicar o comportamento humano, em oposição a abordagens mais mecanicistas para compreender culturas, organizações e vários ambientes humanos. O mercado é um deles. Dada a mudança já descrita de muitas marcas líderes para a construção ou manutenção de sua relevância cultural, parece que nossa indústria inundada de dados consumida por uma busca desesperada de inteligência de máquina cada vez mais afiada poderia começar a corrigir seus excessos mecanicistas tornando-se um pouco mais "densa".

Clientes e agências cuidadosos sempre se certificaram de ter uma série de insights de qualidade de várias fontes, tanto quantitativas quanto qualitativas. Pense nas abordagens lideradas pelo UGC mencionadas por Rob Blackie — é um grande exemplo da abordagem "densa". O que parece ter acontecido recentemente, com a ascensão da nossa crença programática e autoinduzida na automatização da compreensão humana, é que a "biblioteca de intenções" baseada nos MTMs do Google se torna a única biblioteca da cidade. Ao aceitar isso, tornamo-nos demasiadamente mesquinhos e "superficiais". As pessoas, para as compreenderem plenamente, ainda têm de ser estudadas também "em campo", com descrições "densas". Esses apelos ao equilíbrio — na venerável tradição dos dissidentes da indústria que sempre, felizmente, tivemos — são energicamente apresentados pelos consultores e pensadores como Christian Madsbjerg e Mikkel Rasmussen da ReD Associates (2014) ou Tricia Wang (TED, 2017), por exemplo.

Estranhamente, uma exploração potencialmente vencedora do amalgamento do novo e do velho, da emoção e dos dados, foi articulada já em 2007 por um dos principais pensadores de estratégia da indústria, Russell Davies, em seu artigo seminal sobre "Rich Ideas" (DAVIES, 2007). Partindo de um pensamento de outra pessoa forte do mundo do planejamento, Richard Huntington da Saatchi, Davies apela a um novo tipo de ideia, mais personalizada para o rico ambiente digital, contra as velozes, mas "rasas" grandes ideias de publicidade do passado:

> Prefiro pensar em ideias ricas. Richard Huntington descreve esse tipo de ideia como "generosa", o que significa que é algo que todas as agências e parceiros em volta da mesa de gestão da marca não captam, como podem pensar imediatamente numa infinidade de grandes formas de dar vida a essa ideia no seu meio específico.

Poderia a criação final de um espaço de interpretação de dados mais equilibrado, fundindo pequenas, grandes e densas fontes de dados, criar um novo campo de jogo de "dados ricos" — para além da atual, totalmente funcional e, francamente, inútil, definição do termo (COLMAN, 2015)? Poderia produzir ideias mais relevantes e "ricas" e, finalmente, resolver a atual crise das comunicações de marketing? Resta-nos esperar para ver; mas o futuro da profissão de marketing depende disso.

Referências

Blackie, R. Three Laws of Technology Hype (Blog). *Rob Blackie Digital Strategy*, 20 de março de 2017 [On-line] Disponível em: robblackie.com/technology-hype-three-laws/. Acesso em: 30 dez. 2017.

Brandwatch. Brandwatch Blog [On-line]. 2017. Disponível em: brandwatch.com/blog/. Acesso em: 30 dez. 2017.

Colman, M. Rich Data Vs. Big Data. Melbourne: *Digital Thing*, 29 de setembro de 2015 [On-line]. Disponível em: digitalthing.com.au/rich-data-vs-big-data/. Acesso em: 30 dez. 2017.

Davies, R. Big, Rich and Green (Blog). Nova York: *Russell Davies*, 22 de abril de 2007 [On-line]. Disponível em: russelldavies.typepad.com/planning/2007/04/big_rich_and_gr.html. Acesso em: 30 dez. 2017.

Gevelber, L. 3 New Consumer Behaviors Playing Out In Google Search Data. *Think With Google*, julho de 2017 [On-line]. Disponível em: thinkwithgoogle.com/data-collections/micro-moments-consumer--behavior-immediate-expectations/. Acesso em: 30 dez. 2017.

Haupt, M. Data Is the New Oil (Blog). *Medium*, 2 de maio de 2016 [On-line]. Disponível em: medium.com/twenty-one-hundred/data-is--the-new-oil-a-ludicrous-proposition-1d91bba4f294. Acesso em: 30 dez. 2017.

Hoffman, B. Top 10 Reasons Online Advertising Must Change (Blog). *The Ad Contrarian*, 24 de outubro de 2017 [On-line]. Disponível em: adcontrarian.blogspot.rs/2017/10/top-10-reasons-online-advertising-must.html. Acesso em: 30 dez. 2017.

IBM Big Data Hub. The Four V's of Big Data [On-line]. 2013. Disponível em: ibmbigdatahub.com/infographic/four-vs-big-data. Acesso em: 30 dez. 2017.

Internet Live Stats. Google Search Statistics [On-line]. 2017. Disponível em: internetlivestats.com/google-search-statistics/. Acesso em: 30 dez. 2017.

Lawson, M. 4 Things You Need To Know About the Future of Marketing. Think With Google, maio de 2017 [On-line]. Disponível em: thinkwithgoogle.com/marketing resources/micro-moments/future-of-marketing-mobile-micro-moments/. Acesso em: 30 dez. 2017.

Looker. How BuzzFeed Uses Data to Optimize Content Publishing #JOINData 2016 [On-line]. 2016. Disponível em: youtu.be/eZoSpBvm-dB0. Acesso em: 30 dez. 2017.

Madsbjerg, C.; Rasmussen, M. B. *The Moment of Clarity:* Using the human sciences to solve your toughest business problems. Boston, MA: Harvard Business Review Press, 2014.

Nudd, T. Spotify Crunches User Data in Fun Ways for This New Global Outdoor Ad Campaign: Music Service Gives Thanks for a 'Weird' 2016. Nova York: *Adweek*, 29 de novembro de 2016 [On-line]. Disponível em: adweek.com/creativity/spotify-crunches-user-data-fun-ways-new-global-outdoor-ad-campaign-174826/. Acesso em: 30 dez. 2017.

RedazioneBrandNews. Pedigree — Found: Case Study Film [On-line]. 2015. Disponível em: https://youtu.be/rttMkbO7hQk. Acesso em: 30 dez. 2017.

TED. Tricia Wang: The Human Insights Missing From Big Data [On-line]. 2017. Disponível em: ted.com/talks/tricia_wang_the_human_ insights_missing_from_big_data. Acesso em: 30 dez. 2017.

Think with Google. Micro-Moments: Airbnb Hosted Walks [On-line]. 2015. Disponível em: youtu.be/dgYt2Fn4fn4. Acesso em: 30 dez. 2017.

Twitter. #4AsTransformation Ben Jones [On-line]. 2017. Disponível em: twitter.com/search?q=%234AsTransformation%20ben%20jones. Acesso em: 30 dez. 2017.

Wikipédia. General Data Protection Regulation: Pseudonymisation [On-line]. 2017a. Disponível em: wikipedia.org/wiki/ General_Data_Protection_Regulation#Pseudonymisation. Acesso em: 30 dez. 2017.

Wikipédia. Thick Description [On-line]. 2017b. Disponível em: wikipedia.org/wiki/Thick_description. Acesso em: 30 dez. 2017.

08.
A evolução dos formatos de Conteúdo: de texto para vídeo, para AR/VR e para AI...

Um dos melhores livros de ficção científica que ninguém conhece é "*No Time for Heroes*" de Sam J Lundwall, uma brilhante distopia satírica na qual um "herói" militar muito relutante, Bernhard Rordin, é lançado para mundos estranhos acompanhado por um "amigo robô" inteligente, patrocinado comercialmente. Em tempos de grande estresse, o que Bernhard ouve da criatura de metal em formato de aranha são jingles de marca, upbeat marching music, otimista, um informante sobre seu comportamento para com seus superiores militares — e várias ofertas de produtos.

O futuro da tecnologia parece incrível, mas um dos medos, baseado na experiência atual, é que os mais novos paradigmas de mídia serão, novamente, banalizados pelas velhas formas de pensar. Afinal, a primeira coisa que as marcas fizeram quando a "publicidade in-game" ficou disponível foi rebocar cenas com seus outdoors e versões virtuais de suas lojas de rua... As primeiras iterações digitais dos formatos populares de Conteúdo também foram réplicas dos antigos. Blog*s* eram colunas de jornais de pessoas desconhecidas; infográficos eram anúncios de serviços públicos, comerciais de jornais e posts de serviços públicos; artigos eram, bem, artigos.

Uma série de novas tecnologias está mudando nossas noções da divisão tradicional entre os espaços "físico" e "virtual" e o que é uma "história". Elas tendem não apenas a replicar a realidade, mas a aumen-tá-la e até mesmo criá-la de maneiras nunca antes vistas. Tudo isso tem enormes ramificações para marcas, publicações, agências e outros atores dos setores de entretenimento, mídia e marketing, na tentativa de permanecerem relevantes neste novo mundo. É também revolucionar que entendemos por Conteúdo e como o criamos e consumimos.

A nova era da afetividade

Toda a evolução do espaço midiático e tecnológico poderia ser, de certa forma, observada como uma progressão de meios de baixa para alta empatia para engajar o público. O professor Andrew McStay da Bangor University, no nosso capítulo sobre ética (Capítulo 11) refere-se a esse aspecto como o "espaço afetivo da marca criativa". Novos paradigmas criativos e de mídia, como a realidade aumentada (AR), a realidade virtual (VR) e a inteligência artificial (AI) podem potencializar soluções que são alguns dos ambientes mais imersivos, afetivos e impactantes que já criamos.

É um eco distante do paradigma do papel que governou o mundo em outros tempos: um texto lido de uma superfície; primeiramente, o papel, depois, uma tela. Essa foi a razão pela qual o Conteúdo costumava significar, e ainda faz em grande medida, o "texto" em várias formas. Uma análise de um milhão de resultados de pesquisa do Google em 2016 revelou que o resultado médio da primeira página do Google contém 1.890 palavras (DEAN, 2016). Blogs, artigos e *white papers* ainda são alguns dos formatos de Conteúdo mais comuns para muitas empresas.

No entanto, a principal característica de quase todo o Conteúdo que criamos até agora, com exceção dos jogos, foi a sua "linearidade": a narrativa, a "história", desenrolava-se numa sequência criada e controlada pelo criador. Pule algumas partes e você pode perder o sentido da narrativa. Isso se aplica particularmente a filmes como, essencialmente, "O" formato de Conteúdo de hoje. Mas uma revolução afetiva está chegando. O que os novos ambientes imersivos começam a fazer às experiências narrativas é emprestar-lhes o imediatismo e a visceralidade de uma presença real que tornam os formatos lineares, "planos" 2D e pseudo-3D menos inspiradores comparativamente. Chris Milk, um respeitado criador de vídeo e "contador de histórias imersivo" descreveu o filme como "uma série de retângulos jogados em uma sequência". Em contraste, ele famosamente se referiu à VR como a "última máquina de empatia" e descreveu sua abordagem como "rompendo a janela retangular do quadro do filme... VR não é um videogame periférico, ele conecta humanos a outros humanos de uma forma profunda que eu nunca vi em nenhuma outra forma de mídia" (TED, 2015).

Como um projeto de arte performática o chamou, é "A Máquina para Ser Outra". Esse mesmo programa tem sido usado por psicólogos, neurocientistas e pesquisadores em seis países para explorar questões como o respeito mútuo, identidade de gênero, limitações físicas e imigração. O Virtual Human Interaction Lab da Stanford University está, literalmente, transformando essa tecnologia em um caminho, através do seu projeto "Empathy at Scale", que ensina a empatia para nós próprios e para com os outros. Por exemplo: ver um avatar de você mesmo com 65 anos de idade o leva a poupar mais para a aposentadoria? Sim (STANFORD ALUMNI, 2014). É um tipo diferente de "animal afetivo"...

Nossa primeira experimentação dessas novas formas mais imersivas de processamento de Conteúdo — além dos jogos de computador como o fenômeno global que o marketing até agora não conseguiu utilizar adequadamente — foi a introdução dos vídeos de 180 graus e 360 graus. O filme de 360 graus de Chris Milk para as Nações Unidas, "Clouds Over Sidra" (WITHIN, 2016), conseguiu mudar as percepções da crise dos refugiados e inspirar a ação de algumas personalidades políticas de alto nível em um dos recentes fóruns de Davos.

Porém, agora, as coisas estão ficando elevadas por várias ordens de magnitude através de AR, VR e ambientes inteligentes da vida real. O estudo etnográfico seminal "*Storyliving*" do Google de meados de 2017, um esforço conjunto entre o Google News Lab e a sua equipe criativa ZOO, explorou como as audiências experimentam a VR e o que isso significa para os jornalistas (GOOGLE, 2017a). Os resultados obtiveram então a sua expressão centrada no marketing num conjunto de recomendações para os contadores de histórias da marca, "Humanizing VR" (GOOGLE, 2017b), revelando o plano para revolucionar a forma como contamos histórias. É o resultado da pesquisa VR, mas as mudanças paradigmáticas captadas por ela se aplicam a qualquer um dos novos espaços profundamente imersivos.

ESTUDO DE CASO: Livro da Selva da Disney em Experiência VR

Para celebrar sua última versão da história popular, a Disney permitiu que os usuários de VR experimentassem três cenas do filme do ponto de vista de Mogli. Em um deles, Mogli conhece a cobra gigante Kaa, que o hipnotiza e tenta comê-lo. A cena é renderizada em detalhes tão requintados, baseados nos recursos de vídeo e áudio reais, que algumas pessoas a acharam demais: eles estavam tentando ficar em pé em um galho grosso bem acima do chão e sentiam o movimento do corpo de uma serpente enorme através da copa da árvore, abaixando-se e cobrindo os rostos; quando a cobra "caiu" sobre eles, eles caíram no chão, em pânico! Embora básica na interação do jogador, a experiência foi uma poderosa demonstração visceral da força primordial que uma boa experiência de imersão poderia ter.

Novas regras de storytelling

O que o Google encontrou em sua pesquisa foi surpreendente (GOOGLE, 2017a, 2017b):

- Experiência abrangente: o equipamento e a estimulação filtram o usuário para fora do mundo real, sem mais multitarefas...
- Experiência de código aberto: o usuário está no controle e tende

a explorar ativamente, em vez de apenas assistir; mas sem um único ponto de vista (POV), cada usuário pode obter uma saída diferente, reduzindo a previsibilidade da experiência.

- Momentaneidade e muitas vezes não linear: como explica Abigail Posner do Google ZOO: "Pode ser que seja um momento no tempo, e então esse momento é retardado para que os usuários possam absorver todos os detalhes. Os usuários agora têm a chance de olhar os detalhes por trás, e sentir as nuances de uma história de uma nova maneira. Imagine, por exemplo, começar a explorar alguns dos espaços imaculadamente compostos num filme de Wes Anderson" (BERKOWITZ, 2017).
- Desencadeando o "cérebro de principiante": totalmente focado neste novo mundo, o nosso cérebro tenta encontrar quaisquer amarras e padrões para tornar o ambiente mais familiar; neste estado do "cérebro de principiante" tendemos a ser mais abertos a ideias e conceitos que desafiam as crenças existentes.
- Conhecimento encarnado: a combinação de sinais físicos, emocionais e viscerais nos conecta à história de maneiras que a tornam mais autêntica.
- "Habitar as histórias": a experiência imersiva dá ao nosso cérebro a sensação de capturar a *essência* do lugar, pessoa ou coisa. Sentimos que "sabemos" *versus* simplesmente "imaginamos".
- A quarta perspectiva: não apenas o sentido do espaço tridimensional, mas também da perspectiva emocional duradoura; um sentimento de nova "abnegação", "transformação" em qualquer outra pessoa ou objeto e assumir seu ponto de vista...

O resultado desse conjunto crucial de insight*s* é que os usuários responderam ao Conteúdo que foi desenvolvido fora do quadro tradicional de personagens, pontos de enredo e mensagens de valor. Eles tinham a impressão de "viver" a história, não apenas "recebê-la" como nos canais tradicionais. É uma experiência visceral. À medida que esse novo espaço cresce, ele rompe a "janela de um frame de filme" do Chris Milk. Com o tempo, as preferências do usuário exigirão que reestruturemos a forma como concebemos o trabalho da marca.

Novos modelos de storytelling para espaços imersivos

O maior desafio para as marcas e suas agências será como abordar esse novo espaço de forma estratégica, e não como um truque no qual a tecnologia em si é uma heroína. A tão falada e tão apreciada frase da indústria "*media first*" é um exemplo do foco errado. Os relações-públicas estão confusos com a verdadeira inovação. Esse tipo de pensamento tornou-se uma armadilha para uma parte significativa da indústria do marketing. Há um outro, potencialmente ainda maior: esses espaços serão apenas telas novas e mais ricas para a entrega de publicidade de interrupção, ou novos modelos de comunicação de marca mais semelhantes a um produto ou serviço?

Como um relatório recente de Forrester sabiamente observa: "A interrupção só funciona se os consumidores gastarem tempo fazendo coisas interruptíveis em dispositivos amigáveis para interrupção" (MCQUIVEY, 2017).

À medida que os nossos modos de utilização da *media* passam das comunicações para a experiência, e que as próprias formas como interagimos com os sistemas mudam (de navegar na tela para navegar nas nossas vidas por meio de assistentes inteligentes guiados pela voz, por exemplo), a interrupção da marca, particularmente fora do contexto, pode tornar-se um assassino dela. O contexto, então, como explorado no Capítulo 6, torna-se a lei universal e inquebrável no novo universo do marketing. Podemos, finalmente, passar ao marketing como experiência.

Como exploramos no capítulo 2 (sobre a economia da experiência), projetar para o tempo e o lugar — com o tempo e a atenção sendo agora as únicas carências sobre as quais temos que pensar — torna-se obrigatório. O mundo sem fronteiras e "bordas" discretas que elaboramos a seguir oferece possibilidades infinitas para marcas e públicos, mas a natureza de suas desvantagens de consumo impede uma interrupção brusca.

ESTUDO DE CASO: Ivyrevel "Coded Couture": moda pessoal desenhada a partir de dados

Muitas marcas no espaço de moda e varejo têm experimentado tecnologias interativas e AR, geralmente no espaço de marketing do comprador. A Ivyrevel levou o conceito de dados para o espaço da história pessoal. Os dados dos consumidores sobre as várias atividades diárias são recolhidos pelo aplicativo: corridas diárias, deslocamentos para o trabalho, check-in em restaurantes e espaços públicos, informação meteorológica... Depois, quando o usuário precisa de um artigo de vestuário específico, seu celular o desenha com base nos dados recolhidos. Os dados são transformados em padrões visuais que depois transformam-se em padrões de design. Totalmente únicos, pois são exclusivamente seus. Cada item é também uma história (IVYREVEL, 2017).

A Ivyrevel também é um exemplo de uma narrativa que não está sob o controle total de uma marca. Como Posner destaca, os usuários podem decidir congelar um momento no tempo dentro de um espaço imersivo para uma experiência pessoal que é única para eles. Eles também podem decidir ir em qualquer direção que quiserem. Eles podem até entrar na história e viajar em sentido contrário. É preciso habituar-se a essa forma de pensar se somos nós que estamos arquitetando tais experiências.

Chris McCarthy, do Google ZOO, constrói um novo ângulo que pode ser um pouco difícil para as marcas tradicionais digerirem, mas é um caso para a nova e mais corajosa reflexão das realidades que estão surgindo:

> Penso que há aqui um ponto a salientar que, muitas vezes, é uma viagem que as marcas estão fazendo, em vez de uma única reivindicação ou ponto no tempo que importa – e o Conteúdo pode claramente ajudar a narrar essa viagem. Reivindicações individuais ou eventos de tent-pole podem fornecer pontos focais, por exemplo, a posição do ativista da REI contra a Black Friday; mas sinto que há um novo paradigma de

narração de histórias em ação, segundo o qual partimos em uma jornada sem antes conhecer o ponto final. Isso cria autenticidade e confiança quando é feito corretamente e grandes problemas quando não é. Temos uma nova capacidade de criar poderosas e envolventes experiências de marca por meio de um Conteúdo que envolve o usuário de uma forma que não era possível antes. Costumo chamar três grupos distintos: histórias baseadas no contexto por meio de sinais de dados (por exemplo, os padrões de design de vestuário baseados em dados pessoais); histórias baseadas em experiências imersivas (por exemplo, o "Visionário" da BMW); e histórias conhecedoras com IA integrada (por exemplo, o papel do Google Assistant como "concierge" Aeden do Westworld). Em todos os casos, as pessoas realmente conduzem a experiência por si mesmas e também criam o conteúdo à medida que elas passam por ele. Prova: se eu lhe pedir para navegar por uma experiência VR/AR duas vezes exatamente da mesma maneira, você não conseguirá – ela é, por definição, uma experiência única. Aqui a tecnologia está realmente resolvendo problemas para as marcas: elas lutam com as tensões de "controle" entre a marca e o usuário e a questão da "escala" entre o único e a massa. VR, por exemplo, pode resolver ambos os problemas: parar de pensar em Conteúdo controlado pela marca *versus* Conteúdo gerado pelo usuário e se acostumar com a experiência de navegação do usuário – UNE. A marca controla e cria um universo de marcas com todas as exigências estéticas do patrimônio da marca, permitindo que os usuários naveguem por ela de forma única. Mas isso pode estar presente em plataformas globais como o YouTube, com um alcance maciço.

Hipertelling

Em 2016, no evento C2, em Montreal, um dos fundadores do grupo de reflexão criativa do Google ZOO, Mike Yapp, usou a palavra "*hipertelling*" para explicar a "nova evolução da narrativa" (SHERWOOD, 2016). Ele estava corroborando outro discurso do antigo estrategista do Google ZOO, Eric Solomon, de 2014, em que descreveu como cunhou a palavra com a ajuda de sua mãe (A LIST DAILY, 2014). Mike Yapp explicou a abordagem como dirigida pelo usuário, não linear e um afastamento acentuado das formas como a história foi contada antes. A promessa era intrigante, nas palavras de Yapp:

> Estamos à beira de uma nova era de contar histórias em que o usuário é agora o autor. A experiência é imersiva. Os scripts vão parecer mais como árvores de decisão. Os diretores vão dirigir remotamente. O usuário fará parte do elenco.

O exemplo mais frequentemente citado de "*hipertelling*" é "This Exquisite Forest", um projeto criado em 2012 por Chris Milk e Aaron Koblin para a Tate Modern, em colaboração com o programa Chrome Experiments do Google (GOOGLE, 2012). Seguindo a tradição dos surrealistas franceses que inventaram um jogo de palavras criativo chamado "The Exquisite Corpse", This Exquisite Forest, permitiu que, a partir de seus navegadores, o público e os usuários contribuíssem para a narrativa coletiva iniciada ("cultivada") pelos criadores. Eles acrescentaram animações, filmes e quaisquer outros formatos que pudessem estar ligados, ou não, à ideia da narrativa semeada principal. O conceito de "*hipertelling*" é que os usuários criem suas próprias árvores narrativas com, teoricamente, um número infinito de possibilidades narrativas e direcionais; galhos e galhos formando suas próprias árvores, e assim por diante, levando o usuário a consumi-las em várias direções inesperadas. Inspirado pela mãe de Solomon, um *bit* como *hyperlinks*...

Teoricamente, a abordagem oferece benefícios significativos em comparação com a narrativa linear tradicional:

- participação e cocriação dos usuários;
- um número potencialmente infinito de variações de elementos da história;
- um mapa de inspiração mais amplo de múltiplas almas criativas;
- democratização da história;
- copropriedade da história;

- um lugar e uma causa para criar uma comunidade;
- duração ilimitada da narrativa;
- economia por meio da externalização dos recursos de produção;
- celebração da diversidade humana.

No entanto, desde o projeto Tate, não se ouviu falar muito dessa abordagem específica, provavelmente devido às dificuldades igualmente diversas em executá-la na prática. Alguns dos desafios são óbvios:

- produto incerto, desfocado, de forma indeterminada;
- direitos autorais e complexidades de IP;
- potenciais abusos do espaço;
- a competição minando por meio de spoilers de guerrilha;
- recursos necessários para moderar os Conteúdos para a proteção jurídica;
- a falta de storytelling hábil e profissional;
- análise e atribuição;
- incoerência da marca e desafios de tonalidade;
- rápido desgaste da novidade;
- necessidade de investimento promocional constante para mantê-lo em funcionamento.

Parece que "*hipertelling*", a palavra que fez muito barulho há alguns anos, ainda é apenas uma possibilidade. Tal como os dados, ainda está à espera do seu Scorsese...

Storydoing

A outra palavra do momento ganhou muito mais força, provavelmente devido a um conceito de fundação menos obscuro e a um conjunto mais amplo de casos de uso de implementação, alguns deles bastante famosos.

Originário, tanto quanto sabemos, do livro *True Story*: *How to combine story and action to transform your business* de Ty Montague (MONTAGUE, 2013), a palavra pode significar coisas diferentes em diferentes contextos. No espaço da estratégia organizacional, às vezes é usado para enfatizar a diferença entre estratégia como um "substantivo" (storytelling) e um "verbo" (*storydoing*). Ou, da transmissão passiva de mensagens estratégicas da marca, do "dizer" as expressões comportamentais ativas sobre o que é uma marca, até viver e "mostrar" o propósito organizacional em todos os pontos de contato (RYAN, 2014; CO:COLLECTIVE, 2014).

Outra definição decorre do espaço publicitário e aponta para o elemento narrativo mais forte na unidade de Conteúdo da marca, tornando-a uma história por direito próprio (VALLANCE, 2016). São peças de teatro ou experiências de vários tipos, inclusive de serviço, que substituem a mera "mensagem".

ESTUDO DE CASO: Glade "Museu dos Sentimentos"

O que costumava ser considerado como o "mero" marketing de experiência é hoje em dia a busca para conseguir sua nova expressão e amplificação digital mediante projetos como este. Glade usou uma de suas velas perfumadas como plataforma para visualizar e trazer à vida, numa experiência física, como os cheiros influenciam os nossos humores. Uma galeria interativa e imersiva especial foi montada em Nova York, dando aos visitantes uma oportunidade multissensorial de experimentar o poder invisível dos aromas, ler suas emoções de várias formas biométricas e compará-las no mapa geral do clima em tempo real de Nova York, que foi então exibido na galeria (mesmo mudando a cor de suas paredes) e ampliado por meio de várias plataformas sociais conectadas à experiência (RedazioneBrandNews, 2015).

Finalmente, há uma interpretação do termo que está lentamente ganhando proeminência e centralidade: uma diferença entre o consumo passivo de mensagens da marca por um consumidor, geralmente pelos canais tradicionais, e o estado de imersão intensificado provocado pela "realidade mista". Assim, o Conteúdo, mesmo quando feito de novas maneiras e em novos espaços como o YouTube, mesmo que sejam histórias em seu próprio direito, se não tiver os elementos de *reality-enhancement* de 360 graus, AR, VR e AI, constituiria "apenas" uma simples narrativa.

ESTUDO DE CASO: Lockheed Martin "Field Trip to Mars".

Uma experiência coletiva de VR muitas vezes mencionada como um grande exemplo de "storydoing" (UNREAL ENGINE, 2016). Um ônibus escolar nos Estados Unidos foi equipado com janelas especiais, vidros duplos que se transformam em uma tela. Durante o passeio que supunha ser apenas uma viagem escolar normal, a certa altura as janelas escureciam e em vez das cenas de rua familiares de Washington, DC, as crianças viam Marte! A experiência é potencializada pela renderização virtual de uma área de Marte coordenada com a planta regular de Washington, DC, para que quando o ônibus girasse na vida real, ele também girasse em Marte, combinando a velocidade do ônibus, os ângulos de giro e tudo mais que o tornasse real. É um dos melhores exemplos de "storydoing" de marca até agora, especialmente pela natureza imersiva coletiva da experiência; todos estavam juntos, experimentando-a comunitariamente, compartilhando a maravilha, em vez de ser através da separação casuística dos óculos VR.

A AR no momento é provavelmente o candidato mais forte para lançar a "*storydoing*" para as massas. Não apenas por causa da decisão dos grandes proprietários de plataformas, como a Apple ou o Google, de tornar a AR parte das funcionalidades "nativas" em seus dispositivos, reduzindo assim as barreiras, mas porque ela tem um grande número de casos de uso potencial genuinamente interessantes (MOREN, 2017; CRAGG, 2017).

Você se lembra da febre do Pokémon GO? Outro exemplo é o Google Expeditions, que mostra o potencial do "*storydoing*" para transformar a educação ou qualquer experiência de aprendizagem.

Omaid Hiwaizi, da Blippar, tem estado na linha de frente da revolução

AR há algum tempo e, conforme dito em sua entrevista conosco, ele é um grande apoiador da contribuição transformadora que a revolução AR pode trazer ao Conteúdo:

> Até o momento, a AR tem sido, em grande medida, um incentivo para as campanhas publicitárias, e essa é uma das razões pelas quais ainda não atingiu a capacidade de tração que poderia ter. No entanto, marcas e agências estão agora percebendo seu potencial e o poder de anexar Conteúdo a cada ponto de contato de marca e objeto sem marca no mundo e em cada local. É nessa altura que ele irá real e verdadeiramente concretizar seu valor, incluindo o valor social. Por exemplo, fornecer ajuda em locais, oportunidades para aprender línguas, encontrar um caminho em torno de complexidades em áreas nas quais a especialização não está imediatamente disponível, como a ajuda médica em países onde não há um médico – tudo isso poderia ser entregue com AR. Honestamente, penso que a AR que fornece conhecimento e experiência a toda a sociedade é uma ação muito maior do que fornecer uma ajuda notável no marketing de compras para as marcas. Para mim, esse é o caso de uso mais complicado para a AR.

Storyliving

É aqui que as linhas começam a se chocar. Como mencionado, "*storyliving*" é uma nova moeda que emerge do estudo etnográfico do Google News Lab, com algumas novas regras radicais para a construção de histórias (GOOGLE, 2017b).

A diferença entre "*storydoing*" e "*storyliving*" poderia ser percebida apenas como a semântica, mas duas coisas fazem deste último o candidato emocionalmente mais forte para ser aceito como o rótulo da nova abordagem do Conteúdo. Uma delas é a questão do assunto: "*storydoing*" implica mais em algo que uma *marca* faria na sua maneira de envolver os consumidores; a parte "living" sugere uma experiência mais forte, profunda, abrangente, o modo de vida das pessoas em que AR e VR têm um papel permanente, acima e além das mensagens de "campanha" ocorridas. Nesse caso, os casos de uso de Hiwaizi podem facilmente enquadrar-se dentro do espaço "living" também.

A "*storyliving*", uma vez que se torna onipresente, representará alguns desafios verdadeiramente gigantescos para marcas e marketing, bem como para a mídia em geral e para o espaço cultural. Como diz um dos slogans em "Humanizing VR", as marcas têm de passar da "criação de mensagens para a criação de significados".

O "fazer sentido" completo ganha vida com a forma como as nossas reações ao espaço físico à nossa volta irão mudar quando essa combinação inebriante de AR e VR, chamada de "realidade mista" [MR, do inglês *mixed reality*] se tornar onipresente (WIKIPÉDIA, 2017). Graeme Devine, diretor da divisão de Jogos do Magic Leap, tem uma maneira poderosa de pontuar o assunto em uma de suas palestras, descrevendo o mundo em que a presença física de qualquer coisa não é mais o determinante-chave da realidade: "apenas fótons, átomos não são mais necessários... É o mundo sem fronteiras" (GAMES FOR CHANGE, 2016a, 2016b).

Uma tela, infelizmente, ainda nos dá o mundo com fronteiras. Está nos limitando. Devine dá um bom exemplo dos piores aspectos do paradigma da tela atual, especialmente nos celulares: distraindo-nos e impedindo-nos de viver a vida real, bloqueando-nos de viver o momento. Pense, por exemplo, numa ida a um concerto. Milhares de mãos, segurando smartphones, gravando o show à frente — mas, na verdade, não estão assistindo ao show! Estou apenas fazendo uma lamentável reapreciação 2D dessa experiência. Isso não é "*storyliving*".

Nem a visão da realidade cotidiana é imaginada no curta-metragem de Keiichi Matsuda "*Hyper Reality*", um extravagante pesadelo holográfico de faixas de AR e ofertas promocionais que desorganizam nosso campo visual enquanto caminhamos pela rua (2016).

É o pior pesadelo de Devine tornado realidade, os primeiros dias da *World Wide Web* reproduzidos na vida real, gritando por um equivalente ao StreetView de um bloqueador de anúncios. Se, nas palavras de Devine, a reação das pessoas às promessas da MR não é "graças a Deus", estamos fazendo a coisa absolutamente errada. A indústria de marketing foi avisada.

O propósito nunca foi tão necessário como nos próximos anos.

Mika Tasich, um tecnólogo criativo de várias *hot-shops* digitais, também com experiência no Google, pontua de forma muito interessante em nossa entrevista sobre o que pode ser considerado "Conteúdo" no mundo do MR:

> É bastante provável que, nesse espaço, sua própria definição também se amplie, muito além dos filmes imersivos ou ambientes artificiais VR ou 3D totalmente renderizados. A maior parte pode não ser, de todo, Conteúdo "midiático". Com o MR, todo o espaço à nossa volta torna-se portador de Conteúdo, o mundo sem fronteiras de Graeme Devine. Talvez possamos escolher novos papéis de parede 3D nos nossos apartamentos, ornamentos digitais para as nossas lareiras ou paredes, ou assistentes virtuais incorporados que podem mudar de forma dependendo de como nos sentimos naquele dia, ou momento. Neste espaço, a IKEA, os estúdios de design gráfico e de interiores e a Swarovski podem também tornar-se jogadores com credibilidade. Poderíamos escolher protetores de tela para nossa vida e, sim, "bloqueadores de marca": qualquer logotipo, outdoor ou cartaz de abrigo de ônibus que não queiramos em nosso campo de visão, se assim o escolhermos, poderá ser substituído por fotos do meu cão, gato ou família.

É uma perspectiva aterrorizante para a indústria de anúncios de interrupção e, se soa como ficção científica, pense no "adblocalipse" atual do programático e por que o Google e várias outras empresas proeminentes investiram pesadamente no Magic Leap... Isso deve nos deixar sóbrios. Por outro lado, diz Tasich, há uma oportunidade para marcas e organizações melhorarem e abrilhantarem nossas vidas, fornecendo arquitetura virtual e móveis mapeados nos ambientes reais:

> Podemos, por exemplo, caminhar até o trabalho não por um subúrbio sombrio de Londres, mas por Westeros! E eu não tenho de enfiar a cara num celular, e ainda consigo ver as pessoas à minha volta. É o mesmo nos transportes públicos, podemos agora olhar uns para os outros e ver

uma versão melhor do mundo, se quisermos. Então, se eu venho para o trabalho revigorado e otimista por causa disso, em vez de triste e sem graça, a tecnologia está sendo o agente do otimismo. Além disso, podemos, muito provavelmente, já não precisar de muitos produtos físicos, coisas como relógios – televisões e celulares! –, qualquer coisa que funcione com nosso campo visual pode ser substituída por esse único dispositivo ótico eletrônico, alimentando o nosso ambiente com um design de produto infinito e escolhas de funcionalidade! Há muitos papéis para as marcas nesse mundo, com certeza, mas diferente do paradigma da publicidade atual e até mesmo do paradigma do produto físico.

O que Tasich descreve é o princípio da Utilidade Empática amplificado. Já podemos começar a praticar esse tipo de pensamento no nosso mundo cheio de fronteiras, porém de maneira mais tímida, enquanto esperamos pelo salto mágico...

Assistentes virtuais baseados em AI e ambientes de casas inteligentes

O desafio da relevância da marca aplica-se particularmente aos assistentes virtuais alimentados por AI, tais como Alexa, Siri e Google Assistant — os "amigos robôs" sem tela dos nossos tempos. Eles oferecem ainda outro tipo de imersão, mais como ter um companheiro conosco do que fugir do mundo real. Os dados de uso já mostram fortes tendências, já que cerca de vinte por cento de todas as buscas do Google em dispositivos móveis e Android nos Estados Unidos — de acordo com os próprios dados do Google em 2016 — vieram por voz (STERLING, 2016). A voz chegou e está à procura dos seus casos de uso físico.

Provavelmente um dos maiores nesse âmbito será o que Simon Gosling, um futurista da Unruly, chamou em nossa entrevista de "Era do Ambiente":

Conectado e codificado, será a mais poderosa tela de publicidade e marketing que já vimos! É totalmente imersiva, é familiar e tem um limiar de mudança de comportamento muito baixo, as pessoas não precisam aprender novos tipos de comportamento nem passar pelo processo de disparar um conjunto de VR, como atualmente, para experimentar os benefícios. Eles apenas fariam o que já precisavam fazer, mas mais fácil e mais barato. Uma vez que a casa do futuro, na década de 1950, tinha tudo a ver com a redução da quantidade de mão de obra, a nossa casa do futuro tem tudo a ver com assistência inteligente. Só que é maior do que apenas a nossa casa, pois se aplica ao nosso carro e outros espaços que tocamos no mundo universalmente conectado da internet das coisas (IoT). A Era do Ambiente conecta toda a nossa "vida" em um sistema central e é ativada pela voz em ambas as direções.

A "Presença" torna-se a coisa mais importante, especialmente para as marcas. Como MR poderia ser considerado parte da Era Ambiente, os "hologramas" que fazem parte de nossas vidas também terão que merecer sua presença, é o marketing hipercontextual da mais alta ordem. Dizendo isso, ainda pode ser o caso da abordagem de "opt-in" tal como a conhecemos: podemos ainda ser capazes de entrar nos modos "Ofertas On" ou "Ofertas Off", dando às marcas a oportunidade de nos enviarem mensagens contextuais por um minuto. Poupar dinheiro e tempo continua a ser a principal razão invocada pelos consumidores para considerar essas tecnologias. Porém, ele também poderia nos dar um valor agregado em uma nova descoberta relevante; o Descoberta da Semana do Spotify é um grande exemplo de aprendizado de máquina aplicado: "Eu comecei com a música que ouvia regularmente, e mudei para um conjunto completamente novo e diferente daqueles artistas nos gêneros e astrais que eu costumo ouvir, que eu gosto, baseado nos dados sobre o que eu escuto. O sistema começou a 'me entender'."

Contudo, como dissemos antes, otimizar o marketing para um assistente inteligente é um jogo completamente diferente, e ainda desconhecido. As regras ainda não estão definidas, quanto mais praticadas. As marcas podem criar "habilidades" — "aplicativos" de assistentes de voz — para o Alexa, mas isso é apenas reproduzir o que aconteceu em telefones celulares. A forma como a incorporação de mensagens na mídia em geral funcionará no mundo do RM é nossa para ser descoberta. Isso pode até levar a uma mudança nas disciplinas, por exemplo, da gestão de relacionamento com o cliente (CRM) para a gestão de relacionamento com o produto (PRM). Se o produto é a gente, faz sentido. O que parece determinado, porém, é que uma outra era, ainda além da era do "ambiente", está chegando no comportamento do usuário, publicidade e nos canais e formatos de Contéudo: Richard Saul Wurman's "The Age of Also" (KOLAWOLE, 2011).

Alguns desafios de Conteúdo possíveis com os novos espaços afetivos

Seria insensato supor que esse novo paradigma chegará sem desafios além da complexidade tecnológica e da antiga memória muscular da indústria. Eles se manifestarão tanto na introdução quanto nos efeitos a longo prazo dos novos espaços afetivos sobre as pessoas, as empresas e a sociedade.

Provavelmente, o primeiro que vem à mente é como evitar o efeito "Sam Lundwall/Hiper-Realidade" que tem atormentado a web atualmente: como proteger os novos espaços de serem estragados com o pensamento bruto de "push" que irá até mesmo trivializá-lo e virar as pessoas contra ele? Pode ser que a palavra "proteger" não seja necessária aqui, pois qualquer esforço diletante para tentar forçar e manter o usuário dentro do campo da realidade mista provavelmente será imediatamente rejeitado. Os espaços da "Era do Ambiente" são ainda mais "binários" do que, digamos, o cinema; ou terão empatia, ou não.

Omaid Hiwaizi concorda:

> A AR, por exemplo, é um enorme desafio para as marcas se a tratarmos como uma camada literal em tudo o que vemos, e as pessoas têm zero apetite para "push" nesse ambiente. Está em seus olhos, está em sua linha de visão, você quer apenas arrancar os óculos e jogá-los fora se eles forem invadidos por anúncios grosseiros. Se essa situação acontecer, e eu acho que vai acontecer, as marcas só serão capazes de ser bem-sucedidas se atuarem como grandes Conteúdos, encontrando os lugares nas jornadas da vida das pessoas em que serão acolhidas. Então, trabalhe com quem quer que esteja fornecendo redes de Conteúdo para que suas coisas apareçam na internet mais ampla, não apenas em seus pontos de contato.

Além da crueza, a realidade mista introduz um novo conjunto de preocupações para os indivíduos e para as marcas.

Um deles é o isolamento individual potencial introduzido pelos fones de ouvido VR — pelo menos até que sejam substituídos pelos dispositivos mais avançados em forma de óculos em que a Magic Leap está trabalhando. O que fazer quando as pessoas se tornam ainda mais fortemente separadas de sua vida real, se preferem os mundos VR? Quantas marcas gostariam de estar associadas a ele?

Outra é a potencial exaustão emocional de tantas experiências intensas e imersivas que o "*storyliving*" tornará realidade. Como é que as escolas, os locais de trabalho e as nossas relações sofrerão por causa disso? Vamos criar uma nova geração de zumbis de Conteúdo?

Relacionado a isso, e já mencionado na pesquisa do Google, como levaremos em conta a maior vulnerabilidade dos usuários na construção de uma experiência de marca, devido aos efeitos do "cérebro do iniciante" e do "conhecimento incorporado"? Vários cenários "Black Mirror" parecem cada vez mais plausíveis...

Depois há a questão do vício que exploramos em nosso capítulo sobre a ética do Conteúdo (Capítulo 11). A questão está ganhando uma tração séria na sociedade e a MR irá apenas despejar gasolina no fogo. Omaid Hiwaizi reconhece o desafio, embora de forma mais equilibrada:

> Acho que não precisamos olhar para o futuro para responder a essa pergunta. VR não é novo, ela existe há muito tempo — o maior caso de uso de VR até agora foi o Second Life, com dezenas de milhões de usuários, com casamentos, escândalos e negócios baseados nele... Muitas pessoas ficaram viciadas nisso. A psicologia de algumas pessoas irá levá-las a preferir a existência em VR mais do que em "R". Com a "realidade mista", que considero como AR com melhores efeitos visuais, continua a ser uma camada do que realmente se passa à sua volta. Pensando em fones de ouvido como uma forma de vestir, qual é o perfil ou as funcionalidades dele que

se estaria disposto a usar o tempo todo ou a maior parte do tempo? Claramente terá de parecer um conjunto de espetáculos, com uma projeção holográfica, que se pode encomendar a um optometrista local, como um desenvolvimento futuro. Não estaremos totalmente separados do mundo.

Um grande desafio é o modelo de negócio: se os usuários começarem a ficar imersos em uma determinada marca ou espaço de publicação por mais tempo, eles inevitavelmente consumirão menos Conteúdo horizontal; outras histórias contextuais, *clickbait* e fluxos de receita baseados no número de visualizações de páginas vão, potencialmente, desaparecer. Isso exigirá novos modelos de negócio — emprestados das indústrias do jogo, de publicações, do entretenimento, do comércio eletrônico e da consultoria —, mas a indústria não está habituada a isso atualmente.

Dado o quão imersivo é o novo espaço e o quão adaptáveis são as pessoas, será que vamos ver uma escalada incessante das intensidades emocionais para manter a atenção e o engajamento? Será que o espaço se tornará extremo demais a certa altura? Sam Gregory da Harvard University descreve o cenário em que "deixar os espectadores caírem em uma experiência violenta que é muito chocante ou horrível pode aliená-los e fazê-los não quererem voltar ou se envolver. Ou, se as pessoas não tiverem uma maneira de agir e ajudar depois de verem a situação de outra pessoa, então a realidade virtual pode acabar por ser apenas mais uma forma de turismo da pobreza. É uma imersão confusa para a empatia" (GREENWALD, 2017).

Um desafio interessante e potencialmente benéfico para toda a indústria é a questão de saber se as marcas mais racionais e orientadas para o produto sofrerão nesse espaço. Será que o "*storyliving*" no espaço da realidade mista os obrigará a encontrar formas mais criativas de mostrar (e não apenas de falar sobre isso) por que merecem existir? Será que a categoria dos produtos de grande consumo sofrerá subitamente um tsunami de propósito, para além da água gaseificada, barras de chocolate e fofura de imagens de batatas fritas?

Finalmente, os novos espaços imersivos, ambientais e empáticos irão produzir, recolher e analisar quantidades ainda mais vastas de dados para criar essa "presença" merecida no nosso novo e excitante mundo sem margens. O potencial de utilização indevida desses dados está também aumentando exponencialmente. A forma como seremos afetados — e protegidos — no futuro dos meios de comunicação está subitamente atingindo outra dimensão, ainda mais sinistra.

Referências

AListDaily. Eric Solomon — Hypertelling Keynote [On-line]. 2014. Disponível em: youtu.be/vnABfK1LWIc. Acesso em: 30 dez. 2017.

Berkowitz, J. You Are There: Google and TBWA On How VR Will Change Storytelling. Nova York: *Fast Company*, 24 de outubro de 2017 [On-line]. Disponível em: fastcompany.com/40483203/you-are-there-google-and-tbwa-on-how-vr-will-change-storytelling. Acesso em: 30 dez. 2017.

co:collective. Storydoing: Idea [On-line]. 2014. Disponível em: storydoing.com/#idea. Acesso em: 30 dez. 2017.

Cragg, O. Google Will Bring AR Apps to 'Hundreds of Millions' of Android Devices in 2018. *Android Authority*, 9 de setembro de 2017 [On-line]. Disponível em: androidauthority.com/google-ar-apps-android-arcore-813595/. Acesso em: 30 dez. 2017.

Dean, B. We Analyzed 1 Million Google Search Results. Here's What We Learned about SEO. *Backlinko*, 2 de setembro de 2016 [On-line]. Disponível em: backlinko.com/search-engine-ranking. Acesso em: 30 dez. 2017

Games for Change. Keynote - Into the Future, with Magic Leap's Graeme Devine [On-line]. 2016a. Disponível em: youtu.be/_x_VpAjim6g. Acesso em: 30 dez. 2017.

Games for Change. Keynote — Into The Future: A World Without Edges with Graeme Devine [On-line]. 2016b. Disponível em: youtu.be/QVFkPEqQX-0. Acesso em: 30 dez. 2017.

Google. This Exquisite Forest: Introduction [On-line]. 2012.

Disponível em: youtu.be/nnhJ1841K-8. Acesso em: 30 dez. 2017

Google. Storyliving: An Ethnographic Study of How Audiences Experience VR and What That Means for Journalists [On-line]. 2017a. Disponível em: newslab.withgoogle.com/assets/docs/storyliving-a-study-of-vr-in-journalism.pdf. Acesso em: 30 dez. 2017.

Google. Humanizing VR and quick Takeaways for Marketers [On-line]. 2017b. Disponível em: inventours.com/wp-content/uploads/2017/07/Humanizing-VR.pdf. Acesso em: 30 dez. 2017.

Greenwald, M. Storytelling To VR 'Storyliving': Future Marketing Communications. Nova York: *Forbes*, 31 de julho de 2017 [On-line]. Disponível em: forbes.com/sites/michellegreenwald/2017/07/31/from-storytelling-to-vr- storyliving-future-marketing-communications/. Acesso em: 30 dez. 2017.

Ivyrevel. Coded Couture By Ivyrevel — Introducing the Data_Dress [On-line] Disponível em: youtu.be/PUlF3rW8flU. Acesso em: 30 dez. 2017.

Kolawole, E. Richard Saul Wurman e Living in a World of 'Also'. Washington, DC: *The Washington Post*, 30 de setembro de 2011 [On-line]. washingtonpost.com/national/on-inovations/richard-saul-wurman-and-living-in-a-world-of-also/2011/09/14/gIQA37wx7K_story.html. Acesso em: 30 dez. 2017.

Matsuda, K. *Hyper-Reality* [On-line]. 2016. Disponível em: youtu.be/YJg02ivYzSs. Acesso em: 30 dez. 2017.

McQuivey, J. (2017) The End of Advertising, the Beginning of Relationships (Blog). *James McQuivey's* Blog: *Forrester*, 2 de maio de 2017 [On-line]. Disponível em: blogs.forrester.com/james_mcquivey/17-05-02-the_end_of_advertising_the_the_inicio_of_relationships. Acesso em: 15 maio 2017.

Montague, T. *True Story*: How to combine story and action to transform your business, Boston, MA: Harvard Business Review Press, 2013.

Moren, D. Analyzing Apple's Next Moves OPINION Apple: Betting Big on AR. São Francisco: *Macworld*, 10 de novembro de 2017 [On-line]. Disponível em: macworld.com/article/3236717/iphone-ipad/apple-betting-big-on-ar.html. Acesso em: 30 dez. 2017.

RedazioneBrandNews. Glade — Museum Of Feelings Case Study [On-line]. 2015. Disponível em: youtu.be/t6_TllTf7-A. Acesso em: 30 dez. 2017.

Ryan, R. . Forget Storytelling, Try Storydoing. There's a Difference between Living Your Brand's Story and Simply Talking about It. Here's How to Distinguish the Two. *Inc*, 27 de agosto de 2014 [On-line]. Disponível em: inc.com/rosemarie-ryan/forget-storytelling-try-storydoing.html. Acesso em: 30 dez. 2017.

Sherwood, I.-H. How Long? 2–3 Minutes Forget Storytelling. 'Hypertelling' Is the Future, Says Google Zoo Founder, *Campaign*, 25 de maio de 2016 [On-line]. Disponível: campaignlive.co.uk/article/forget-storytellinghypertelling-future-says-google-zoo-founder/1396454. Acesso em: 30 dez. 2017.

Stanford Alumni. Jeremy Bailenson, 'Infinite Reality: The Dawn of the Virtual Revolution' [On-line]. 2014. Disponível em: youtu.be/1jb-wxR8bCb4. Acesso em: 30 dez. 2017.

Sterling, G. (2016) []Google Says 20 Percent Of Mobile Queries Are Voice Searches Voice Search Growing as Virtual Assistant Market Heats Up. *Search Engine Land*, 18 de maio de 2016 [On-line]. Disponível em: searchengineland.com/google-reveals-20-percent-queries-voice-queries-249917. Acesso em: 30 dez. 2017.

TED. Chris Milk: How Virtual Reality Can Create the Ultimate Empathy Machine [On-line]. 2015. Disponível em: ted.com/talks/chris_milk_how_virtual_reality_can_create_the_ultimate_empathy_machine. Acesso em: 30 dez. 2017.

Unreal Engine. Field Trip to Mars: Framestore's Shared VR Experience | Project Highlight | Unreal Engine [On-line]. 2016. Disponível em: youtu.be/e0XNlsXNlsXnKp0. Acesso em: 30 dez. 2017.

Vallance, C. Storytelling Is Dead. Long Live Story Doing. Londres: *Campaign*, 22 de agosto de 2016 [On-line]. Disponível em: campaignlive.co.uk/article/storytelling-dead-long-live-story-doing/1405760. Acesso em: 30 dez. 2017.

Wikipédia. *Mixed Reality* [On-line]. 2017. Disponível em: wikipedia.

org/wiki/Mixed_reality. Acesso em: 30 dez. 2017.

Within. Clouds Over Sidra [On-line]. 2016. Disponível em: youtu.be/mUosdCQsMkM. Acesso em: 30 dez. 2017.

PARTE QUATRO

Como medir e avaliar o content marketing

09. Métricas-chave: indicadores relacionados ao content marketing

O Conteúdo funciona. O Conteúdo não funciona. Às vezes funciona, outras vezes, não.

Todos estes são tropos conhecidos e que ouvimos diariamente. Tal como acontece com muitos outros debates na nossa indústria, ambos os lados raramente estão completamente certos ou completamente errados.

A lógica básica de qualquer atividade de Conteúdo é que há *algo* que foi criado e colocado *em algum lugar* para consumo público, idealmente com alguns *objetivos* específicos relacionados ao negócio. Como tal, *pode, deve* e, se quisermos prosseguir com a responsabilização até o fim, *deve* ser mensurado. Nesse sentido, o Conteúdo não é diferente de qualquer outro negócio e atividade de mercado.

Por que a confusão, então? Em nossa experiência, parte da resposta está na amplitude de casos e expressões de uso estratégico, midiático, criativo e produtivo que o Conteúdo desencadeou na indústria. É um espaço de reflexão muito mais "líquido", que se reflete nos debates de avaliação. Outra razão é a memória muscular da indústria: o Conteúdo não tem seu(s) formato(s) arquetípico(s) com um conjunto solidificado de métricas usuais anexadas a ele. Requer uma avaliação contextual constante. Mas existem outras questões internas estruturais e simplesmente perguntas erradas sobre o papel do Conteúdo nas atividades de marketing.

Este capítulo descreve alguns dos principais debates sobre a avaliação de Conteúdo em seu sentido mais amplo.

Principais desafios estratégicos

A mensuração começa com as perguntas certas

Como Scott Donaton, da Digitas, apontou no Capítulo 6, é errado perguntar "no que o Conteúdo é melhor", pois ele pode superar a publicidade on-line tradicional em toda a jornada do cliente. É mais útil determinar primeiro:

> O que você está tentando realizar e uma vez que você tenha estabelecido o KPI, então ele mudará o tipo de Conteúdo que você cria e a forma como você o distribui.

Em outras palavras, a estratégia vem em primeiro lugar e, com ela, um conjunto de objetivos estratégicos e métricas. Devemos sempre tentar medir os fatores de sucesso para a nossa estratégia específica. Joe Pulizzi do Content Marketing Institute o chama de "ROO: return on objectives" [retorno sobre os objetivos, em tradução livre] (2012). Eles podem, e irão, variar ao longo da jornada do cliente e vários pontos de contato e estados de necessidade.

Joe Lazauskas, da Contently, resumindo sua experiência de trabalho em uma grande carteira de clientes, destaca várias razões que contribuem para que o Conteúdo, muitas vezes, não seja bem medido:

Muitas pessoas se lançaram no Conteúdo sem pensar em como ele se relaciona com seus objetivos maiores de negócios. Estavam produzindo Conteúdo por causa disso, porque era aquela coisa boa que pensavam que deveriam fazer sem pensar sobre o problema de negócios de que ele se tratava. Sem ele, torna-se impossível medir a sua eficácia porque tudo o que você está fazendo é pegar métricas arbitrárias que não significam muito para os CEOs. Acredito que venha daí essa noção de que o Conteúdo não é mensurável. Se você tem os casos de negócios para usá-lo, é realmente bastante fácil provar o impacto que o Conteúdo teve. Não há nada inerente ao Conteúdo que o torne mais difícil de medir.

A integração é outro grande fator: em muitas empresas o Conteúdo é desenvolvido como uma operação compartimentada, não integrado na estratégia de marketing global, pois é visto como essa coisa "outra" mágica que é apenas posta de lado com o orçamento experimental. Existe esse pensamento mágico de que o Conteúdo é, de alguma forma, apenas suposto de funcionar! Você faz isso e as pessoas de alguma forma chegam lá. Nenhuma promoção, nenhum empurrão, nenhum esforço de descoberta. Não é assim que funciona. Você tem que comercializá-lo em todos os seus canais relevantes. Eu acho que estamos vendo essa mudança para a visão mais estratégica de Conteúdo nestes dias, particularmente entre as empresas líderes de mercado, não isoladamente, mas integradas nas funções gerais de marketing. É para lá que a indústria se dirige agora. O Conteúdo está se tornando uma parte fundamental de todas as comunicações da marca.

Pensamento mágico de Conteúdo

Esse pensamento mágico sobre o poder do Conteúdo influencia as expectativas do seu potencial sucesso como produto cultural "mimético". Pelo que observamos, ele cria um ciclo muito peculiar de superexcitação e expectativas inflacionadas no início, seguidas de decepção e confusão. Acreditamos que se trata de um remanescente de outro fenômeno inicial da web, o "marketing viral", com o pressuposto de que as marcas podem subitamente replicar sucessos maciços de vários fenômenos de Conteúdo sem marca da web; que apenas ter uma grande ideia é suficiente para ser amplamente difundido. Às vezes é, mas muito, muito raramente. A compra de um bilhete de loteria é a pré-seleção de um possível ganho, mas quantas vezes isso realmente acontece? O mesmo acontece com grandes ideias criativas de marca.

É uma aposta de mesa para o sucesso, mas as probabilidades estão contra ela. Para começar, eles não são tão fáceis de criar, mesmo pelas melhores agências; ainda mais importante, o ruído no espaço midiático moderno é tamanho que mesmo uma ideia organicamente forte não terá um longo ciclo de compartilhamento. A "curva de difusão social" da Unruly, baseada na velocidade de compartilhamento social dos cem vídeos de marca *mais compartilhados* globalmente em 2013 e 2014, mostra que a "janela viral", definida como 65 por cento de todas as ações que o Conteúdo recebeu, acontece no fim da semana de lançamento (WATERHOUSE, 2014).

A indústria necessita desesperadamente de uma correção da "miopia viral". Um *post* robusto do Gartner L2 sobre o mito do vídeo viral (ROSEN, 2015) e muitos nomes proeminentes da indústria que entrevistamos para o livro concordam com nossa experiência pessoal de que a maioria das visualizações que uma boa peça de branded content receberá em sua vida terá que ser paga — especialmente se for destinada ao início da jornada do cliente, tentando gerar reconhecimento e rumor da marca, resultando em um grande número de visualizações. Mesmo para os mais emblemáticos, do calibre de "#LikeAGirl", de Always, ou de "Real Beauty Sketches", de Dove, essa proporção raramente é inferior a 50:50, ou metade dela será paga e outra metade será espontânea (e é reportada para "Real Beauty Sketches" na peça da Gartner L2 como acima de 75% paga).

Para apenas os "bons", essa relação é geralmente mais próxima de 70:30 ou 80:20 pagos/espontâneos, como regra geral. Uma estimativa não corroborada oficialmente para a relação mídia paga/espontânea em todo o espectro de Conteúdo da marca, em uma plataforma global como o YouTube, chega a 90:10. Assim, o Conteúdo tem de ser promovido, reconhecidamente de forma inteligente e dinâmica, dependendo da força orgânica da ideia criativa, e o gasto promocional adicional tem de ser planejado com antecedência e deve contribuir para o cálculo geral do ROI e da gestão de expectativas.

O quebra-cabeça da integração interna

Joe Lazauskas sinaliza outra camada de suposições que muitas vezes são perdidas quando se pensa em avaliar o Conteúdo, desta vez relacionadas com as considerações internas operacionais e orientadas por processos:

> Uma operação centralizada de Conteúdo, apoiada por tecnologia apropriada, permite que uma empresa organize, apareça e otimize o Conteúdo, bem como ainda tenha uma forte estratégia de Conteúdo, que possa utilizá-lo em todas as funções, mercados e até mesmo no mundo todo. Essa é outra maneira de ver o ROI de que as pessoas normalmente não falam, uma área oculta do ROI: os custos de produção conjunta, a economia de tempo necessária para concebê-lo porque foi feito em um fluxo de trabalho unificado, economia com a reutilização do Conteúdo e, por fim, economia de dinheiro com a obtenção de 95 por cento, em vez de 25 por cento, do seu Conteúdo utilizável.

Este é um dos pontos mais importantes a serem feitos quando o Conteúdo é evidenciado no benchmarking contra outras partes do *mix* de comunicações de marketing. No momento, por todas as razões mencionadas, muitas organizações estão desperdiçando dinheiro — mesmo antes de enviar um único Conteúdo! O maior problema com a eficácia do Conteúdo é interno, não externo; no ponto de origem, não na entrega. Esse fato foi salientado de forma bastante forte numa pesquisa frequentemente citada pela consultoria B2B Sirius Decisions.

Conforme relatado em um *post* do Blog Contently, 65 por cento do Conteúdo nunca se torna público porque é inutilizável (37 por cento) ou internamente impossível de encontrar (28 por cento). A Sirius Decisions relata que as organizações B2B empresariais gastam aproximadamente o dobro do que pensam que gastam em Conteúdo. Não é admirável, pois a mesma pesquisa assinala um fato preocupante de que 75 por cento das equipes de marketing neste espaço não têm uma abordagem formalizada ao ecossistema de Conteúdo (BAKER, 2017).

O tsunami* "martech" *— explosão das plataformas de integração e avaliação

O marketing moderno, para desgosto do lado criativo da indústria, está se tornando rapidamente "plataforma": a tecnologia de marketing ("*martech*") está se tornando o motor da indústria, em uma miríade de maneiras diferentes. O número de empresas de software que fornecem algum tipo de solução de marketing está explodindo, como evidenciado no complexo "Marketing Technology Landscape Supergraphic" criado por Scott Brinker da Chiefmartec.com (2017a): ele tem cinco mil logotipos! Algumas estimativas indicam que até 2027 poderemos ver em torno de um milhão de empresas de software fornecendo soluções de marketing (BRINKER, 2017b)! A indústria está, sem dúvida, mudando para além do reconhecimento e estes novos "sistemas de entrega" brilhantes estão, aparentemente, contribuindo para o "aterro digital" de Conteúdos que tanto incomoda Dave Trott (ver Capítulo 10).

É a consequência de várias tendências. A digitalização do mundo ampliou o escopo do marketing como o conhecemos. Confundiu os limites, como mencionamos em outra parte do livro, entre o produto em si, o local de venda, as comunicações e o serviço ao cliente. Em outras palavras, a Experiência (idealmente com um "E" maiúsculo) torna-se fundamental e, assim, precisamos de um cliente melhor (e melhor unificado e responsável) e de informações comerciais, pois nossas ações irão se espalhar por toda a jornada do cliente. Para complicar ainda mais, partes dessa jornada também ficarão off-line. A questão do contexto, como explorada no Capítulo 6, paira sobre todos os profissionais de marketing, isso sem mencionar que esse novo universo de marketing funciona com dados, trazendo os desafios dos 5Vs do Big Data, como vimos no Capítulo 7. Só a tecnologia pode fornecer a solução para isso.

Ser capaz de oferecer uma Utilidade Empática forte em todos os pontos de contato principais é o novo campo de batalha. Essa é também a razão para outras tendências mencionadas no livro, em particular a mudança dos orçamentos para modos de marketing mais mensuráveis, a entrada de consultoras a jusante para competir pela parte dos gastos em marketing de marca, a compra de publicidade e até mesmo serviços criativos diretamente de grandes plataformas, ou a criação interna dessas capacidades. O tsunami *martech* é também uma das razões para a proliferação das métricas de mensuração e — como explorado a seguir com o Conteúdo em mente — para a criação de algumas novas métricas.

Medir as coisas certas: avaliação de "cenários"

Estes são grandes "níveis" conceituais, ou conjuntos de óticas que uma organização poderia aplicar para analisar o papel do Conteúdo e, posteriormente, medir. Eles muitas vezes se situam acima dos quadros de avaliação específicos e conjuntos de métricas e devem fornecer a resposta para a pergunta "por quê?": por que implementar Conteúdo em primeiro lugar?

Medindo os efeitos em toda a jornada do cliente

Este é provavelmente o "cenário" conceitual mais comum para definir estruturas de avaliação não apenas para Conteúdo, mas para toda a atividade de marketing. Como explicado em pormenores no Capítulo 6, o papel dos Conteúdos em todo o espectro da jornada pode ser múltiplo. Devido à sua flexibilidade e capacidade de trabalhar em todo o espectro da Utilidade Empática, a avaliação de Conteúdo deve ser orientada por objetivos contextualmente específicos, para citar Joe Pulizzi novamente.

Essa é a tela de avaliação mais ampla e apresenta desafios significativos para a unificação estratégica entre diferentes funções organizacionais. É complicado o suficiente para fazer com que vários depósitos de comunicação trabalhem juntos, ainda mais difícil em várias disciplinas. Embora métricas individuais não sejam difíceis de definir em relação a objetivos específicos, a criação de tecnologia, rastreamento, atribuição e relatórios entre diferentes funções ainda é um desafio de gerenciamento formidável.

Quando a nossa máquina de lavar roupa para de funcionar, não queremos Conteúdo de marketing, queremos ter esse problema resolvido. Isso pode incluir uma solução de Conteúdo: um utilitário de diagnóstico (ainda melhor se for empático) para nos dizer se nossa máquina de lavar roupa não tem mais conserto, ou um agente, ou um *chatbot*, ou algum tipo de árvore de decisão para resolver se o problema é solucionável por nós mesmos, ou por alguém, a um custo inferior ao de comprar um novo. Isso porque, se não obtivermos essa Utilidade Empática, não compraremos outro produto desse fornecedor, independentemente de quão bem ele mensura o seu Conteúdo.

Mensurando efeitos de curto e longo prazo

Uma das análises mais influentes do impacto das comunicações de marketing sobre os efeitos a longo e curto prazo na construção de uma marca e na obtenção do sucesso empresarial são os estudos de Les Binet e Peter Field para o Institute of Practitioners in Advertising (IPA) do Reino Unido. Têm por base a Base de Dados dos Effectiveness Awards do IPA — grandes campanhas criativas com um impacto comprovado no negócio. Há uma década, ela tem influenciado como clientes e agências — profundamente divididos ao longo da visão de mundo binária de "emocional" e "racional" explorada no Capítulo 4 — examinam seus orçamentos e priorizam as misturas de canais de mídia. A sua mais recente iteração, "Media in focus — effectiveness marketing in the digital era" (IPA, 2017), traz a confirmação dos princípios já comprovados, e algumas surpresas.

Por exemplo, estratégias de comunicação de longo prazo, geralmente baseadas em ressonância emocional, são mais de dez vezes mais propensas a gerar crescimento de *market share*. Da mesma forma, aconselham as marcas a se concentrarem no crescimento do lucro *versus* retorno do investimento em marketing (ROMI), ou seja, menos na eficiência do orçamento e mais no impacto. Para isso, aconselham a divisão do orçamento a longo prazo na razão de 60:40 entre os esforços de construção da marca e de ativação. Surpreendentemente para alguns, eles demonstram que as campanhas de grande alcance ainda são a melhor maneira de impulsionar a participação de mercado, que por sua vez é um fator-chave de lucro, bem como a TV ainda é o meio mais eficaz, e continua se tornando mais eficaz, em parte devido às sinergias com o vídeo on-line.

O trabalho da Binet e da Field ainda é o padrão da indústria que não pode ser perdido em nenhuma análise séria dos efeitos das comunicações de marketing, incluindo Conteúdo. No entanto, a desvantagem potencial é que a comunicação e a publicidade deixam uma questão em aberto: podemos aplicar os mesmos princípios a outras áreas do marketing, como as experiências? Essa peça de análise robusta ficará no mundo imersivo da RM, agentes inteligentes, IoT e Ambient Home?

Medir as capacidades de "storydoing"/"storyliving" da organização

Como vimos no capítulo anterior, a natureza do que chamamos de "narrativa" vai se transformar com a chegada das plataformas midiáticas mais imersivas, centradas em "experiência", em vez de "mensagem". Isso exigiria uma mistura incomum de abordagens de avaliação externa e interna que suportam vários conceitos — tais como economia da experiência, "retorno sobre a experiência" ou a Utilidade Empática híbrida que discutimos em outra parte do livro. Isso toca em vários critérios que o consultor Ty Montague chama de "*storydoing*", como mencionado no Capítulo 8 (MONTAGUE, 2013). Esse é um território virgem para a maioria das marcas, mas Montague dá seis pontos de reflexão úteis para definir "*storydoing*" e formas potenciais de o mensurar:

1. Tem uma história?
2. Define uma ambição para além da aspiração comercial?
3. É compreendida e cuidada por toda a empresa?
4. É usado para impulsionar a ação em toda a empresa?
5. Já definiu algumas ações transformadoras icônicas em que se pode concentrar?
6. As pessoas de fora da empresa estão se envolvendo e participando da história?

Resta ver nos próximos anos de que forma as novas regras de construção de mundos imersivos de marcas vão se correlacionar com o sucesso do negócio, interna e externamente — e como elas serão mensuradas...

Medir bem as coisas: debates sobre métricas-chave

Na nossa experiência, as organizações medem sempre três coisas essenciais nas comunicações de mercado: emoções, comportamentos e finanças. No entanto, há uma miríade de formas de embalar estes produtos em várias telas e molduras — obras que podem ser úteis para várias partes interessadas na empresa, para vários fins. Essas são as perguntas "O quê?" e "Como?": o que exatamente medir para um "cenário" e um objetivo específicos, e como rastreá-lo e compará-lo. Essas medidas são uma mistura de métricas antigas e novas, métricas que têm sido utilizadas há décadas na publicidade e algumas novas que refletem a natureza híbrida do espaço de Conteúdos e vários formatos e objetivos que podem ser abordados.

Como mencionado, a habilidade-chave aqui é escolher e configurar métricas que nos permitam mensurar metas específicas que estamos tentando alcançar, em vez de mensurar apenas o que é fácil ou simples de mensurar. Isso realmente tem um impacto muito forte sobre a análise implementada para fornecer avaliação, rastreamento, funções e responsabilidades interdepartamentais e mecanismo para que isso aconteça. Essa é uma das razões pelas quais muitas empresas ainda optam pelo caminho mais fácil.

Há várias métricas em que vale a pena gastar mais tempo, pois elas iluminam várias facetas do espectro de avaliação de Conteúdo.

Resultados da marca

Um dos gráficos mais discutidos sobre Conteúdo nos últimos anos foi a "curva de difusão social" de Unruly, que utilizou a métrica do compartilhamento de um vídeo, neste caso baseado nos cem vídeos de marca mais compartilhados globalmente, para avaliar a força de sua qualidade viral. No entanto, a razão para não ter atualizações do gráfico foi resumida em nossa entrevista com Ian Forrester, da Unruly:

Compartilhar é apenas um subproduto de um vídeo realmente forte. Há outros, como *brand recall* [reconhecimento de marca], intenção de compra, intenção de discutir, tendência de descobrir mais ou de assistir a um novo vídeo. Vimos uma mudança no sentido de medir a marca-chave de KPIs para que os clientes possam comparar gostos. Além disso, o que vimos em nossa pesquisa foi uma forte correlação entre o poder emocional do vídeo e os resultados da marca, que, então, correlacionam-se com os resultados do negócio, logo tendemos a nos concentrar nesses resultados.

E os "olhos"? As opiniões devem ser uma métrica importante? Não de acordo com Jonah Peretti, fundador do BuzzFeed: "A principal coisa que procuramos com notícias é o impacto, não o tráfego" (MARTINSON, 2015). Matthew Barby da HubSpot, , no seu artigo de alto impacto em seu blog sobre o Moz, concorda (2016):

> Só porque você conseguiu obter mais olhares para o seu Conteúdo não significa que ele tenha realmente alcançado alguma coisa. Se fosse esse o caso, eu pegaria em algumas centenas de dólares e toda vez compraria tráfego do StumbleUpon.

Métricas do funil de vendas

Uma das piadas em andamento na indústria é o conjunto de acrônimos para avaliar diferentes partes do funil de jornada do cliente. Parecem engraçados, mas na verdade poupam tempo aos profissionais e vão sob o apelido de TOFU, MOFU e BOFU, cada um focado numa parte específica "do funil" (OFU): topo, meio e fundo.

Essas abordagens refletem estruturas usadas por muitas organizações para medir os efeitos de suas atividades de comunicação em toda tela da jornada do cliente. Tanto que, na verdade, são muitas vezes considerados como os meios de medir as comunicações de marketing, especialmente do lado do cliente e da agência. Faz sentido, já que Conteúdo no contexto do marketing geralmente significa conduzir vários indicadores de marca e negócios, algum tipo de ação, não apenas agregar "olhos" para que possam ser vendidos aos anunciantes, como seria o caso com uma editora.

Um exemplo disso, na área de Conteúdo e com leve inclinação B2B, é proposto pelo Content marketing Institute (CMI) e utiliza quatro "*buckets*" de métricas (LINN, 2012):

1. **Consumo** (visualizações, downloads e similares, indicando como os usuários consomem nosso Conteúdo).
2. **Compartilhamento/engajamento** (todas as ações que indicam maior envolvimento com o Conteúdo, como gostos, comentários, compartilhamentos, encaminhamento de e-mails ou geração de links de entrada).
3. **Geração de leads** (um amplo *bucket* contendo tudo, desde downloads e várias assinaturas, até pedidos de folhetos, consultas, testes, *test-drive* de reservas e similares).
4. **Vendas** (on-line e off-line, se puder ser atribuído).

Testar o impacto emocional

Como mencionado no Capítulo 6, várias organizações tentam reduzir o risco de produzir e promover Conteúdos utilizando várias técnicas para medir e otimizar aspectos desejáveis do trabalho. BuzzFeed é um dos mais dedicados a ele, mas uma série de novas abordagens tentam engarrafar essa magia emocional em particular.

Um dos mais recentes e rapidamente utilizados é o "traçado facial" ou "codificação". Ele se baseia em padrões de reconhecimento de estados de humor e rostos por meio de uma câmera, enquanto o usuário em potencial, recrutado para o exercício de pesquisa, observa o Conteúdo. As dilatações oculares, os movimentos do músculo facial e as expressões emocionais típicas do arquétipo são todas registadas e interpretadas através de algoritmos, geralmente treinados em machine learning. É uma perspectiva excitante para os criadores de Conteúdo, se a sua promessa for plenamente realizada ao longo do tempo, medir esses níveis involuntários e, portanto, imparciais de envolvimento emocional — fornecendo uma resposta inteiramente objetiva que pode identificar os pontos mais fortes dentro do Conteúdo, bem como em geral. Como tal, tem um potencial para se tornar "A" ferramenta criativa e de otimização de histórias.

Ian Forrester faz uma observação importante sobre como este tipo de criação de um "perfil emocional" do usuário pode ajudar a aumentar a previsibilidade dos efeitos:

> A resposta emocional cumulativa do nosso grupo de teste, típica para o público que estamos tentando alcançar, nos permite prever como o vídeo será apresentado para o mesmo público do "olho de boi" "na selva". A granularidade de algumas dessas técnicas nos ajuda a ver como um vídeo pode se comportar em um ambiente de sound-off de rápida rolagem, como o Facebook: a necessidade de cortes acelerados ou exageros e mais exageros nos primeiros segundos – tudo numa tentativa de atrair a atenção e evitar ser ignorado. Também é interessante mencionar que a emoção pode acontecer mesmo sem uma história, por exemplo, como um choque, que também poderíamos capturar. O mercado tem se movido massivamente nessa direção agora.

Isso parece ser corroborado pelo esforço que vários outros líderes da indústria estão fazendo para provar a correlação entre emoções e efeitos na marca e mesmo nas vendas. O IPA, Nielsen, Ehrenberg-Bass Institute e grandes casas de teste de anúncios, como Millward Brown ou Ipsos, têm publicado extensas pesquisas sobre esse tópico.

Finalmente, um conceito que ocupou a maior parte dos holofotes nos últimos anos, quando o "futuro do marketing" foi discutido: o neuromarketing. Ver pessoas com headsets para eletroencefalograma ou deitadas em um aparelho de ressonância magnética observando anúncios também está se tornando uma visão mais comum nas salas de pesquisa. No entanto, a abordagem não estava isenta de desafios (DOOLEY, 2015). Muitos neurocientistas discordaram das afirmações de que o que foi experimentado até agora apenas em laboratórios poderia ser trazido para o ambiente de testes comerciais com o objetivo de prever a eficácia dos anúncios. Ele culminou em um famoso incidente no qual o conhecido escritor e consultor de negócios Martin Lindstrom publicou um artigo de opinião no *New York Times* alegando que, com base em dados do fMRI, a forma como os proprietários de iPhone se sentiam sobre seus telefones era semelhante ao amor romântico — sendo fortemente repreendido por um grupo de 45 acadêmicos (POLDRACK, 2011)!

Alguns desenvolvimentos recentes parecem ser um ponto em que a ciência e o marketing chegam a um acordo, já que uma avaliação acadêmica mais robusta de várias técnicas mostrou que algumas delas podem ter poder preditivo, mas não todas (DOOLEY, 2015). No entanto, variações nos procedimentos por parte dos fornecedores e alguns outros fatores podem complicar o quadro por enquanto, mas uma coisa importante foi alcançada: a lacuna entre as reivindicações dos profissionais de marketing e os acadêmicos parece ter começado a diminuir.

É relevante mencionar aqui uma abordagem já existente desenvolvida com o objetivo de prever a ressonância potencial da publicidade. Esse é o Teste de Poder Emotivo Cognitivo (CEP) do professor Robert Heath, que tenta medir, ainda com base no que os consumidores dizem, a reação emocional e cognitiva aos anúncios (e Conteúdo, neste caso). Heath é autor de um dos livros seminais da indústria, *The Hidden Power of Advertising* (2001), um dos primeiros a construir um caso científico convincente para o impacto emocional dos anúncios. O sistema CEP tenta medir dois lados do impacto (BRANDT, 2015): o poder da informação (o valor percebido da mensagem para o consumidor) e o poder emocional (não qual emoção é desencadeada pelo anúncio, mas sim se ele vai influenciar os sentimentos sobre a percepção positiva da marca). Resta ver como essa robusta pesquisa emotiva do *adland* sustentará o ataque da armada de neuro-medição.

No entanto, CEP é apenas um exemplo icônico em um campo muito amplo e muito rico de pesquisa por uma infinidade de nomes conhecidos da indústria, abrangendo uma série de disciplinas acadêmicas na tentativa de aumentar a robustez da resposta a essa pergunta mágica: "Será que vai funcionar?" Como Raymond Pettit, vice-presidente de análise da comScore, explica, é uma mistura eclética de abordagens:

> A neurociência apoia o uso de métodos psicofisiológicos para avaliar a resposta inconsciente aos momentos de marca no Conteúdo. Isso chega ao processamento implícito inerente da marca pelo espectador. A estética fornece principalmente quadros teóricos para a forma como as pessoas respondem e encontram significado a partir de sinais/símbolos (por exemplo, marcas) e, mais importante ainda, a análise estrutural da forma estética (a terminologia familiar diz que o branded content deve ser orgânico e se encaixar perfeitamente no enredo – há conceitos estéticos). Além disso, temos utilizado pesquisas sobre teoria quantitativa da informação e resposta estética, o que é bastante útil para quantificar os impactos do Conteúdo. Finalmente, a semiótica é uma disciplina de pesquisa que analisa como as pessoas criam "significado" a partir de histórias, narrativas, associações e símbolos – novamente muito relevante para a aparência (momentos) da marca em Conteúdos mensuráveis. Você ouve muito que "emoção" impulsiona o comportamento, nós realmente acreditamos que são a "emoção e o significado" que impulsionam o comportamento. Assim, a extensão nessas outras áreas da ciência e pesquisa garante uma perspectiva holística na medição de marcas em Conteúdo.

Como sempre, deve haver um cabelo na sopa. Debates sobre eficácia à parte, aqui estamos falando sobre ética. Alguns podem temer que todos os resultados dos testes de resposta emocional e de neuromarketing, e a implantação mais ampla do aprendizado, venham a construir o aparato teórico e prático para o que Andrew McStay chama de "mídia empática". A aprendizagem que recolhemos das respostas emocionais previsíveis da população em determinadas situações pode também ser apropriada para fins mais nefastos do que vender férias, batatas fritas e shampoo, produzindo consequências maiores e mais perturbadoras.

Os seus contornos já são visíveis na nossa esfera pública nos últimos anos e colocam a questão da solidez ética (ou relativismo) de toda a indústria do marketing em relação ao impacto global que tem — ou terá — na sociedade.

Tempo total de leitura (TTR)

O principal concorrente, nos últimos anos, à "pageview" como o cavalo de batalha da análise de marketing digital tem sido essa métrica composta emprestada das digital publishers cada vez mais sofisticada. Em poucas palavras, TTR [do inglês, *total time read*] mede o tempo total de uma peça de Conteúdo, e neste caso, baseado em texto, recebeu de um usuário individual ou de todos os usuários que visitaram sua página. É uma métrica mais qualitativa e matizada do que apenas a visualização da página (que pode ser definida de pelo menos quatro maneiras diferentes), especialmente porque as ações mensuráveis que entram na métrica incluem leituras regulares das posições de rolagem na página, ao longo de um período de tempo.

Dessa forma, um editor pode detectar quando os usuários estão fazendo uma pausa para retornar ao artigo mais tarde — às vezes depois de alguns dias! Como o TTR reflete a qualidade do envolvimento por meio do *proxy* de tempo gasto, ele coloca a visualização da página sob uma luz diferente: uma parte do Conteúdo pode receber apenas mil visualizações de página, mas acumula mais TTR do que uma com dez mil. Do ponto de vista da qualidade, o TTR funciona melhor. É uma métrica favorita dos publishers, como o site *Medium*, que são frequentemente descritos como plataformas de "matchmaking de Conteúdo" (DAVIES, 2013). Eles querem que as pessoas escrevam — e outros leiam — grandes *posts* e TTR é a arma para conseguir isso.

Dejan Nikolic da Content Insights, uma das mais recentes fornecedoras de análises utilizadas por uma série de marcas conhecidas, explica outro lado dessas métricas baseadas em qualidade:

A tensão no mundo editorial em relação à mensuração é que as vendas estão olhando para a construção do inventário, a administração está interessada na entrega e no editorial, bem, agora é bastante confuso para eles... As métricas não devem ser usadas apenas para avaliar e comparar o desempenho interno das pessoas, a abordagem "Jack Welchiana"[8] para análise, mas – quando começamos a introduzir mais métricas baseadas na experiência do leitor, em vez de apenas baseadas no navegador utilizado para essa visualização de página – temos uma visão diferente do que funciona.

"Pingar" a página a cada cinco segundos dá uma série de dados para avaliar o tempo de atenção dado pelo usuário ao Conteúdo. Agora podemos medir a lealdade de audiências por tema, autor e até mesmo a contribuição de artigos individuais para a construção de uma lealdade global à editora, com impacto no modelo de negócio e nas vendas. Isso agora pode se espalhar em um modelo de incentivo diferente também para o editorial.

Tempo de exibição e a percentagem média de conclusão — principais métricas de vídeo

Tanto o YouTube como o Facebook — e as marcas que querem operar bem com Conteúdo de vídeo nessas plataformas — podem muito bem ser as mais importantes métricas a considerar. Tão importante, na verdade, que o YouTube substituiu o relatório de visualizações de página de sua análise por tempo de exibição (YOUTUBE CREATORS ACADEMY, 2016). O tempo de exibição é medido em minutos cumulativos assistidos (todos os espectadores do vídeo), e cada vídeo carregado — bem como cada canal no YouTube — é priorizado pelo tempo de visualização. Canais e vídeos com maior tempo de exibição são suscetíveis a aparecerem com maior frequência nos resultados de pesquisa e recomendações. Para uma marca, é um sinal de que o Conteúdo está ressonando com o público.

Ainda mais interessante e importante para os criadores de vídeo é a porcentagem média de todo o vídeo a que o público se preocupou em

8. Jack Welch foi CEO da General Electric (GE) por vinte anos, consultor de empresas e escritor de sucesso (N.E.)

assistir. É óbvio que o resultado ideal seria cem por cento, mas nem todos os vídeos de marca atingem esse nível, se é que atingem algum. No entanto, esse é o ponteiro-chave sobre a duração total do vídeo e sua otimização, bem como sobre a força da história geral e sua estrutura. O Facebook dá importância a essa métrica e a usa para priorizar vídeos no *feed* de notícias, com uma ponderação particular dada à porcentagem de conclusão de vídeos mais longos (BAPNA; PARK, 2017).

Social lift

Uma das armas secretas do BuzzFeed, o levantamento social, é uma divisão do número total de visualizações recebidas pelo Conteúdo entre visualizações que vieram do tráfego "*Seed*" (que pertenceu e foi promovido pelo BuzzFeed, por exemplo, em suas notícias) e o tráfego "*Social*" (proveniente de fora do BuzzFeed, como mídia social, e-mail e compartilhamentos de Blog*s*). Ele aponta para a "viralidade" do Conteúdo, sua energia para ser compartilhada na web (BARBY, 2016). Ele não requer grandes saltos de imaginação para ver como pode ajudar os editores a criar soluções mais populares. Se ele ajuda a desenvolver Conteúdo de melhor qualidade, é um ponto discutível, porque *a qualidade* está nos olhos do observador e *a popularidade* se tornou o *proxy*-padrão para ele, particularmente do ponto de vista de um editor. Em um mundo de marcas mais focado, essa métrica pode ser uma boa referência para a compartilhabilidade geral do Conteúdo da marca, historicamente, com o objetivo de melhorar e otimizar a estratégia, as mensagens e a segmentação ao longo do tempo.

Equivalência de valor publicitário (AVE)

A favorita das agências de relações públicas nas fases iniciais da web durante a loucura "viral", essa métrica é agora muito insultada, embora, surpreendentemente, não completamente abandonada. Tal como a visualização de página, muitos praticantes da nossa indústria estão questionando a sua utilidade, principalmente porque a consideram extremamente imprecisa para refletir a realidade do alcance "orgânico" que uma peça de Conteúdo pode ter alcançado.

Porém, há muita gente que se mantém fiel a ela, pois é um conceito muito simples e intuitivo de entender, particularmente para pessoas que não se comunicam, e, muitas vezes, sem custo adicional. Não se preocupe com a sua metodologia de relatórios, muitas vezes malfeita. Dados da empresa de medição de mídia Kantar Media revelam que, dos mil clientes de análise da empresa, a maioria deles profissionais internos, 25 por cento ainda estão solicitando números da AVE - do inglês *advertising value equivalency* (BAKER, 2016). É uma métrica estranhamente reconfortante, que mostra de forma enganosa como o dinheiro do cliente e a ideia da agência trabalharam mais e porque tem a sensação de "poupar" imbuída nela, trabalha fortemente com os nossos preconceitos de "aversão às perdas". Os debates informados atuais defendem, em primeiro lugar, uma abordagem estratégica para definir os objetivos do projeto e, em segundo lugar, prestar mais atenção às métricas de mudança comportamental — as métricas de "resultado" *versus* as de "produto", como a AVE — como um melhor indicador da eficiência do orçamento.

Lifetime value (LTV)

Essa é uma métrica valorizada por startups e gerentes de aplicativos (SAHNI, 2016). Ela lê a qualidade dos clientes que uma organização está recrutando ao longo do tempo e, como tal, é um exemplo da métrica de "resultado": coisas que realmente fazem a diferença para o resultado final. Embora não seja muito difícil de subestimar (valor total realizado por um cliente típico durante sua "vida" com uma empresa, calculado de várias maneiras), é surpreendentemente pouco utilizado pelas marcas.

No entanto, várias evidências apontam para uma mudança de medir apenas um ROI imediato nos canais de aquisição para essa métrica como uma real medida de longo prazo, mais confiável de como o orçamento de marketing e as misturas de mídia estão funcionando. Como um exemplo básico, um canal que fornece mais tráfego TOFU do que outros pode ser provado para também recrutar clientes de baixa qualidade a longo prazo e empresas inteligentes podem querer mudar isso. Além disso, no novo mundo dos ambientes imersivos, que pode ser caro de criar, manter o cliente por mais tempo pode se tornar uma das principais tarefas, aumentando a notoriedade dessa métrica no futuro.

Referências

Baker, D. The Problem That's Quietly Sabotaging Your Marketing Budget. *Contently: The Content Strategist*, 8 de setembro de 2017 [On-line]. Disponível: contently.com/strategist/2017/09/08/quietly-sabotaging--marketing-budget/. Acesso em: 30 dez. 2017.

Baker, H. Measuring PR: What Comes After

AVE? (Blog). Londres: *CIPR Influence*, 31 de maio de 2016 [On-line]. Disponível em: influence.cipr.co.uk/2016/05/31/measuring-pr-comes--ave/. Acesso em: 30 dez. 2017.

Bapna, A.; Park, S. (2017) [] News Feed FYI: Updating How We Account for Video Completion Rates. Menlo Park: *Facebook Newsroom*, 26 de janeiro de 2017 [On-line]. Disponível em: newsroom.fb.com/news/2017/01/news-feed-fyi-updating-how-we-account-for-video--completion-rates/. Acesso em: 30 dez. 2017.

Barby, M. Measuring Content: You're Doing It Wrong (Blog). *MOZ*, 27 de abril de 2016 [On-line]. Disponível em: moz.com/blog/measurin-g-content-youre-doing-it-wrong. Acesso em: 30 dez. 2017.

Brandt, D. Uncommon Sense: The Emotive

Power of Marketing. *Nielsen Newswire*, 6 de novembro de 2015 [On-line]. Disponível em: nielsen.com/us/en/insights/news/2015/un-common-sense-the-emotive-power-of-marketing.html/. Acesso em: 30 dez. 2017.

Brinker, S. Marketing Technology Landscape Supergraphic (2017): Martech 5000. *chiefmartec.com*, 10 de maio de 2017 [On-line]. 2017a. Disponível em: chiefmartec.com/2017/05/marketing-techniology-lands-cape-supergraphic-2017/. Acesso em: 30 dez. 2017.

Brinker, S. 1 Million Software Companies by 2027? We're Gonna Need a Bigger Chart. *chiefmartec.com*, 11 de novembro de 2017 [On-line]. 2017b. Disponível em: chiefmartec.

com/2017/11/1-million-software-companies-2027-gonna-need-bigger--chart/. Acesso em: 30 dez. 2017.

Davies, P. Medium's Metric That Matters: Total Time Reading. *Medium M Data Lab*, 21 de novembro de 2013 [On-line]. Disponível em: medium.com/data-lab/mediums-metric-that-matters-total-time--reading-86c497080837d5. Acesso em: 30 dez. 2017.

Dooley, R. Neuromarketing: Pseudoscience No More. Nova York: *Forbes*, 24 de fevereiro de 2015 [On-line]. Disponível em: forbes.com/sites/rogerdooley/2015/02/24/neuromarketing-temple. Acesso em: 30 dez. 2017.

Heath, R. *The Hidden Power of Advertising: How low involvement processing influences the way we choose brands*, Londres: NTC Publications, 2001.

IPA. New IPA Report from Binet and Field Reveals Key Ways to Drive Campaign Effectiveness [On-line]. Disponível em: ipa.co.uk/news/new-ipa-report-from-binet-and-field-reveals-key-ways-to-drive-campaign-effectiveness. Acesso em: 30 dez. 2017.

Linn, M. A Field Guide to the 4 Types of Content marketing Metrics #eBook. Nova York: *Content marketing Institute*, 5 de novembro de 2012 [On-line]. Disponível em: contentmarketinginstitute.com/2012/11/a-field-guide-to-the-4-types-of-content-marketing-metrics-ebook/. Acesso em: 30 dez. 2017.

Martinson, J. Media Interview BuzzFeed's

Jonah Peretti: How the Great Entertainer Got Serious. Londres: *The Guardian*, 15 de novembro de 2015 [On-line]. Disponível em: theguardian.com/media/2015/nov/15/buzzfeed-jonah-peretti-facebook-ads. Acesso em: 30 dez. 2017.

Montague, T. Good Companies Are Storytellers. Great Companies Are Storydoers.Boston, MA: *Harvard Business Review*, 16 de julho de 2013 [On-line]. Disponível em: hbr.org/2013/07/good-companies-are--storyteller. Acesso em: 30 dez. 2017.

Poldrack, R. The iPhone and the Brain. Nova York: *The New York Times*, 4 de outubro de 2011 [On-line]. Disponível em: nytimes.com/2011/10/05/

opinion/the-iphone-and-the-brain.html. Acesso em: 30 dez. 2017.

Pulizzi, J. How to Attract and Retain Customers with Content Now. Nova York: *Content marketing Institute* [On-line]. 2012. Disponível em: contentmarketinginstitute.com/wp-content/uploads/2012/09/cmi_attractandretain.pdf. Acesso em: 30 dez. 2017.

Rosen, E. Why the Viral Video Is a Myth. *L2 Gartner*, 21 de agosto de 2015 [On-line]. Disponível em: l2inc.com/daily-insights/why-the--viral-video-is-a-myth. Acesso em: 30 dez. 2017.

Sahni, D. (2016) [] School of Ad Tech Parte 2: ABC's of LTV (Blog). *AppLift*, 3 de novembro de 2016 [On-line]. Disponível em: applift.com/blog/Why-LTV-Matters. Acesso em: 30 dez. 2017.

Waterhouse, D. Speed of Social Video Sharing Almost Doubles in 12 Months.

Unruly, 21 de maio de 2014 [On-line]. Disponível em: unruly.co/news/article/2014/05/21/speed-social-video-sharing-almost-doubles--12-months/. Acesso em: 30 dez. 2017.

YouTube Creators Academy. Lesson: YouTube metrics that Matter [On-line]. 2016. Disponível em: creatoracademy.youtube.com/page/lesson/impact-metrics#strategie-zippy-link-2. Acesso em: 30 dez. 2017.

PARTE CINCO

Content marketing: uma promessa não tão nova nem melhor?

10.
O manifesto do rejeitador: argumentos principais contra a "miragem" do content marketing

O content marketing é um monte de besteiras?
O surgimento do content marketing como uma disciplina separada tem distraído os marqueteiros de seu trabalho real de se comunicar com os clientes e vender coisas.

Professor Mark Ritson, *Marketing Week* (2016)

A expressão chegou de uma área de especialização diferente, mas rapidamente se tornou sinônimo de todas as ilusões "virais", estratégias descuidadas, ideias criativas pouco inspiradoras, aplicativos inúteis e outras ausências coletivas sortidas pelas quais a entrada da indústria na era digital se tornou notória. O "aterro digital" foi uma forma adequada de descrever o que acontece com as nossas ideias (MANCINI, 2008) quando não pensamos, não temos empatia, não usamos bem os dados, não contamos uma boa história — não proporcionamos uma grande experiência.

As críticas ao Conteúdo são múltiplas, de muitos ângulos diferentes. Algumas estão relacionadas à terminologia e às definições (ou à falta delas); outras negam qualquer novidade ao Conteúdo, além de haver um desespero sobre a falta de substância e o foco excessivo em novos sistemas de entrega de tecnologia; outras são demolições meticulosas de reivindicações exageradas e modelos confusos, usando análises robustas.

Os sentimentos de muitos dos envolvidos na indústria são mistos. Por um lado, qualquer crítica construtiva e informada é bem-vinda para evitar que a indústria entre em muitas campanhas publicitárias, uma vez que é comumente propensa a isso. Manter o foco nos tempos incertos das mudanças paradigmáticas é crucial.

Por outro lado, para alguns, os críticos soam como retardatários, nebulosos que anseiam pelos bons velhos tempos em que as cervejas eram o combustível da criatividade e a publicidade ainda dependia de humanos que assistiam à TV para fazer a diferença. Então, há carreiras a serem feitas neste campo novo e sexy, tecnologia para vender, fluxos de receita a serem diversificados e reputações a serem construídas sobre os novos pontos de confusão. Há toda uma nova indústria de crenças que defende energicamente seu terreno de caça comercial recém-descoberto contra todos os opositores.

Como acontece com muitas outras coisas neste livro, a verdade está em algum lugar no meio e depende enormemente da ótica. As pessoas que estão apontando para as novas roupas do imperador, ou pelo menos a exposição parcial de peças sensíveis, não são retardatários, queimam algumas das pessoas mais sábias e corajosas da indústria, colocando suas cabeças profissionais acima do parapeito proverbial na batalha pela verdade, sanidade e perspectiva. A fim de prosperar como indústria, devemos ouvi-los com seriedade quando tentam salvar-nos dos nossos piores excessos, especialmente porque parecem ter os dados do seu lado.

No entanto, queremos descartar o bebê com a água do banho? Como este livro também mostrou, de forma convincente, esperamos que o Conteúdo **seja** uma das maneiras pelas quais as marcas poderiam pensar e se comportar ao se afastarem dos problemas da publicidade on-line e dos desafios dos novos espaços imersivos que não toleram bem as ações de "*push*". Ela também pode se tornar um importante trampolim para o espaço midiático mais empático e para a economia da experiência mais desenvolvida, se for feita com mais pensamento e cuidado — se conseguirmos separar o *hype* da verdade.

Nas próximas seções, exploraremos alguns dos principais propósitos da objeção ao Conteúdo como paradigma, ou pelo menos alguns de seus aspectos.

Content marketing não é nada de novo

Independentemente da revista de agricultura *The Furrow* de John Deere, o *Guia Michelin* ou o próprio início do branding em mídias eletrônicas como a rádio, como destacado no início do Capítulo 5 — o argumento de que Conteúdo não merece sequer um nome separado, muito menos uma disciplina, vai até os dias de hoje.

Isso foi esfregado na cara da indústria pelo artigo que causou muita agitação, citado anteriormente, do colunista e professor de marketing Mark Ritson. Ele comparou o content marketing à famosa frase de Theodore Levitt sobre "miopia de marketing" e acusou os os profissionais de conteúdo de pensarem que a única razão para a sua existência é criar Conteúdo, não falar com os clientes e vender.

Nos dois exemplos lendários mencionados, ele vê apenas abordagens estabelecidas há muito tempo que poderiam ser úteis para considerar como um pensamento de marketing válido, mas nada de novo:

> Ambas são táticas de marketing incríveis, mas eu as vejo como exemplos de mala direta e publicidade nascente, respectivamente, não algo que precise de um novo nome.

Em nossa conversa para este livro, o professor Ritson — que possui uma extensa experiência de trabalho com algumas das maiores e mais bem-sucedidas empresas do mundo — adverte contra alguns excessos relacionados à forma como a indústria de marketing pensa sobre o Conteúdo:

Certamente vale a pena, hoje em dia, inventar o termo de marca e uma abordagem diferente. Com a cauda longa, pode-se fazer uma quantidade bastante significativa de dinheiro para, em seguida, comercializar esse termo como algo legítimo e distintivo. Não foi o caso de algumas coisas anteriores como "marketing integrado", sobre o qual o professor Don Shultz nunca escreveu livros didáticos insultuosos e nunca fez nada sobre ele. Era um conceito mais realista, bastante chato e humilde no seu alcance. Isso não paga agora. O Content marketing certamente não é a única área onde nós gastamos muito dinheiro, ainda mais, porque há um incentivo financeiro para tentar reivindicar um pouco de um território, quer esse território realmente exista ou não.

Se existe, não é algo verdadeiramente distintivo. Há duas questões aqui. Uma reflete a ignorância das pessoas que entram no marketing sem treinamento e, portanto, pensando que estão descobrindo genuinamente uma roda e não percebendo que estão reinventando uma roda antiga porque elas nunca estudaram a roda, em primeiro lugar. O marketing está cheio de líderes de pensamento e gurus que realmente devem estudá-lo primeiro antes de começar a escrever livros sobre ele, produzir séries de vídeo sobre ele e similares. Como professor de marketing, tenho interesse pessoal inerente, mas isso não me impede de ser verdadeiro; se todos tivessem ensinado marketing razoavelmente bem, em algum lugar, seja em uma empresa ou em uma escola de negócios, muito disso já teria caído por terra. É como se tivéssemos uma biologia básica e de repente todas estas pessoas começaram a praticar medicina sem um conhecimento fundamental de biologia, por isso renomearam os pulmões como "aparelho respiratório" e não lhes ocorre que alguém tenha descoberto isso há 150 anos e apenas tenha chamado de algo diferente. Então, é um reflexo da ingenuidade e ignorância que se passa nos cantos do marketing no momento.

Depois, há a questão da autoimportância insuflada. Pelas minhas médias brutas, penso que podemos atribuir oito por cento do desafio total do marketing a todas as formas de comunicação, incluindo Conteúdo, todas as formas no âmbito digital, relações públicas, publicidade promocional e assim por diante... Certamente não quebraria 10% em termos do papel e função gerais do que o marketing deve fazer. Vamos reconhecer que o content marketing existe como uma parte muito pequena das comunicações, vamos dar-lhe um por cento. É uma "caixa tática" muito pequena, não tem nada a ver com estratégia, e certamente não tem nada a fazer a respeito de pesquisa, nem de preços, nem de desenvolvimento de produtos (embora possa estar ligado ao desenvolvimento de produtos), nenhuma ligação com a estratégia de distribuição... nenhum dos desafios estratégicos reais. Se eu quiser ser generoso, dou-lhes um ponto percentual do marketing, mas eles estão tentando argumentar que são uma grande parte disso, e não acho que sejam uma parte de nada. Mesmo que assim fosse, seria uma pequena parte de uma parte minoritária das comunicações, uma pequena parte das táticas que, por si só, são uma parte menor do marketing.

A questão da "ilusão da importância" foi também assinalada pelo professor Ritson em nosso capítulo introdutório, com algumas realizações bastante drásticas sobre a visão que os gerentes seniores de grandes organizações podem ter sobre suas equipes de marketing.

A visão de Conteúdo como nada realmente novo é apoiada por outro nome altamente respeitado na indústria de anúncios, Mark Wnek. Como a força criativa que moldou o sucesso de agências como Ogilvy & Mather, Euro RSCG e Lowe, ele tem um ouvido finamente sintonizado com as habilidades de criar algo que irá merecer a atenção do público:

Sempre tive um problema com a ideia de "Conteúdo" como termo.

Todas as melhores pessoas criativas sempre abordaram cada briefing como uma oportunidade para criar Conteúdo; nunca esqueça que a maioria dos criativos de agências são possíveis criadores de longo prazo: romancistas, criadores de filmes e programas de TV e...

Os grandes criativos diriam que só existe Conteúdo. Num mundo em que os millennials e agora os *plurals* veem tão bem, acredito que o ceticismo atual em torno dos valores do dinheiro, por oposição ao valor do dinheiro, irá desaparecer. As marcas terão cada vez mais de representar algo e, por conseguinte, o Conteúdo de forma mais longa se tornará a norma.

> Isso vai, de fato, impactar o mundo das pessoas criativas, mas não vai impactar o mundo das grandes pessoas criativas. Elas sempre procuraram subverter as normas – sejam normas da mídia ou qualquer outra coisa. A única questão crucial é quantos desses grandes criativos haverá: em uma tentativa desastrosa e suicida de economizar dinheiro, ao mesmo tempo em que parecem falar de algum pânico milenar entre os clientes, as agências abandonaram grande parte de seus talentos estelares com base no dinheiro e na natividade não digital.

Para mencionar a famosa citação do "Sócrates de São Francisco", Howard Gossage:

> Ninguém lê publicidade. As pessoas leem o que lhes interessa, e às vezes isso é publicidade. (GOSSAGE; GOODBY, 2006)

De todas as novas vozes da indústria que a ascensão da blogosfera apresentou à atenção profissional coletiva, quase nenhuma teve tanta repercussão como o Blog *Ad Contrarian,* de Bob Hoffman. Perenemente atento ao *hype*, à vacuidade e à venda de óleo de cobra, Hoffman tornou-se o flagelo da indústria. Não foi muito diferente com o Conteúdo (ou, na sua interpretação acrobática, a "palavra C"). Sua crítica é feita diretamente entre os olhos em seus dois famosos Blogs de 2014, "Why I hate Content" e "Hiding Behind The C-Word":

> Conteúdo é um termo sem sentido — um artifício de mídia — inventado por artistas de merda para adicionar peso e mistério às atividades de marketing mundanas.

Hoffman tem vários encargos para entregar à indústria, desde puxar a lã sobre nossos olhos coletivos para ter uma coisa nova para rentabilizar, até a ineficácia espetacular.

A primeira é a absoluta vastidão do termo, sem definição específica e, portanto, a tentação de colocar sob ele quase qualquer ação, independentemente de sua qualidade (2014a):

> Conteúdo é qualquer coisa que você pode fazer upload para a web. Em outras palavras, é praticamente qualquer coisa.
> É um soneto Shakespeare e uma fotografia do rabo do meu gato.
> Ele dá valor a qualquer coisa, e ao fazê-lo, rebaixa tudo... É uma desculpa que se mascara como um recurso.

Na nossa entrevista, Hoffman mencionou outra citação de Gossage:

> Gossage também disse: "Não sei como falar com todo mundo, só com alguns". Eu não sei o que "Conteúdo" significa, além de ser um termo geral para o que eu penso como "lixo da web". Às vezes é um bom complemento para o que você faz no marketing real, mas, se você não pode apontar para uma grande marca, ou qualquer coisa, que foi construído pelo Conteúdo, então eu tenho que dizer que todo Conteúdo é uma nota de rodapé para o marketing. Pode ter ajudado algumas marcas, mas não penso nisso como uma grande oportunidade para a maioria delas.

Depois, há a acusação de ineficácia num mundo que se afoga em Conteúdo, conforme o que Mark Higginson e a consultora Beckon exploram mais detalhadamente, sobre como a atenção funciona na web. Hoffman usou uma experiência de pensamento engraçada. Em julho de 2014, o Google indexou cerca de 38 *trilhões* de páginas na web. Hoffman lembra-nos de que cada uma delas é "Conteúdo". Ele então coloca na ponta do lápis e calcula que se alguém gastasse apenas um minuto em cada uma dessas páginas, levaria, em média, 72 *milhões de* anos (2014b):

> Vá até sua página de "Conteúdo". Se o seu Conteúdo estiver abaixo da média... Meu Deus, pode demorar muito tempo.

Este é um desafio poderoso e com credibilidade que reflete muitas coisas ditas neste livro. A discussão sobre o "Conteúdo de pico" está ganhando força, como se acreditássemos seriamente que atingimos o pico do frenesi de produção de Conteúdo precisamente quando estamos apenas aquecendo.

Tom Goodwin, da Zenith USA, tem uma explicação mais realista dessa obsessão coletiva com o "novo":

> O tipo de razão pela qual tudo isso acontece é porque você quer ser algo mais interessante, ou para conseguir alguma visibilidade na imprensa para isso, ou porque seu chefe espera que você faça algo novo, ou porque você está entediado, ou porque alguém lhe vendeu a ideia, ou porque você ficou um pouco feliz em uma sexta-feira à tarde de uma semana.
>
> O Conteúdo ainda está longe de ser mainstream. Há alguns exemplos notáveis que quase usam o content marketing como sua estratégia, tais como camas Casper, sapatos Allbirds, lençóis Brooklinen ou Dollar Shave Club. Mas se você é uma grande empresa de telecomunicações, varejista, FMCG ou empresa de utilidade pública, então é provável que isso não seja o que você faz. É mais provável que seja um pouco de guarnição de lado, por isso a forma como trabalhamos com as marcas não tem mudado muito. Tenha em mente que essa é uma combinação específica de estar em uma agência muito grande com grandes clientes num mercado tradicional. Se você for para a China vai descobrir que as coisas são diferentes. Se você for para o Brasil, as coisas serão muito diferentes.

O Conteúdo tem a ver com sistemas de entrega hipodérmicos, não com ideias

O outro desafio veio com um suspiro enorme de outro nome lendário na terra, Dave Trott. Um diretor criativo e blogueiro muito admirado, em um de seus *posts* relembrou uma situação em que participou de um painel de grandes nomes da indústria que todos se entusiasmavam com o Conteúdo. Quando ele perguntou se podiam explicar-lhe o que era realmente o Conteúdo, ele não era mais sábio e ficou com a impressão de que não era nada importante. Foi apenas (2015):

> "O material sem importância que é entregue por eficientes, empolgantes novos sistemas de entrega?"

Ele achava que isso significava uma grande mudança no negócio das comunicações de marketing:

> Anteriormente, a coisa mais importante era resolver um problema de negócios. Então, era preciso descobrir qual a contribuição que o marketing poderia dar a isso. Então a publicidade tem que entregar essa solução da forma mais impactante possível.

Porém, já não é assim. Não se trata da ideia, diz ele. É tudo a respeito dos sistemas de delivery, que criam um vasto espaço a ser preenchido. Não importa com o que, só precisa ser preenchido. Para Trott, é como um caminhão enorme e uma vez que o adquirimos, queremos que esteja cheio de coisas, qualquer coisa, para que o caminhão possa transportar algo por aí. Assim como Hoffman, Trott acha que o Conteúdo é o que se tornou: apenas coisas indiferenciadas e irrelevantes. São os sistemas brilhantes que contam.

Em uma engraçada virada de eventos, Trott também pode ser apenas a pessoa para mostrar que talvez nem tudo esteja perdido. Seguindo sua diatribe, outro post de Blog, do estúdio de produção de Conteúdo e criatividade norte-americano Across The Pond, apontou Dave Trott como o próprio exemplo de criação de grande Conteúdo! O estúdio trabalha muito com o Google, entre outros clientes.

Concordando que uma grande quantidade de Conteúdo produzido é desperdiçada por pessoas que realmente não entenderam a oportunidade que lhes foi dada, o Blog explicou que um bom Conteúdo é pensar no que o público acha valioso em termos de atenção. Se fizermos isso, podemos fazer conexões mais substanciais do que um anúncio que está interrompendo o que as pessoas querem fazer. Estamos criando um produto que as pessoas querem, em vez de apenas algo que o anuncia (WADDILOVE, 2015).

Então, eles começaram a contar uma história realmente perspicaz e engraçada da palestra de Trott em uma conferência em que participaram. Ele estava explicando sobre como utilizou sua conta no Twitter e que tinha um especialista para “ensiná-lo” a usar a plataforma. Trott disse que ignorou todos os conselhos do especialista e apenas começou a escrever algumas piadas, postando citações e alguns links para artigos interessantes relacionados à publicidade. Ele, então, intercalaria isso promovendo seus posts e seus livros no Blog.

Como a agência observou, ao tratar o Conteúdo de seus *tweets* tão seriamente quanto seus livros (como um produto cultural criado para interessar e iluminar as pessoas), Trott tem agora mais de 28 mil seguidores no Twitter. Ele também mencionou que o especialista tinha cerca de quatrocentos.

Parece que o problema e a solução em torno do Conteúdo estão nos olhos de quem vê. Trott estava certo sobre como uma grande parte da indústria aborda o Conteúdo; a agência também estava certa de que esse é o caminho errado ....

Outra reação ao artigo de Trott, na mesma linha, veio do diretor de publicação digital da BBH, Richard Cable (2015). Ponto por ponto, ele passou o pente fino nas objeções de Trott e tentou responder a cada uma. Ecoando, mas também qualificando o que foi dito por Hoffman, Cable afirma que "Conteúdo" pode ser uma palavra ruim, mas que estamos agora em uma situação de falta de outra:

> São as coisas que costumavam estar por cima do muro que tínhamos construído entre a Igreja e o Estado, até que a Revolução Digital apareceu, derrubou aquele muro e nos disse que podíamos fazer o que quiséssemos.

No ponto de definição, Cable foi simples: é a comunicação de marketing que as pessoas escolhem para gastar o seu tempo. Ele também argumenta que poderia ser uma proposta muito mais difícil de fazer bem do que a publicidade, já que ela tem que pensar no consumidor e na marca, mas potencialmente também poderia ser muito mais poderosa.

Sobre as questões do delivery, Cable calmamente nos recorda que essa é a natureza do espaço midiático moderno e que a estamos ignorando por nossa conta e risco. As nossas audiências estão lá e não podemos fazer muito quanto a isso. Cada um desses espaços tem sua própria "gramática" e regras de engajamento, e é nosso dever compreendê-las. Não para as glorificar, podemos acrescentar, apenas para as apoiar.

Finalmente, Cable desafia a noção de que as ideias não importam no Conteúdo. Ele foi brutalmente direto aqui: Conteúdo sem ideias não é Conteúdo. Afinal, as pessoas não leem revistas e outros artigos ou passam tempo nas redes sociais por causa dos anúncios. Elas estão lá para Conteúdo, ou, mais precisamente, ideias dentro do Conteúdo; estão atrás de experiências — e estas não acontecem sem ideias.

Então, o que o Dave Trott estava falando era de conteúdo ruim. Tal como a má publicidade, é algo a que todos devemos chamar a atenção e resistir, uma vez que diminui a indústria. Ideias grandes e inspiradoras são muito desejadas não pelo seu valor estético, mas porque sabemos que trabalham com sabedoria empresarial. Encher o caminhão com lixo — independentemente de se tratar de um caminhão digital brilhante ou de um caminhão velho e maltratado — é um mau negócio. Infelizmente, é a coisa mais fácil de fazer, como veremos adiante.

Bob Hoffman também estava muito interessado neste ponto em nossa entrevista:

> Por que tanto de todo o resto – livros, filmes, canções, programas de TV – é uma porcaria? Porque é muito, muito difícil criar coisas boas e há poucas pessoas que possam fazer isso bem. Cada redator tem um Blog, há cerca de cinquenta milhões de Blogs no mundo e apenas cerca de 130 deles chamam atenção de alguém. Isso porque é muito difícil escrever bem. É muito difícil ser interessante. Para mim, agora é muito fácil para qualquer um dizer que é criador de Conteúdo.

Nunca estamos a mais de vinte metros de distância... O que não devemos esquecer coletivamente, e por que precisamos de uma abordagem mais educada e estratégica do Conteúdo, é que a democratização da criação de Conteúdo não trouxe, até agora, mais Virginias Woolfs. O Conteúdo é uma ferramenta de negócios estratégica e criativa, em primeiro lugar e acima de tudo. Como resume um Blog da Trott-admiring (GRUPO LATITUDE, 2015):

A criatividade é a última vantagem legal injusta que podemos ter sobre os nossos concorrentes.

O Conteúdo não funciona — as marcas não entendem como a atenção flui on-line

Provavelmente a mais meticulosa e devastadora desconstrução do *hype* Conteúdo, das más práticas e da desilusão total dentro da indústria, foi fornecida por Mark Higginson, da Twenty Thousand Leagues. Um blogueiro proeminente, especialista em mídia social e análise, que tem os números como sua arma, não as opiniões. Sem muito incômodo, ele segue, várias informações emocionantes sobre sucessos de Conteúdo na imprensa comercial com análises publicamente disponíveis para esses destinos — principalmente por meio de ferramentas como Arefs, Moz e similares —, revelando a natureza semelhante a Potemkin para muitas dessas alegações. Mark Ritson, entre outros, é um fã.

Higginson não atira um, mas vários desafios na cara da indústria. O primeiro é provavelmente o maior: é muito difícil fazer com que o Conteúdo funcione, estatisticamente, já que muito poucas pessoas ao redor parecem entender como a atenção flui na web. No muito citado post do Blog com o mesmo título (2014), Higginson se baseia nas descobertas do cientista Albert-László Barabási sobre os efeitos de *clustering-network* da internet — e o que isso significa para todo o Conteúdo da web (BARABÁSI, 2015; BARABÁSI LAB, 2017).Muitas redes existem assim por natureza, mas foi a evolução da web que facilitou o estudo destes "efeitos de rede". A principal conclusão, explicada por Higginson na nossa conversa, é essa:

O número de links apontando para uma página é o árbitro final da atenção, pois é esse ato de compartilhar que fixa uma página na topologia da web mais ampla – afetando toda a atividade subsequente. Existem regras fundamentais que governam como essa atenção flui de página em página que, embora fáceis de entender, têm enormes ramificações para saber se as coisas que você cria serão vistas. A regra é que apenas uma minoria de páginas recebe a maioria da atenção das pessoas durante um determinado período de tempo. Isso é devido à estrutura da própria web – formada por um número cada vez maior de páginas e definida pelas suas ligações complexas e móveis entre si. Em outras palavras, em uma determinada amostra de páginas que se conectam umas às outras, algumas seriam desproporcionalmente populares. Como usuários, pois contamos com links para nos levar de página em página, é inevitável que nossa atenção se concentre nesses lugares. Um punhado de páginas muito visitadas e linkadas formam a cabeça, seguidas por um drop-off excepcionalmente íngreme que engloba o resto, com muito pouco no meio. Se uma página tiver alguns links, não é provável que tenha sido popular, ou que se torne popular novamente, pois não está suficientemente incorporada na topologia da web. Logo, a grande maioria das páginas que existem na web têm valor zero para fins de marketing, pois nunca são vistas por um grande número de pessoas.

As implicações para as pessoas de marketing são bastante acentuadas se elas quiserem usar Conteúdo como publicidade: ou investir na produção de Conteúdo forte o suficiente para gerar atenção em seu próprio direito, o que é extremamente difícil de fazer hoje, ou investir na sua promoção. Na realidade, ambos são obrigatórios para que o Conteúdo se torne um concorrente. Todos os meios de comunicação hoje são pagos e ganhos.

Quando Higginson (2016) desencadeou suas bombas analíticas em alguns exemplos divulgados, ele descobriu que, salvo algumas exceções, a maioria do Conteúdo publicado nesses sites não recebe quase nenhum link e não vai a lugar nenhum, recebendo poucas ações. Ele comentou sobre isso na nossa entrevista:

Neste ambiente em que apenas alguns *hubs* prosperam, é muito improvável que qualquer negócio não focado apenas em publicação e promoção possa competir por atenção. Para que um site de uma marca possa competir, é necessário um nível insustentável de quantidade e qualidade em termos de produção de Conteúdo, seguido de uma promoção igualmente insustentável; no entanto, isso ainda não garantiria um retorno. Para as marcas, simplesmente não há maneira viável de recuperar o investimento necessário para montar e manter uma operação de publicação na web se cada página não estiver gerando diretamente um retorno monetário. Tentar desafiar essa regra fundamental é como tentar lançar-se no espaço. Eu saúdo a aspiração, mas você parece ridículo na execução.

A única coisa regular e previsível sobre a publicação de marcas para um cliente é que os posts receberão menos ações do que o número de pessoas que contrataram para criá-los e serão vistos por menos pessoas do que empregam.

O segundo desafio que ele lança à indústria é o da ilusão e dos interesses declarados em engrandecer, como nomeia Higginson, essa "miragem de Conteúdo":

O fato de estarmos trabalhando em um espaço de Conteúdo quase infinito significa que não há custo para o leitor levar sua atenção para outro lugar, instantaneamente. Além disso, podemos aplicar uma correção técnica para eliminar os anúncios publicitários – face ao aumento imparável do bloqueio, o melhor que o setor do marketing pode apresentar é a ideia, frequentemente repetida, de que "temos de fazer melhores anúncios" ou "temos de disfarçar a nossa mensagem de algo que se assemelha a editorial". Nenhuma dessas "soluções" torna qualquer um mais propenso a desejar ou mesmo ver ou ouvir as nossas mensagens.

Anos atrás eu olhei para a análise de um projeto que estava fornecendo Conteúdo com uma inclinação ambiental para um cliente de seguros voltado para o consumidor. O que se verificou imediatamente foi que, apesar da publicação de várias centenas de lugares, a maioria dos lugares individuais tinha menos de cem visitas. Falando com a linguagem da internet, isso é apenas ruído de ter um site que existe com alguns links externos apontando para ele. Não significa nada. Além disso, mais de nove em dez visitantes nunca mais voltaram. As pessoas não só não queriam esse Conteúdo, como ele era pouco visível quando comparado com os números que vinham para outros lugares à procura de cotações de seguro. Isso não mudou em mais de um ano, mas estava sendo vendido ao cliente como um tipo de "Content marketing" e "marketing de busca".

O que me surpreendeu a essa altura foi que, em vez de descobrir o que poderia funcionar, me deparei com a questão de apresentar fatos concretos a pessoas cujos salários dependiam de eu estar errado. Muitos apostavam as suas carreiras em propagar esse ponto de vista. Muitas pessoas que conheci nessa época fazem exatamente as mesmas recomendações aos clientes de hoje. Seja qual for o problema, a solução é sempre "produzir mais Conteúdo" de alguma forma, porque é isso que é factível. Isso resume toda a situação dos criadores de Conteúdo que trabalham em nome das marcas para produzir Conteúdo para o rosto da web hoje. É insanidade.

Inabalavelmente, Higginson desafia marcas e agências da maneira que podemos chamar apenas de "The Higgs X-Prize": o convite para compilar uma lista de seus cem melhores posts do ano passado que individualmente receberam mais de mil links de mais de cem domínios que foram compartilhados mais de dez mil vezes em qualquer combinação de plataformas sociais. Até agora, ele não mencionou ninguém que aceitasse esse desafio...

Higginson não está sozinho na batalha para quantificar os efeitos ruins do Conteúdo mal feito. A Beckon é uma empresa de consultoria que agrega dados de desempenho e gastos de marketing para muitas das maiores marcas do mundo, executando análises para ajudá-las a entender o que está funcionando melhor em tudo isso. Com mais de US$ 16 bilhões em gastos com marketing em 203 marcas e 120 países em seu sistema, e dados de desempenho em todos os canais imagináveis, pode-se dizer que eles estão bem posicionados para oferecer uma visão objetiva e ampla de vários aspectos do desempenho de marketing em toda a indústria.

No relatório "Marketing Truth or Marketing Hype?" de 2016 da Beckon, eles descobriram que no período de agosto de 2015-2016 as marcas tinham lançado *três vezes* mais Conteúdo do que no ano de medição anterior — sem aumento no engajamento! Algumas marcas criaram 29 mil, ou mesmo cinquenta mil, peças de Conteúdo nesse período — muito mais do que nos anos anteriores. O que é realmente impressionante é o que aconteceu com o engajamento do consumidor (*views*, cliques, *likes*, compartilhamentos) durante esse período: ele cresceu exatamente zero por cento. Nós, como consumidores, obviamente não queremos mais Conteúdo. Em uma prova quase matemática das descobertas de Higginson, Beckon notou que apenas cinco por cento do branded content gerou noventa por cento de todo o engajamento. A piada, como um soco de Mike Tyson, é que dezenove das vinte peças de Conteúdo têm pouco ou nenhum engajamento.

Como Beckon adverte, tenhamos em mente que a falta de engajamento é o melhor cenário aqui. O pior caso é que o Conteúdo de baixa qualidade está realmente prejudicando a percepção da marca e, em última instância, as vendas. As marcas estão mais concentradas no volume de Conteúdo do que no desempenho deste, talvez porque as novas plataformas de publicação de Conteúdos tornaram muito mais fácil criar e publicar por escala e, sobretudo, rapidamente — ao mesmo tempo que, adverte Beckon, faltam frequentemente instrumentos de medição robustos.

Só podemos olhar para estes números e compartilhar com o desespero das pessoas que citamos. De repente, nenhum deles se parece com um atrasado e um analfabeto digital. Parece que têm um ponto crítico. Podemos protestar que Higginson está focando apenas a publicação de marcas como um substituto para a publicidade, ou Dave Trott apenas em *delivery* (corretamente, como acontece), mas os números de Beckon a aproximam desconfortavelmente da metáfora de "bobagem" de Ritson.

A TV ainda está indo bem — mesmo com os jovens

Na Brandcast 2015, uma grande festa da indústria de publicidade e mídia do YouTube em Londres, Eileen Naughton, na época a diretora geral do Google UK e da Irlanda, lançou uma bomba entre as diversas luminárias (O'REILLY, 2015):

> Os anunciantes atingem seus públicos-alvo de forma muito mais eficiente adicionando o YouTube aos seus planos de mídia... especialmente as pessoas de 16 a 34 anos; o custo por ponto de alcance é otimizado quando 24 por cento do seu orçamento de TV é alocado ao YouTube.

Em seguida, citou a pesquisa da Ipsos e da GfK, encomendada pelo Google, que concluiu que os anúncios vistos no YouTube e na televisão são mais eficazes do que os anúncios vistos o mesmo número de vezes apenas na televisão.

Nas semanas seguintes, houve muita comoção na imprensa comercial, com o resultado de vários conjuntos de estatísticas sendo produzidos para mostrar que as notícias sobre a morte da TV ainda são um pouco exageradas. Ele ecoou, novamente, a pesquisa seminal do IPA, que demonstrou, em seu conjunto de dados, que a TV ainda é não apenas uma das mídias de marketing mais econômicas, mas também a melhor para construir ressonância emocional a longo prazo.

Embora a televisão seja, naturalmente, um Conteúdo popular fundamental por direito próprio, neste debate ela também é, muitas vezes, um substituto simbólico do "velho mundo" que o digital está lentamente — ou rapidamente, dependendo de com quem se fala — a desmantelar. O Conteúdo no espaço digital é, pelo contrário — em muitas conversas e, em particular, quando considerado como "vídeo on-line" — visto como a nova televisão de uma espécie: não linear, autêntica, pessoal e "não oficial", um tipo de coisa de base que supõe reescrever as regras. Que surpresa, então, saber que a TV como a conhecemos está longe de desistir do fantasma entre as gerações de telas!

Uma das respostas ao desafio da Naughton, como esperado, foi dada pela Thinkbox — o corpo de marketing da televisão comercial no Reino

Unido, em todas as suas formas. Os seus acionistas são o Channel 4, a ITV, a Sky Media e algumas outras partes que, no seu conjunto, representam mais de 99 por cento das receitas de publicidade televisiva comercial a partir dos seus canais de televisão próprios e dos seus parceiros.

Reunindo e integrando os dados de meia dúzia de empresas de pesquisa de ponta especializadas em medição de audiência, o Thinkbox tinha um lembrete para todos os anunciantes (CLAY, 2016):

> Um percentual de 0,6 da publicidade em vídeo é vista no YouTube; 94 por cento são vistos na TV, na íntegra e com som. Para a faixa etária de 16-24 anos, esse número sobe para 1,4 por cento contra 87,6 por cento da TV. O fato de 80 por cento da visualização do YouTube serem feitos por 20 por cento dos espectadores também dificulta o seu alcance potencial para os anunciantes.

Então, foi um pouco chocante quando o próximo gráfico revelou que aquele público muito procurado — entre 16 e 24 anos — gasta 10,3 por cento do seu tempo de vídeo diário no YouTube (o dobro do tempo da população geral do Reino Unido), mas está longe dos 73 por cento do tempo gasto na televisão, tanto ao vivo como gravada! Até mesmo juntos, YouTube, Facebook, "outro vídeo on-line" e — prepare-se! — pornografia, comandam apenas 29 por cento do seu tempo de vídeo diário! Para alguns, foi como um golpe de martelo numa estátua de Jeff Koons.

Esses resultados refletiram os pontos-chave da pesquisa de um ano antes (2015) sobre o papel do vídeo na vida dos jovens do Reino Unido e seus hábitos e motivações gerais de mídia. O que o Thinkbox encontrou, novamente com a ajuda de um painel de grandes parceiros de pesquisa de mídia, foram estatísticas muito semelhantes sobre a divisão de vídeo on-line/TV, mas também algumas dinâmicas interessantes (THINKBOX, 2015). Por exemplo, os jovens geralmente tinham controle limitado sobre o principal aparelho de TV doméstico, quebrar o tédio é uma das principais motivações para assistir a vídeos on-line, e que a formação de identidade e o medo de estar perdendo algo influi no Conteúdo procurado e compartilhado.

Para alguém que passou a maior parte de sua vida profissional na arena digital, como muitos leitores deste livro, pode ser um momento de mudança de visão do mundo. Aqui está, se quisermos acreditar nas fontes de muita credibilidade, mesmo em um dos mais sofisticados mercados digitais (e de mídia digital e marketing) do mundo, uma prova de que nossa bolha de filtro era, de fato, real! É verdade que o Conteúdo funciona para atrair a atenção no mundo digital, mas tende a estar na TV também! Então, o que fazer em outros países e regiões do mundo onde o meio digital está apenas se desenvolvendo e a TV é, de um modo geral, ainda a rainha da mistura de mídia? Talvez fosse necessário algum realinhamento doloroso da ótica, a remoção da miopia do Conteúdo...

Tom Goodwin tem uma explicação para esse fenômeno, algo a que chamou, em nossa entrevista, de "o problema da generalidade" no nosso discurso profissional:

> Acho que temos essa narrativa de que de alguma forma tudo é diferente e que o que fizemos antes não está funcionando agora. Acho que isso não é verdade. Acho que a maioria das coisas que fizemos durante anos ainda funciona muito bem. Penso que é bastante embaraçoso que tenhamos deixado esse desenvolvimento contranarrativo desenvolver-se, porque sugere que todos os que estão fazendo o seu trabalho o estão fazendo mal. A ideia de que a TV não funciona mais não é apoiada pelos dados, e as marcas continuam a se comprometer com ela porque ela ainda funciona.
>
> Dizer, de um modo geral, que "a publicidade continua funcionando" é bom, mas isso implica que "fazer as coisas como se fazia antes" é bom, o que não é verdade. É só que no agregado ainda está funcionando, mas se você está tentando lançar uma goma de mascar hoje, então é provavelmente muito estúpido usar a TV, porque você vai descobrir que as pessoas com as quais você está tentando falar passam a maior parte do seu tempo em telefones. Da mesma forma, se você está tentando lançar um elevador de escada, então provavelmente não existe o horário melhor para usar a TV. Por isso, tenha cuidado para que, quando agregar tudo até um nível geral, você acabe removendo muitos detalhes que está perdendo.

Em geral, há muita porcaria por aí e as pessoas gostam de mostrar que são modernas. É fácil ser um jovem de 38 anos dizendo que a TV é uma ótima mídia, mas é mais difícil para um jovem de 48 anos que poderia parecer estar por fora. É um pouco como se Picasso dissesse que você precisa ser capaz de pintar antes de ser capaz de "despintar", é mais fácil ser um millennial e dizer algo que os outros não se sentiriam confortáveis em dizer.

Isso me proporciona um contexto para eu dizer que o que sabemos é que a maioria das coisas que fizemos durante muito tempo ainda continua a funcionar. Há muitas mudanças acontecendo, incluindo aspectos de nosso comportamento, então precisamos estar sempre atentos para como podemos explorar o poder do novo. Temos sempre de estar verificando coisas que já funcionaram antes, a fim de verificar se continuam a funcionar. Porém, de um modo geral, a maioria das táticas que temos utilizado desde os anos 1950 até os anos 1970 continuam a funcionar muito bem. Em algumas categorias e em algumas condições de mercado, elas não vão tão bem quanto antes, e, em algumas, elas têm um desempenho muito pior do que antes, mas em outras, elas vão melhor do que antes.

Várias vezes neste livro já pedimos o sentido de equilíbrio quando o Conteúdo está sendo pensado. Por um lado, temos esses casos bem-sucedidos de implantação em toda a jornada do cliente, sobre os quais alguns de nossos colaboradores falaram. Por outro lado, também não há dúvida de que temos este vasto aterro de Conteúdo, que é a totalidade da indústria no seu conjunto. Mais uma vez, ambos os lados não podem estar totalmente certos. Acreditamos que, olhando a partir daquela colina em particular onde o Castelo de Conteúdos deveria estar, isso muda o quadro da conversa sobre se o Conteúdo deveria existir ou não para como fazê-lo melhor. Se quisermos utilizar a analogia da cozinha, estamos agora na "fase de *fast-food*" da produção de Conteúdos e estamos aprendendo — e alguns já estão lá — fazendo "*slow cooking*". Como ser mais estratégico, mais criativo, mais relevante; como criar uma experiência melhor. Não apenas do tipo que as pessoas iriam para as editoras, mas também o que as marcas com seus conhecimentos específicos podem fazer para cobrar os Momentos que Importam com a Utilidade Empática máxima. Esperamos que este livro dê pelo menos parte da resposta a esse desafio.

Omaid Hiwaizi da Blippar tem um lembrete oportuno:

> Quem diz que o Conteúdo é insignificante precisa se lembrar que a publicidade foi inventada para subverter o Conteúdo e, ao longo do tempo, ele causou um verdadeiro incômodo de si mesmo!"

Agora, parece que é a vez do Conteúdo julgar a isso mesmo. Quanto mais cedo percebermos isso, melhor.

Referências

Barabási, A.-L. Network Science Book [On-line]. 2015. Disponível em: networksciencebook.com. Acesso em: 30 dez. 2017.

Barabási Lab. Think networks [On-line]. 2017. Disponível em: barabasilab.com. Acesso em: 30 dez. 2017.

Beckon. Marketing Truth or Marketing
Hype? [On-line]. 2016. Disponível em: pages.beckon.com/rs/976-IET-418/images/Marketing-Truth-or-Marketing-Hype-Beckon-Report.pdf. Acesso em: 30 dez. 2017.

Cable, R. How Long? 2–3 Minutes Content Without Ideas Isn't Content: A Retort to Dave Trott. Londres: *Campaign*, 3 de novembro de 2015 [On-line]. Disponível em: campaignlive.co.uk/article/content-without-ideas-isnt-content-retort-dave-trott/1371060. Acesso em: 30 dez. 2017.

Clay, L. Reluctantly Responding to YouTube Research (Blog). *ThinkBox*, 20 de junho de 2016 [On-line]. Disponível em: thinkbox.tv/News-and-opinion/Blogs/20160620-Reluctantly-responding-to-YouTube-research. Acesso em: 30 dez. 2017.

Gossage, H. L.; Goodby, J. *The Book of Gossage*. Chicago: Copy Workshop, 2006.

Higginson, M. How People's Attention Flows on the Web (Blog).

Mark Higginson, 27 de novembro de 2014 [On-line]. Disponível em: markhigginson.co.uk/pages/attention_flow.html. Acesso em: 30 dez. 2017.

Higginson, M. Why the 'Brands as Publishers' Trend Is Utter Nonsense (Blog). Londres: *Econsultancy*, 20 de janeiro de 2016 [On-line]. Disponível em: econsultancy.com/blog/67426-why-the-brands-as-publishers-trend-is-utter-nonsense/. Acesso em: 30 dez. 2017.

Hoffman, B. Why I Hate Content (Blog). *The Ad Contrarian*, 22 de setembro de 2014 [On-line]. 2014a. Disponível em: adcontrarian.blogspot.rs/2014/09/why-i-hate-content.html. Acesso em: 30 dez. 2017.

Hoffman, B. Content: Hiding behind the C-Word (Blog). *The Ad Contrarian*, 6 de outubro de 2014 [On-line]. 2014b. Disponível em: adcontrarian.blogspot.rs/2014/10/Content-hiding-behind-c-word.html. Acesso em: 30 dez. 2017.

Latitude Group. *Six Tips on Content marketing* from Dave Trott (Blog). *Latitude Group*, 28 de setembro de 2015 [On-line]. Disponível em: latitudegroup.com/blog/six-tips-on-Content-marketing-from-dave-trott/. Acesso em: 30 dez. 2017.

Mancini, J. *What's in Your Digital Landfill?*, 12 de junho de 2008 [On-line]. Disponível em: slideshare.net/jmancini77/whats-in-your-digital-landfill. Acesso em: 30 dez. 2017.

O'Reilly, L. Google Just Told Advertisers That If They Want To Reach Young People Youtube Will Need To Take 24% of Their TV Budgets. Nova York: *Business Insider*, 14 de outubro de 2015 [On-line]. Disponível em: uk.businessinsider.com/at-brandcast-google-tells-advertisers-to-shift-tv-money-to-video-youtube-2015-10. Acesso em: 30 dez. 2017.

Ritson, M. Is Content marketing a Load of Bollocks? *Marketing Week,* 11 de outubro de 2016 [On-line]. Disponível em: marketingweek.com/2016/10/11/is-Content-marketing-a-load-of-bullsht/. Acesso em: 30 dez. 2017.

ThinkBox. The Truth about Youth [On-line]. 2015. Disponível em: thinkbox.tv/Research/Thinkbox-research/The-truth-about-youth. Acesso em: 30 dez. 2017.

Trott, D. A View from Dave Trott: Content, Content, Content. *Campaign*, 29 de outubro de 2015 [On-line]. Disponível em: campaignlive.co.uk/article/view-dave-trott-Content-Content-Content /1370207. Acesso em: 30 dez. 2017.

Waddilove, R. Dave Trott Loves Really Content (Blog). *Across The Pond*, 2 de novembro de 2015 [On-line]. Disponível em: blog.atp.tv/blog/2015/11/2/dave-trott-loves-content-really. Acesso em: 11 mar. 2015.

11. Content marketing e ética: desafios, ameaças e formas de equilibrá-los

Se no Capítulo 10 o Conteúdo era, na melhor das hipóteses, uma irrelevância, uma loucura e uma ilusão, neste ele tem uma tonalidade mais obscura. Não se trata apenas de perder alvos de agências trimestrais ou de desperdício nas despesas com comunicações. Estamos falando do fim da nossa civilização liberal e democrática, sob ataque de muitas forças.

Palavras fortes, de fato. Porém, o Conteúdo é aqui parte de uma atmosfera mediática mais sinistra. Paradoxalmente, são predominantemente os próprios benefícios do Conteúdo para os profissionais de marketing que são considerados sua maior ameaça à sociedade: o fato de que ele não se parece com qualquer publicidade antiga e que poderia ser maliciosamente envolvente quando bem feito. A forma como as vantagens do marketing e suas desvantagens sociais serão reconciliadas, ninguém sabe ainda — pelo menos no âmbito dos atuais modelos ideológicos e econômicos prevalecentes.

Os desafios éticos globais em que o Conteúdo desempenha um papel podem ser agrupados em quatro grupos de considerações. Eles raramente são, em nossa experiência, discutidos dentro da indústria de comunicações de marketing, particularmente em salas de reuniões. Sobrevivência (a todo custo) e lucro (se possível), ainda é a regra. É isso que faz deste capítulo um espelho para todos os atores da indústria das comunicações verem — e verificarem que chapéu realmente usam: o preto, o branco ou, como é frequentemente o caso, o cinza.

O desafio do "*dark comms*": manipulação pela opacidade

Pergunte aos bons diretores de criação o que eles consideram ser elementos-chave para uma publicidade bem-sucedida e a palavra "clareza" estará no topo da lista. Que irônico, então, que a opacidade e a confusão se pareçam cada vez mais com a do comerciante melhor amigo. Esse repertório de vários truques movidos à tecnologia não está apenas expandindo, mas se tornando sofisticado a um ritmo que deixa até mesmo os mais ágeis (auto) reguladores desesperadamente para trás.

A opacidade aqui funciona de várias maneiras bem documentadas. Uma delas, que ganhou muita visibilidade na imprensa em 2017, está ligada à forma como a tecnologia digital capacita vários operadores a exercer sua influência sob o radar do escrutínio público. Entramos na era da propaganda superpersonalizada, alimentada por algoritmos e conjuntos de dados em constante expansão, em que uma pessoa vê mensagens especificamente adaptadas ao seu comportamento e preferências, muitas vezes, bem diferentes do que alguém ao lado — ou mesmo na mesma sala — verá. É marketing amplificado. Isso foi trazido à atenção global durante as eleições presidenciais dos EUA, em que Donald Trump emergiu como um vencedor-surpresa, bem como na igualmente surpreendente votação do Brexit no Reino Unido.

Muita tinta tem sido derramada sobre como a consultoria de dados envolvida em ambos os itens apresentados; Cambridge Analytica, supostamente usou conjuntos de Big Data e alvos com base em alguns dos traços da estrutura de personalidade do OCEAN. O foco estava nos eleitores indecisos, encorajando-os a desfavorecer Hillary Clinton, nos Estados Unidos, ou a favorecer o Brexit, no Reino Unido (DOWARD; GIBBS, 2017).

Embora as alegações dos níveis de sofisticação e impacto tenham sido posteriormente minimizadas por vários especialistas, a impressionante quantidade de análises implantadas pela Cambridge Analytica ainda demonstra os níveis cada vez mais granulares de segmentação, muito próximos, ou quase iguais, ao paradigma "ideal" de um para um (PEPPERS; ROGERS, 1998). Trata-se de uma personalização em massa muito profunda, até agora preservada para o supersofisticado sistema de dados baseado em dados comerciais, como a Tesco ou a Target.

É também um grande desafio. Para além das questões relacionadas com a privacidade dos dados, a fim de poder reagir a quaisquer práticas duvidosas, a sociedade e os reguladores têm de estar *conscientes* das mesmas. Isso é exatamente o que está faltando aqui, já que a esfera pública da mídia antiga foi substituída por milhões de telas individuais tocadas por algoritmos proprietários de "caixa-preta". Neste espaço, o escrutínio público como conceito é muito diluído, mal definido e mal aplicado. Essas *Weapons of Math Destruction* (2016), como a autora e ex-analista de Wall Street Cathy O'Neil as chama, estão escurecendo nosso ambiente social.

Isto suscitou várias preocupações. No caso das eleições "instantâneas" do Reino Unido, em junho de 2017, gerou algumas iniciativas de ativismo cidadão em torno da coleta de evidências e esclarecimento sobre as práticas de superdirecionamento de anúncios pelos principais partidos políticos (GALLACHER; KAMINSKA, 2017). O que o exame demonstrou foi um ecossistema de comunicações empenhado em explorar a natureza privada do espaço de mídia digital para aumentar as divisões, até mesmo as negativas — igualmente ofensiva — retóricas, que causariam muita consternação, até mesmo clamor, se implantada nos espaços tradicionais da mídia pública, como TV ou outdoor (ELLISON, 2017).

A questão é reconhecida como uma ameaça suficientemente crível aos valores democráticos para desencadear investigações e atividades de vários cães de guarda sobre o uso indevido de dados na política (CADWALLADR, 2017). Algo com que todos se debatem é a falta de regulamentação com credibilidade para a crescente polinização cruzada entre os mundos das comunicações comerciais e políticas, até agora muito mais bem delineados.

Como o professor Andrew McStay, da Bangor University, salientou na nossa entrevista:

> No Reino Unido, o Committee of Ad Practice não regulamenta essa área (anúncios políticos), e a Comissão Eleitoral não abrange a publicidade. A ICO (Information Commisioner's Office) vai ter que seguir uma linha tênue neste caso, pois entra nos detalhes do funcionamento democrático.

Então, no momento, a superpersonalização algorítmica não transparente e protegida comercialmente é uma terra de ninguém... A professora Mara Einstein, proeminente acadêmica de mídia da Queens College em Nova York e autora de um livro sobre opacidade nas comunicações modernas de marketing, *Black Ops Advertising* (2017), acredita que há perigos claros em andar demais na "bolha do filtro". Em um ponto importante de nossa entrevista, ela vê o embrutecimento da cultura americana, em parte, como o resultado de nos comunicarmos mais on-line do que pessoalmente, então o contexto e o significado se perdem, o que diminui a maneira como nos relacionamos uns com os outros como seres humanos:

> Se alguém tivesse que falar com outra pessoa da maneira como eles tuitam, seria uma conversa muito diferente. Como diz a frase, "ninguém está tão zangado como no Twitter ou tão feliz como no Facebook". Nós simplesmente não nos relacionamos da mesma forma on-line como nos envolvemos face a face. Subjacente a isso, está não só a interface, mas também a manipulação pelas plataformas. O Facebook realmente precisa se fortalecer e começar a se apropriar de sua culpabilidade por muita coisa que está acontecendo; você não pode me dizer que eles não conseguiram segurar as notícias falsas ou que eles precisam estar cavando os dados pessoais das pessoas da maneira que estão. Acho que isso é uma loucura.

O Papa Francisco denunciou as fake news como malignas, comparando-as à serpente no Jardim do Éden (ASSOCIATED PRESS, 2018). É a mensagem ecoada, em verborreia ainda mais forte, pelo escritor John Lanchester em sua resenha de três livros sobre "pós-verdade" para *The London Review of Books* (2017). Ele faz um questionamento intrigante: seriam as mentiras vendidas por plataformas de publicidade como o Facebook toleradas porque realmente servem a um propósito útil para a plataforma e seus anunciantes?

> A chave para entender isso é pensar sobre o que os anunciantes querem: eles não querem aparecer ao lado de fotos de seios porque isso pode prejudicar suas marcas, mas eles não se importam de aparecer ao lado de mentiras porque as mentiras podem estar ajudando-os a encontrarem os consumidores que eles estão tentando atingir.

As mentiras podem, nessa economia política de atenção, transformar-se em anzóis e sinais de dados que provocam e sinalizam paixões e interesses de utilizadores individuais, e de outros com ideias semelhantes, posteriormente ligados a essas fontes de dados on-line e off-line para um direcionamento de mensagens pessoais até então sem precedentes.

Porém, há outro lado ainda mais preocupante, o do "*dark comms*". Se os esquemas de mensagens furtivas parecem marketing direto amplificado, as manipulações furtivas da *experiência do usuário* são marketing e vendas que viciam. Além das mensagens, trata-se de uma engenharia planejada e estruturada, porém oculta ou enganadora, da própria interface. Esse grupo de abordagens engloba coisas como "*dark user interface* (UI)", "*brain hacking*" e, por vezes, direta ou insidiosamente, a amada ideologia da indústria (e um conjunto de ferramentas) conhecida como "economia comportamental" [BE, do inglês *behavioural economics*].

A maioria de nós é, até mesmo os profissionais da indústria de marketing, alheia aos desafios éticos do "*dark UI*" (ou "*dark UX*"). Como uma definição oficial ainda não existe, ele poderia ser melhor descrito como truques que os designers de interface de usuário implementam para nos enganar, levando-nos a fazer algo dentro dessa interface (ou deixar de fazer algo) para produzir um resultado que não pretendíamos. Pense em registros, downloads ou compras indesejados — gerando receita adicional. Mesmo as maiores marcas não parecem estar imunes à sua atração, como evidenciado por exemplos no site Darkpatterns.org, uma iniciativa ativista de alguns membros da comunidade de design da experiência do usuário (UX) (DARKPATTERNS.ORG, 2017a). A Microsoft estava usando a tática "*bait and switch*", na qual o usuário decide fazer uma coisa, mas, em vez disso, outra coisa — indesejável — acontece; por exemplo, clicando no botão "X" no canto superior direito da caixa, que anteriormente significava "fechar", foi alterado, sem aviso prévio, em uma ação para atualizar o SO para Windows 10 (DARKPATTERNS.ORG, 2017b).

A lista desses "padrões obscuros" é esclarecedora e soa como o jargão de marketing do inferno: "anúncios disfarçados", "continuidade forçada", "*spam* amigo", "custos ocultos", "desvio", "prevenção de comparação de preços", "privacidade Zuckering" (ser enganado para compartilhar publicamente mais informações sobre si mesmo do que você realmente pretendia, geralmente pelas letras pequenas), "motel barato", "entrar na cesta" ou "perguntas enganadoras" (DARKPATTERNS.ORG, 2017c). Percebe-se, depois de algum tempo, que há toda uma ideologia enraizada em enganar o usuário a cada passo.

Há algo inquietante em perceber que a tela real — a interface — nosso principal meio de se relacionar com o mundo e nossas vidas (pelo menos nos países desenvolvidos), é deixada tão desprotegida e aberta à manipulação, porque, para muitos de nós, a interface "É" a realidade. Se a interface for manipulada, a nossa realidade é fundamentalmente manipulada. É difícil entender que tentamos regular todos os outros aspectos da mídia, mas que abandonamos a proteção organizada e informada desse espaço crítico. Ainda não há cães de guarda de interface.

Um aspecto particular da "dark IU" explodiu na mídia no fim de 2017 — alegações de vício deliberadamente incorporado aos telefones celulares e aos aplicativos neles contidos. "Brain hacking" é o rótulo que ganha notoriedade. Será possível que a situação tenha se tornado eticamente tão grave que mesmo os antigos executivos seniores do Google e do Facebook tiveram de quebrar o silêncio e alertar o público?

Alertas de aplicativos podem parecer um serviço inócuo para os usuários, mas o mecanismo por trás dele foi comparado a um caça-níquel pelo autor Douglas Rushkoff em seu livro presciente (entre muitos) *Present Shock* (2014): somos levados a verificar "o que eu recebi?" a cada relance. Cria-se um hábito (e distração, até mesmo ansiedade mensurável pelo medo de perder todas essas mensagens de texto), bem como "*uma pequena dose de serotonina*" quando o verificamos - "um prazer" do "mundo dos cronos" (COOPER, 2017). As "Snapchat's 'streaks" são outro exemplo, elas são tão viciantes que as crianças deixam suas senhas com amigos para manter *as listras ativas* durante as férias.

"Eles estão programando pessoas", disse Tristan Harris, ex-gerente de produto do Google, que chutou o balde nos *60 Minutes* da CBS. Ele estava, novamente, se referindo a Rushkoff e seu livro *Program ou Be Programmed* (2011). A frase que Harris usou para descrever o pensamento por detrás disso é tão esclarecedora quanto arrepiante: "a corrida para o fundo do tronco cerebral". Quanto mais automática, habitual e... *sem sentido*... uma ação se torna, quanto mais viciados estamos, quanto mais atenção o aplicativo recebe, mais dinheiro é gerado. Não é de se admirar que, nos Estados Unidos, cinquenta por cento de todos os jovens pensem que estão viciados em seus dispositivos eletrônicos (PBS, 2016).

Paul Snoxell, um antigo líder criativo de várias agências conhecidas em Londres, que chamou atenção para o fenômeno "*dark UI*" na entrevista para o livro, acredita que a indústria tem uma escolha aqui:

> "Dark UI" é o que acontece quando pessoas inteligentes fazem coisas só porque podem. Eles mostram às pessoas menos inteligentes o que pode ser feito e, porque eles respeitam a inteligência acadêmica mais do que a inteligência emocional, essas ideias se tornam realidade.

Em outras palavras, é o que acontece quando uma organização e seus ajudantes estão tão cegos pela possibilidade real de manipular o poder primordial da interface, possibilitado por descobertas de várias disciplinas acadêmicas, que esquecem a empatia e a moral. Para Snoxell, na raiz de tudo isso está o medo dos comerciantes de que sem um "empurrão" dissimulado, eles não ganharão vantagem competitiva:

> O truque da mão fornecido pela "dark UI" permite que os marqueteiros preguiçosos e seus chefes corporativos evitem olhar para si mesmos e corrigir o que está fundamentalmente errado e, em vez disso, usar o que é ostensivamente um conjunto de ferramentas e táticas para fazer o bem público e sustentar uma proposta de negócio quebrada...
>
> Esse é o outro problema com "dark UI"; o próprio nome soa meio sexy, meio legal. Chame-o de "UI sujo" e nenhum marqueteiro vai querer tocá-lo. (Embora eu possa imaginar que alguns indivíduos em agências achariam isso ainda mais atraente...)

A observação sobre o apelo das agências de conhecimento "secretas" é, por vezes, mais do que uma piada. Raro é uma agência que não promove uma estrutura adequada, um processo, uma ferramenta de pensamento ou uma "caixa-preta" que deveria dar-lhes uma oportunidade de lutar nos mercados de agências sem escrúpulos, como em Londres ou Nova Iorque — copiada globalmente. Qualquer coisa que possa dar a impressão de que uma agência está ligada a alguma fonte de magia capaz de influenciar o pensamento, os sentimentos ou o comportamento dos consumidores é um jogo limpo.

Uma onda recente de tal pensamento que varreu a indústria foi a adoção da economia comportamental (BE). Baseado no trabalho inovador de cientistas sociais eruditos como Daniel Kahneman, Cass Sunstein, Richard Thaler, Don Ariely e Robert Cialdini, BE tornou-se, durante algum tempo, a nova "ciência" da publicidade. Ela foi acolhida com agrado, numa necessidade desesperada do novo quadro de eficácia e quantificação dos esforços criativos, tão desejado pelos guardiões dos contratos públicos. Foi também ajudada, inesperadamente, pela credibilidade conferida à BE pelo Governo britânico, enquanto vanguarda a esse respeito, por meio da criação da sua "unidade de incentivo", conhecida coloquialmente, para ajudar a tornar as políticas mais eficazes.

De repente, os *slides* foram repletos de "vieses cognitivos", "escolha de arquiteturas", "provas sociais", "aversão a perdas" e "racionalizações pós-compra". Agências estavam criando equipes BE, departamentos e até mesmo institutos. De acordo com esse ruído, os consumidores foram incessantemente "empurrados" para resultados benéficos para a marca. No entanto, ninguém tinha feito uma pergunta simples: os consumidores sabiam que tinham sido encorajados? Se não, isso é ético? Se a BE foi tão eficaz em explorar as heurísticas básicas de nossa mente, deve ser deixada completamente desregulado? Alguma coisa tão predatória deve ser deixada sem controle e livre? Para as agências, havia outra pergunta: se a BE é apenas uma nova ferramenta no arsenal, ela merecia tal barulho? Foi um brinquedo novo para as agências cobrarem aos clientes? Não pode ser as duas coisas. É uma discussão que ultrapassa significativamente o alcance deste capítulo, mas é mais um exemplo do zelo da indústria de marketing por uma vantagem competitiva e incapacidade natural de colocar questões éticas a par, e muito menos em cima, do lucro (DZAMIC, 2017).

Muitos leitores deste livro estarão familiarizados com o conceito de Net Promoter Score (NPS), uma pergunta e um número amplamente utilizados para correlacionar atitudes em relação a uma marca com o seu potencial de crescimento. Porém, e quanto ao Net Civilizational Score (NCS)? Uma medida ética que ainda não existe, mas os autores deste livro acham que deve ser considerada como uma ferramenta. É uma pergunta simples, também: o que você, sua empresa ou sua indústria faz, em geral, é benéfico ou prejudicial ao consumidor individual, à sociedade e ao mundo? É também uma questão que atormenta o próximo desafio diretamente relacionado com o Conteúdo.

A separação desmoronada entre publicidade e editorial

Há outra questão que reside na lista vermelha de muitos atores da mídia, do marketing e do espaço acadêmico: nossa crescente incapacidade de diferenciar entre anúncios e Conteúdo editorial "apropriado". Isso não é sobre anúncios superdirecionados ou enganos de interface, nos quais o Conteúdo pode ter um papel secundário. O Conteúdo está aqui no centro da tempestade. Trata-se de um debate frequentemente associado a considerações e efeitos da "publicidade nativa" e de abordagens semelhantes.

Na antiga ordem *da mídia*, era mais fácil fazer essa distinção. A publicidade tinha uma "assinatura" muito mais distinta, expressa em formatos padronizados e, em grande parte, tonalidade. "Parecia" publicidade. Não mais, ou não tão facilmente. A riqueza do ecossistema digital, o duopólio do Google e do Facebook no jogo publicitário on-line e a subsequente reformulação dessa "economia política das comunicações" (uma frase usada pelo crítico de mídia digital Evgeny Morozov [2017] e vários outros) também estão derrubando esse muro.

A professora Mara Einstein, que abordou a "publicidade nativa" em seu livro, já mencionado, é uma defensora apaixonada da separação existente das duas "propriedades", apontando para uma interessante inversão: as editoras começaram a se comportar como anunciantes, que por sua vez estão se comportando cada vez mais como publicitários, ampliando a definição de content marketing, e a confusão do público, a cada minuto.

Em nossa entrevista, a professora Einstein destacou várias questões com essa tendência:

> A maior delas é que os leitores não são capazes de discernir o que é Conteúdo patrocinado e o que é editorial. Há três grandes estudos recentes que mostram que apenas dezessete por cento dos leitores nos Estados Unidos, incluindo os leitores do ensino médio (os chamados nativos digitais), são capazes de distinguir entre os dois. A capacidade das pessoas de compreenderem quando algo lhes está sendo proposto, por oposição a um jornalismo objetivo equilibrado, é minada.

Nós nos envolvemos com anúncios de forma diferente do Conteúdo editorial e, mesmo quando a mensagem vem de uma marca conhecida psicologicamente, sabemos que, em última análise, eles estão tentando nos vender algo – que a informação está chegando até nós com um viés muito tendencioso.

Em segundo lugar, mais "Conteúdo nativo" está sendo escrito pela equipe editorial do produtor, não por uma equipe de marketing dedicada, o que está confundindo ainda mais as pessoas, já que esses escritores e artistas internos conhecem o tom da voz de uma publicação específica; a publicidade torna-se verdadeiramente indistinguível do editorial. Tem de haver uma forma melhor e mais uniforme de rotular esse Conteúdo em vários pontos de contato, para que as pessoas possam ver a diferença.

Por último, a utilização de influenciadores e a falta de rotulagem nos sites das redes sociais são muito enganadoras: #ad simplesmente não é suficiente para que os consumidores saibam eles estão fazendo publicidade. Os comerciantes podem começar a recuar, ou pelo menos usar essas pessoas mais judiciosamente, seja por causa da pressão regulatória ou, mais provavelmente, pela má fama associada a escândalos, como o malfadado Fyre Festival nas Bahamas em 2017, e o anúncio "Jump in" da Pepsi, estrelado por Kendall Jenner, que fez parte de sua campanha "Live for Now" (SCHULTZ, 2017).

Embora a questão das fake news esteja globalmente fora do âmbito deste livro, a professora Einstein tem uma perspectiva interessante sobre o ponto de sobreposição entre esse fenômeno e a "publicidade nativa":

Sinceramente, eu colocaria a publicidade nativa na categoria das fake news, porque as pessoas olham para ela como se fosse "notícia", e não é. Por outro lado, a natureza de *clickbait* das manchetes também é um fator importante: não é um repórter que está escrevendo as manchetes, são escritores de manchetes; isso também é algo que precisa ser repensado. As manchetes se tornaram mais importantes no mundo da mídia digital porque muitas pessoas leem as manchetes e nunca chegam à história. As notícias falsas "reais", e vimos alguns exemplos disso, foram impulsionadas pelo imperativo de aumentar as receitas publicitárias. O Facebook e o Google são fontes de informação privadas, não como a mídia tradicional e regulamentada. No entanto, tendemos a pensar que esses sites são protegidos e trabalham para os nossos melhores interesses, mas não é a mesma coisa; a internet era – e continua sendo – majoritariamente controlada por pessoas jovens, brancas, do sexo masculino e privilegiadas, que não pensam nos próximos trinta ou vinte anos.

Se tudo parece um pouco sombrio, é porque é. As apostas não poderiam ser maiores. A opacidade dessas "fontes de informação privadas"? "Assusta-me pensar nos experimentos feitos no Facebook todos os dias", diz a professora Einstein.

Então, a causa ética está condenada? Se as marcas e as agências estão realmente apreciando tudo isso como uma oportunidade para sobreviver ou prosperar, e se os reguladores ainda estão embaralhando os pés, estaremos apenas caminhando sonâmbulos para um pesadelo civilizacional, como Douglas Rushkoff e Tristan Harris alertaram?

Temos de encontrar formas de combater as questões de dependência em torno da tecnologia, em especial em torno das redes sociais, o que não vai ser fácil, uma vez que elas têm tudo a ver com a hipergeração de emoções nos usuários, por isso continuamos a comprar produtos. Você e eu já temos idade suficiente para nos lembrarmos de quando você viu um comercial quando ele estava na TV, depois desligou a TV, foi embora e continuou com sua vida e não estava cercado por essas coisas o tempo todo. O problema é que sempre que pegamos o telefone e acessamos o Facebook ou o Google, ou o que quer que seja, estamos constantemente sendo bombardeados com alguém tentando nos vender algo, alguém tentando nos instigar com algo, então eu não acho que se trata de reduzir a quantidade dessas mensagens, já que isso não vai acontecer, acredito que se trata de nos fazer reduzir a quantidade de tempo gasto com tecnologia e, então, nós acabaremos sendo capazes de gerenciar nossas emoções. Caso contrário, os publicitários serão muito mais espertos do que nós.

Ou, como Douglas Rushkoff colocou em *Present Shock*: "Devemos nos reeducar para ver a recompensa na quantidade de tempo que passamos no devaneio da contemplação solo ou no engajamento ao vivo com outro ser humano. O que quer que esteja vibrando no iPhone não é tão valioso como o contato visual que fazemos neste momento".

Um dos adversários mais fortes da publicidade nativa, desde a sua criação como um "novo" conceito de marketing, tem sido o proeminente jornalista americano Bob Garfield. Como apresentador de um dos mais conceituados programas de rádio dos EUA, *On The Media*, ele está profundamente imerso na luta diária para manter a objetividade viva no mundo das "notícias falsas" e "falsas notícias falsas". Lutador vigoroso pela sanidade e racionalidade, ele é uma espécie única entre os jornalistas que pensam da mesma forma, por ser também um informante no mundo da publicidade: ele foi o principal crítico de propaganda da principal publicação da indústria, a *Advertising Age*.

Como tal, ele está bastante familiarizado com o pensamento, as abordagens e a postura ética elástica da indústria que ele costumava cobrir. Ele recebe os dois lados da história e não gosta do que vê.

Para Garfield, o colapso da separação entre editorial e publicidade não é apenas um risco ético *percebido*, mas — em suas próprias palavras pontuais em nossa entrevista — "uma realidade contemporânea generalizada" com enormes consequências, tanto para o mundo da mídia como para a sociedade:

> Chamam isso de "publicidade nativa", ou seja, Conteúdos produzidos não pelo departamento editorial com base em valores editoriais normais, mas por terceiros – marcas ou respectivas agências ou "estúdios" distintos criados por editores – a fim de se misturarem organicamente com a matéria editorial envolvente. Por mistura, eles querem dizer, para o consumidor casual, "ser confundido com". É pura decepção, publicidade disfarçada de Conteúdo. Algumas delas são muito boas, mas isso é irrelevante. O que é relevante é que as audiências estão sendo enganadas sobre a natureza, proveniência e independência do Conteúdo. Alguns editores incluem uma divulgação ambígua ("Conteúdo patrocinado"),

por exemplo, em diferentes graus de visibilidade, mas o fato fundamental é este: quando as pessoas pensam que é um anúncio, não clicam nele. Quando eles acharem que é conteúdo editorial orgânico, vão clicar. Não se trata apenas de decepção, mas de uma conspiração de decepção, e também de editores desesperados – cujos modelos de negócio estão circulando pelo ralo – que trocam o seu único verdadeiro ativo: a confiança.

Em alguns corredores do mundo da mídia global, essa é apenas uma forma codificada de corrupção. Desde tempos imemoriais, os editores têm negociado receitas publicitárias em troca de uma cobertura favorável, ou até mesmo relações públicas explícitas. Isso é, é claro, extremamente antiético, mas permanece difundido em todo o mundo. São bordéis com prensas móveis, e alguns países já são o distrito da luz vermelha. Mas segue a lei da diminuição dos retornos. O que uma publicação ou um canal oferece ao seu público, além da confiabilidade, seja sobre política ou sobre o bebê da Rihanna? A publicidade nativa, e práticas semelhantes, ao longo do tempo corroem a confiança, que é o ganso que deposita o Ovo de Ouro.

Garfield acredita que nós não podemos ficar desinformados sobre os motivos da reportagem, e nós nos irritamos até mesmo quando o filme mais bobo de Hollywood se tornou um catálogo de 35 mm de colocações de produtos. "Queremos que as nossas porcarias não sejam contaminadas por outras porcarias. E quando descobrimos que estamos sendo enganados, ficamos zangados." Ou, como John Oliver pontuou, com seu jeito inimitável (LastWeekTonight, 2014): "anúncios são assados em Conteúdo como *chips* de chocolate em um *cookie*; exceto que, na verdade, é mais como uvas-passas em um *cookie,* porque ninguém os quer lá de jeito nenhum!"

Garfield também está convencido de que os jornalistas nunca devem escrever Conteúdo pago para marcas:

Isto é como o chefe de polícia pedir para seus comandados irem disfarçados roubar lojas de bebidas. Ugh. Mas não há problema. A ruptura digital mencionada deixou muitos jornalistas talentosos sem trabalho. E muitos deles tornaram-se especializados em publicidade nativa. A Revolução Digital fez explodir o modelo de negócios que havia recompensado as editoras (e, mais tarde, as emissoras), quase obscenamente por trezentos anos. A fragmentação, um excesso infinito de oferta, a evasão instantânea e a fraude destruíram a rentabilidade. Na minha palestra no Media Future Summit, em novembro de 2016, perguntei a uma sala de editores o que era mais importante: a missão ou a sobrevivência. Um executivo de TV a cabo disse: "A missão É a sobrevivência." Isso foi de partir o coração.

Isso também foi repercutido na popular afirmação de Leslie Moonves, CEO da CBS, sobre a campanha presidencial de Donald Trump em fevereiro de 2016: "Pode não ser bom para a América, mas é muito bom para a CBS" (HUNT, 2017). Em tempos como este, tudo é justo:

A mídia e suas organizações comerciais têm, consistentemente, deturpado sua culpabilidade nisso, oferecendo palavras de ordem sobre a divulgação completa e, ao mesmo tempo, fazendo tudo ao seu alcance para enterrar essa divulgação onde é menos provável que ela seja vista, em linguagem que tem menos probabilidade de ser compreendida.

O último ponto de Garfield é reiterado por Ken Auletta, um colaborador da venerável *New Yorker*, que explicou, no programa *Last Week Tonight* de John Oliver, o que é essa nova abordagem e que mensagens os editores agora enviam aos anunciantes: "vamos camuflar seus anúncios para fazê-los parecer notícias" (LAST WEEK TONIGHT, 2014).

Porém, há vozes diferentes. Paul Snoxell pede para discordar aqui, apontando que as marcas têm e sempre gostarão de se apresentar num estilo jornalístico:

É uma forma fácil e eficaz de contar histórias mais longas e multifacetadas, como exemplificado pelo trabalho de Howard Gossage e David Ogilvy na primeira metade dos anos 1960. Não há necessidade de fingir ser "real" ou imparcial, uma vez que todos os jornalistas escrevem com um ponto de vista, ou estão promovendo uma determinada agenda, o que torna perfeitamente aceitável que as marcas façam o mesmo – desde que deixem claro que apresentaram esse argumento. Tal como um jornalista tem uma linha, as marcas também podem a ter.

No entanto, isso implica em duas coisas. Em primeiro lugar, que as marcas querem ter uma "linha verde" — que está agora cada vez mais sob suspeita, a menos que seja imposta pelos reguladores — e que os usuários a possam discernir, o que a investigação mencionada pela professora Einstein mostra não ser o caso para a maioria de nós. Alguns números são bastante impressionantes: a análise das cinquenta celebridades mais populares no Instagram, feita pela empresa de marketing norte-americana Mediakix em maio de 2017, constatou que 93 por cento dos *posts* que promovem uma marca não estavam em conformidade com as diretrizes da Federal Trade Commission (FTC) dos EUA. (HUNT, 2017). Então, uma enorme quantidade de #conteúdopatrocinado não foi identificada. É o que o professor Jonathan Hardy, da University of East London, chama de "ventriloquismo empresarial". Em nossa entrevista, ele menciona um ponto adicional importante que vai além da questão da simples identificação justa:

Um problema fundamental é que a FTC, restringida pelo mandato, mas também pela predileção, apenas se preocupa com o engano dos consumidores, e não com o impacto dos Conteúdos patrocinados na qualidade dos serviços de comunicação. Uma vez superado o obstáculo do reconhecimento do consumidor, há pouco contrapeso regulatório contra o avanço da integração de anúncios.

Essa visibilidade, ou a ausência, da "assinatura" da marca é também o que incomoda Tim Lindsay, CEO da lendária associação D&AD:

> A parte que não entendo, mas que me preocupa, é quando o Conteúdo da marca não se declara. É por isso que odeio a expressão "publicidade nativa" e odeio essa noção de promoção de Conteúdos porque penso que prejudica a integridade de todos os envolvidos. Por exemplo, Behold: Reveries of the Connected World, documentário de noventa minutos produzido por Pereira & O'Dell e dirigido por Werner Herzog para a Netscout. É um documentário absolutamente incrível sobre os perigos da internet; porém, só depois de cerca de oitenta minutos é que você percebe que o documentário foi feito por uma empresa de segurança cibernética – e isso muda toda a sua visão em relação ao que você acabou de ver: você foi absolutamente absorvido por algo, achando que é brilhante e, de repente, penso que eles estão apenas tentando assustar você para comprar seu produto estúpido. Esse é um exemplo muito grosseiro, eu sei, mas acho que o branded content precisa se posicionar.
>
> Quando a publicidade era boa, as pessoas aceitavam abertamente o acordo de troca rápida, então você me faz rir em trinta segundos, ou nos 45 segundos mais ideais, e em troca eu lhe darei o presente da minha atenção e talvez leve um pouco do que diz a bordo. Era assim que as agências faziam negócios, mas o acordo era óbvio e a pessoa não tinha que fazer parte dele porque ela poderia fazer outra coisa, como uma xícara de chá, mas as pessoas normalmente o faziam porque estavam felizes por interagirem com as coisas boas e sabiam o que estava acontecendo. Não saber o que acontece torna as pessoas mais desconfiadas. É por isso que acredito que o branded content carrega as sementes da sua própria destruição. A publicidade, ou pelo menos a forma como agora a entendemos, desaparecerá em breve, mas se a qualidade não tivesse diminuído, penso que ainda estaríamos numa posição em que é eficaz. A tecnologia pode ter tornado mais fácil evitar a publicidade, mas penso que fomos coniventes com o fato de o seu desaparecimento ter sido mais rápido do que poderia ter sido. Portanto, a ideia de o Conteúdo da marca ser um substituto é uma coisa complicada.

O professor Hardy acredita que, apesar de alguns movimentos recentes dos reguladores FTC nos Estados Unidos e Ofcom no Reino Unido — que causaram uma forte ingestão de ar da indústria por causa do que foi a primeira repressão ao que se pode chamar de "marketing de influência dark" (HUNT, 2017) — ainda há muito trabalho a ser feito:

> Os consumidores estão confusos. Temos de encontrar uma rotulagem muito mais consistente para toda a indústria, não a situação em que os editores possam apresentar as suas próprias regras, por exemplo, utilizando o rótulo "branded content", em que a marca influenciou o Conteúdo editorial e o "Conteúdo patrocinado" quando não o fez, mas ainda assim pagou o dinheiro para estar associado ao tema.
>
> Assim, a rotulagem e a sensibilização dos consumidores são vitais, mas existe um perigo real de que um enfoque regulamentar restrito nessas questões tenda a deslocar duas outras preocupações. A primeira é o efeito da publicidade nativa na **qualidade** e **integridade** dos canais de comunicação. Tomo essa frase pitoresca dos códigos de relações públicas. Por exemplo, a Associação Internacional de Relações Públicas afirma que seus membros "não devem participar em práticas que tendam a corromper a integridade de qualquer canal de comunicação". A segunda preocupação é o poder e o alcance da voz dos profissionais de marketing nas comunicações.
>
> As sociedades têm procurado permitir que os profissionais de marketing se comuniquem, mas estabelecem limites para servir uma variedade de propósitos de interesse público – desde regras sobre onde os cartazes ao ar livre podem aparecer até regulamentos sobre a publicidade indireta.
>
> As principais preocupações não são apenas a identificação do consumidor, mas também o que acontece com o canal de mídia e se a voz dos profissionais de marketing se estende a espaços regidos por outros valores, como a independência editorial. Historicamente, as sociedades estabeleceram limites ao poder de promover dos comerciantes para, e eu acho que nós não descobrimos como eles deveriam ser no século XXI. Também ainda não definimos o melhor rótulo para todas as formas

sofisticadas em que uma marca pode influenciar o Conteúdo no espaço digital. O jogo de rotulagem ainda está nas suas fases iniciais à medida que os novos formatos de mídia evoluem, mas não creio que devamos evitar chamar todas essas abordagens apenas de "anúncios". Isso seria certamente claro para os consumidores! Outra proposta é tomar emprestado a regulamentação da publicidade indireta na indústria televisiva e introduzir um logotipo universal. Na produção televisiva britânica, a presença paga de marcas tem de ser identificada por um logotipo universal – um Sinal "P". Não existe tal equivalente em todas as publicações. As publicações que contêm Conteúdo editorial de marca podem ser obrigadas por lei, ou incentivadas pela autorregulação da indústria, a exibir um logotipo universal – talvez um sinal "B" para o Conteúdo da marca – tanto no cabeçalho como no Conteúdo. À medida que as publicações buscam modelos econômicos e éticos viáveis que possam servir como uma orientação para a conscientização dos leitores, um ponto de diferença entre as publicações, chamando a atenção do público para questões importantes da alfabetização midiática. Tal medida pode, pelo menos, estimular um debate que, no fundo, tem a ver com garantir a confiança. Embora haja muitos conflitos em torno de propostas para fortalecer a regulação, há também pontos em comum entre marcas, mídia e sociedades em geral, e a confiança parece ser exatamente esse ponto a partir do qual se inicia o debate.

O desafio da "mídia empática e *datafication* de vidas emocionais"

Para o professor Andrew McStay da Bangor University, o verdadeiro desafio e o perigo para todos nós está menos na opacidade das mensagens ou na confusão entre Conteúdo e editorial, e mais no descontrole das informações que as marcas e seus sistemas de dados poderiam acumular sobre nós ao longo do tempo, permitindo-lhes manipulações mais eficazes de nossos comportamentos e estados emocionais. Pense em Cambridge Analytica, porém mais óbvio. É mais uma porta para "nós", e a chave para as nossas defesas é sermos capazes de controlar quem tem qual informação sobre nós e com que finalidade. Perderemos se perdermos a referida "agência" para controlar até que ponto o processo de marketing pode impor-se às nossas vidas — e isso no mundo digital significa, em grande medida, controlar o fluxo de dados.

O fio condutor do seu pensamento poderia ser vislumbrado no título do projeto de dezoito meses que o professor McStay atualmente lidera: “Empathic Media: Theory-Building and Knowledge-Exchange with Industry, Regulators and NGO’s” (RESEARCH COUNCILS UK, 2017).

O termo “mídia empática” se refere aqui à capacidade das novas tecnologias de mídia de sentir, interpretar e agir sobre os estados emocionais das pessoas e de fazer uso das intenções e expressões das pessoas para gerar experiências de mídia textuais e personalizadas. McStay tem a missão de investigar como nossas vidas emocionais — por meio da incessante coleta de dados que o espaço digital permite — são cada vez mais "datificadas" e como, em troca, vários jogadores criam formas mais sofisticadas de mediar emoções de volta para nós.

A empatia aqui pode significar duas coisas: a boa e a má. Em sua expressão mais benigna, a mídia empática poderia ser comparada a um amigo que escuta atentamente o que precisamos e tenta ajudar. Na sua forma mais sinistra, é um psicopata que retoma os nossos estados emocionais para nos manipular mais facilmente. Em uma analogia memorável usada em uma das reportagens do *The Economist* sobre dados, a boa empatia da mídia digital é como ter muitos irmãos pequenos e úteis; a má empatia é o Big Brother (SUICH, 2014).

Como a mídia digital se torna mais “empática”? Primeiro, lendo o sentimento dos usuários à medida que vão usando os canais digitais: *posts*, imagens, emojis e qualquer outro material que possa ser aproveitado para indicar nossos estados emocionais, no momento e ao longo do tempo. Em segundo lugar, por uma maré crescente de “biometria”, iniciada por nós por meio, por exemplo, de uma vestimenta, ou por sistemas como o reconhecimento facial ou vocal. A internet e as organizações e marcas que a utilizam para marketing e vendas estão aprendendo como, nas palavras de McStay, “mediar a intimidade”.

Embora claramente existam motivos de preocupação, alguns têm sido "sobrevendidos", e eu realmente não tenho certeza de que mídias nativas sinalizam "o fim dos tempos", nem que isso indique a erosão constante entre editorial e anúncios. Também vale a pena notar que mesmo os meios de comunicação de ideias elevadas sempre se inclinaram por razões comerciais, por exemplo, movendo uma história para outro lugar para evitar ofender um anunciante e similares. O que é mais preocupante, para mim, é o baixo nível geral de confiança na mídia devido a notícias falsas e outros fatores. A mídia nativa desempenha um papel, mas não um papel crítico. É uma questão de transparência, como é óbvio para o usuário que ele está se movendo para um "espaço afetivo de marca criativa".

Por exemplo, a Red Bull oferece excelente Conteúdo de imagens de mountain bike não disponíveis em outros lugares. Neste sentido, o branded content desempenha um papel muito útil e ambos os interessados são atendidos (a marca e o espectador). No entanto, há menos influência sobre os Conteúdos de marca nos jornais, nos quais não é claro o que é jornalismo e o que não é.

A verdadeira emboscada para os consumidores, para o professor McStay, é a coleta de dados e o controle da sua utilização. Ele acredita que tem de haver o elemento de "agência", em outras palavras, a compreensão do cliente sobre quais os dados que estão sendo recolhidos e para que, para que possam fazer escolhas informadas sobre o quanto estão dispostos a fornecer. Não há nada de errado em utilizar dados sobre emoções para um trabalho que seja verdadeiramente valioso para as pessoas, mas é o *consumidor* que tem de tomar essa decisão.

Dado o que sabemos agora sobre como nossas mentes funcionam on-line, seremos negligentes demais sobre essas decisões, ansiosos demais para compartilhar até mesmo nossos momentos embaraçosos, estendendo a definição de privacidade a um ponto de ruptura? Podemos tomar uma boa decisão?

Há uma crença de que os públicos mais jovens sejam mais descuidados com seus dados ou privacidade, mas o que eu vi foi que todos querem controle sobre seus dados; pode haver diferença de idade na forma como estamos dispostos a compartilhar: o público mais jovem certamente está mais disposto – mesmo os mais velhos estão agora publicando coisas que não publicariam há dez ou vinte anos. Portanto, a noção de privacidade pode mudar, assim como nós podemos compartilhar mais coisas emocionais; porém a privacidade é sobre **manutenção** e **limites**, modulando a quantidade de informações que compartilhamos com outras pessoas, e essa mesma noção deve-se ter sobre o poder de **controlar** nossas informações. O jogo é um exemplo interessante: o compromisso com a privacidade é forte e os usuários estão dispostos a compartilhar um monte de coisas emocionais e biológicas por causa desse compromisso inicial, mas a criatividade é a resposta aqui: dar às pessoas algo com que elas estão dispostas a se envolver.

No que se refere ao professor McStay, algumas práticas de dados são bastante duvidosas e estamos assistindo a uma apropriação desses dados sem consentimento e controle adequados. Ele também se preocupa com a vigilância em massa da vida on-line e off-line — exemplificada, por exemplo, pela compra da Whole Foods pela Amazon, que permitirá que eles façam um perfil muito mais profundo dos consumidores. Se feito com integridade e com a oportunidade dos consumidores exercerem controle, não precisa ser prejudicial, pode ser criativo... dados e Conteúdo se conectam por meio de personalização, melhor emocionalidade ("se eu te entendo melhor, posso ser mais útil"), tempo, localização e escolhas significativas.

Todos os atores-chave teriam de encontrar uma forma de combater seus impulsos predatórios por meio da adoção de novas abordagens. Um deles é um abraço adequado e completo da nova proposta de valor de "compreensão empática" que o relatório do IPA defendia nos capítulos anteriores — aos quais a nossa expressão "Utilidade Empática" está ligada. Saberemos que as agências significam empatia nos negócios quando criarem um papel de Chief Ethical Officer ("diretor de ética"), com o poder de substituir os diretores gerenciais, de planejamento e criativos!

A outra abordagem é a prevenção do abuso da empatia, a descida à "Dark UI" ou outras práticas éticas questionáveis. Deve ser guiado pelo que Rushkoff, em mais um de seus livros de grande alcance, *Throwing Rocks at Google Bus* (2016), chama de a necessidade de "recuperar o propósito humano da tecnologia em vez da exploração tecnológica (e de mercado) dos seres humanos". Um vislumbre desse lado potencialmente mais explorador das habilidades "empáticas" das máquinas, crescendo a cada dia, é a notícia de agosto de 2017 sobre o algoritmo da Stanford University capaz de deduzir se alguém é gay, baseado apenas em uma fotografia da pessoa, com uma precisão de até 81 por cento (LEVIN, 2017).

Se a ciência por trás dela é robusta, e o nome e a reputação da universidade indicam isso, as implicações para vários aspectos de nossas vidas são bastante impressionantes. Desde o namoro e o recrutamento, aos debates políticos, aos direitos humanos e à religião, muito pode ser afetado. Um algoritmo, dos milhões que estão sendo desenvolvidos atualmente, pode complicar significativamente nossas vidas diárias. Para voltar a algumas das preocupações destacadas do professor McStay, quem decide quando usar tal algoritmo? Isso deve ser regulamentado e até mesmo licenciado, ou vamos apenas passar para uma aplicação mais rigorosa das regras existentes? Ele será usado para segmentar anúncios e Conteúdo, por marcas e agências interessadas em explorar o vasto poder de compra do "pink money"? Será que a noção de difamação vai mudar, agora que há uma prova científica mais robusta para uma alegação pública? Estas são questões enormes e transformadoras.

O conceito de "controle" torna-se ainda mais interessante nos novos espaços digitais em rápido desenvolvimento da VR e AR. Dada a imersividade dessas tecnologias e a sua atual, mas ainda nascente, capacidade de "ignorar" os nossos cérebros e fazer-nos sentir as coisas mais fortemente, será que o professor McStay as vê como máquinas potentes para nos fazer perder o controle não só sobre os nossos dados, mas também sobre o tempo, a atenção e o dinheiro?

VR oferece uma experiência mais visceral, mais corpórea e há verdade em como o senso da presença é fabricado para ser incrivelmente afetivo, o que coloca muita responsabilidade nos criadores. No entanto, eu não tenho uma sensação de perigo ou de uma ameaça ao público, eu não sou apenas desgraça e tristeza e acho que isso pode ser comparado com a ascensão dos primeiros meios de comunicação de massa, quando houve gritos de que a TV será a morte da alfabetização. No entanto, é motivo de preocupação que os órgãos da indústria não pareçam estar à altura dos desenvolvimentos, com base nas minhas recentes conversas com eles, o que é estranho dado que agora se pode comprar um equipamento de VR em um posto de gasolina.

Porém há algumas boas ideias. Estive recentemente numa conferência em Bruxelas sobre um potencial cão de guarda das decisões relativas à gripe aviária na esfera pública. Subjacente à ideia está uma boa e simples proposta: não se trata apenas da construção de algoritmos e potenciais vieses de tomada de decisão, mas de uma verificação humana de decisões importantes. Em outras palavras, o algoritmo poderia permanecer proprietário por muito tempo à medida que as suas decisões são escrutinadas, validadas e, se necessário, corrigidas por um ser humano antes de serem utilizadas. Esta é uma mudança da transparência da tomada de decisão da máquina para a análise humana especializada de entradas e saídas, em vez do bit no meio, que é mais sensato.

O desafio "huxleyliano ": conteúdo como ferramenta para nos divertirmos até morrer

A empatia e a imersão alimentam-se mutuamente. É exatamente aí que o Conteúdo brilhante pode tornar-se o mais letal.

No livro seminal de Neil Postman, *Amusing Ourselves to Death* (1985), que deveria ser lido por todos os que trabalham em mídia e publicidade, o teórico e crítico da mídia dos EUA compara dois paradigmas concorrentes relacionados com a mídia, incrivelmente prescientes neste mundo digital: o "orwelliano" e o "huxleyano". A maior parte do tempo falamos sobre o primeiro, quando, na verdade, o outro é que poderia ser a nossa ruína — e este não funciona sem o envolvimento do Conteúdo.

O orwelliano, em nossa consciência coletiva, representa o principal "paradigma da ameaça": como imaginamos a mídia em uma sociedade repressiva. As suas raízes residem nos tropos conhecidos: erosão total da privacidade num estado de total vigilância; privação do conhecimento mediante o controle do fluxo de informação; incessante propaganda estatal baseada em emoções, mentiras e na ameaça de um inimigo externo. Somos coletiva e instintivamente atraídos para essa narrativa, uma vez que reflete as nossas experiências passadas, o ecossistema de meios de comunicação herdado na era pré-internet e o enfoque ideológico no totalitarismo como a antidemocracia arquetípica. Muitos dos desafios da "opacidade" descritos exploram esse pensamento.

Entretanto, o outro cenário de Postman — o huxleyano — é raramente discutido. É o mundo onde nos entorpecemos com a realidade a partir do puro poder de numerosas fontes de prazer da mídia. A infinita abundância de trivialidades — uma representação justa da internet moderna — é a nossa "soma". Não há necessidade de Big Brother, pois *nós mesmos* estamos removendo nossa agência democrática no mundo ao nosso redor, distraindo-nos terminalmente com entretenimento e aspectos triviais da nossa vida e da vida de outras pessoas. Até agora, pelo menos no mundo desenvolvido e tendo em conta alguns desenvolvimentos recentes, esse cenário de atenção e esgotamento cognitivo tem um anel de verdade alarmante (POSTMAN, 2017).

Como maravilhosamente expressado pelo próprio Postman no prefácio do seu livro (1985):

> Estávamos de olho em 1984. Quando o ano chegou e a profecia não, americanos pensativos cantaram suavemente em louvor a si mesmos. As raízes da democracia liberal mantiveram-se. Onde quer que o terror tivesse acontecido, nós, pelo menos, não tínhamos sido visitados por pesadelos orwellianos.
>
> Porém, tínhamos esquecido que, ao lado da visão obscura de Orwell, havia outra – ligeiramente mais velha, ligeiramente menos conhecida,

igualmente arrepiante: O Admirável Mundo Novo de Aldous Huxley. Ao contrário da crença comum, mesmo entre os estudiosos, Huxley e Orwell não profetizam a mesma coisa. Orwell avisa que seremos vencidos por uma opressão imposta externamente. Mas na visão de Huxley, nenhum Big Brother é obrigado a privar as pessoas de sua autonomia, maturidade e história. Como ele viu, as pessoas virão a amar sua opressão, a adorar as tecnologias que desfazem suas capacidades de pensar.

O que Orwell temia eram aqueles que baniam os livros. O que Huxley temia era que não houvesse razão para proibir um livro, pois não haveria ninguém que quisesse ler um. Orwell temia aqueles que nos privariam de informação. Huxley temia aqueles que nos dariam tanta que nós seríamos reduzidos a passividade e egoísmo. Orwell temia que a verdade fosse escondida de nós. Huxley temia que a verdade se afogasse num mar de irrelevância. Orwell temia que nos tornássemos uma cultura cativa. Huxley temia que nos tornássemos uma cultura trivial, preocupada com algum equivalente das sensações, a Orgy Porgy, e o cachorro solitário. Como Huxley observou em Admirável Mundo Novo Revisitado, os libertários civis e racionalistas que estão sempre alerta para se oporem à tirania "não tiveram em conta o apetite quase infinito do homem por distrações". Em 1984, Huxley acrescentou, as pessoas são controladas por infligir dor. Em Admirável Mundo Novo, elas são controladas por infligir prazer. Em suma, Orwell temia que o que odiamos nos arruinasse. Huxley temia que o que amamos nos arruinasse.

Este livro é sobre a possibilidade de Huxley, não Orwell, ter razão.

Essas palavras deveriam estar na parede de cada planejador de agência e diretor criativo, para não mencionar clientes de marca e marketing. Estamos nos tornando não apenas viciados em tecnologia, mas também "digitalmente obesos", para usar a frase de Gerd Leonhard, e isso em grande parte também significa "Conteúdo obeso", o que é surpreendentemente demonstrado no fato de que a Netflix agora compete com o sono: "superdimensionando" sua oferta, para que os espectadores possam se submeter por horas em estações inteiras de Conteúdo (KEMP, 2017). Essa obesidade digital é impulsionada pelo nosso manifesto "analfabetismo de atenção", como é chamado por um dos nossos amigos profissionais. Aqui está outro conceito importante para colocar nos nossos currículos escolares...

No momento, a ameaça huxleyana é a mais difícil de ser compreendida pelas pessoas do mercado, pois vai contra cada grão de sabedoria e reflexo adotado sobre o que constitui um grande trabalho: quanto mais chamar atenção, melhor. No entanto, também põe em evidência o próprio fundamento moral da publicidade enquanto tal, na sua perene jornada da persuasão à sedução e, finalmente, à afetividade. Como McStay emoldurava:

> A persuasão (argumentos racionais baseados em fatos) costumava ser o fundamento moral da publicidade, assim como de toda a economia: os consumidores podem exercer o livre-arbítrio para se decidirem. Essa base moral tem sido minada com nossa percepção de que a publicidade também funciona com influência, em que a indústria está usando quaisquer meios, incluindo os não muito visíveis – visando a nossos estados emocionais, talvez nos pegando desprevenidos, implantando neurociência e similares – para atingir seus objetivos. O que realmente me surpreende na indústria da publicidade é a sua cegueira ética, e não discutir coisas que sequer são discutidas na rua!

Nenhuma indústria, em particular aquela que está tão intimamente ligada ao tecido do mundo moderno em tantos de seus aspectos cruciais — política, mídia, comércio, dieta, estilo de vida, aspirações e ansiedades —, pode se distanciar de um verdadeiro autoexame ético.

A maior batalha em nossa civilização baseada no consumidor é a que existe entre dois neurotransmissores químicos: dopamina e serotonina. O primeiro é o químico "vício" o qual nos diz "isto é bom, quero mais", o que conduz à nossa obsessão por mais, pelo novo, melhorado e o mais recente de tudo. O outro químico, a serotonina, é o químico do "contentamento": "Aahh, já estou satisfeito, isso é bom". O problema é que a dopamina reduz a serotonina e, com isso, também provoca depressão. Pessoalmente e, ao que parece, coletivamente: um grande argumento defendido pelo médico norte-americano Robert Lustig (2017). Branding e publicidade são uma máquina estimuladora de dopamina de força industrial. O Conteúdo, com suas inúmeras maneiras de se expressar, e quando benfeito, pode apenas exacerbá-lo.

Então, acabamos num mundo que parafraseia Leslie Moonves da CBS: "Pode não ser bom para o mundo, mas é muito bom para as marcas!" (BOND, 2016)? Só o tempo dirá, mas não podemos dizer que não fomos avisados.

Referências

Associated Press. Pope Francis Compares Fake News to Snake in Garden of Eden. *The Guardian*, janeiro de 2018. Disponível em: https://www.theguardian.com/world/2018/jan/24/pope-francis-fake-news-snake-garden-of-eden. Acesso em: 27 jan. 2018.

Bond, P. Leslie Moonves on Donald Trump: 'It May Not Be Good for America, but It's Damn Good for CBS'. *Hollywood Reporter*, 29 de fevereiro de 2016 [On-line]. Disponível em: hollywoodreporter.com/news/leslie-moonves-donald-trump-may-871464. Acesso em: 30 dez. 2017.

Cadwalladr, C. Revealed: Tory 'Dark' Ads Targeted Voters' Facebook Feeds in Welsh Marginal Seat. Londres: *The Observer*, 27 de maio de 2017 [On-line]. Disponível em: theguardian.com/politics/2017/may/27/conservatives-facebook-dark-ads-data-protection-election. Acesso em: 30 dez. 2017.

Cooper, A. What is 'Brain Hacking'? Tech Insiders On Why You Should Care, *CBS News | 60 Minutes*, 9 April de 2017 [On-line]. Disponíel em: cbsnews.com/news/brain-hacking-tech-insiders-60-minutes/. Acesso em: 30 dez. 2017.

Darkpatterns.org. Dark Patterns [On-line]. 2017a. Disponível em: darkpatterns.org. Acesso em: 30 dez. 2017.

Darkpatterns.org. Bait and Switch [On-line]. 2017b. Disponível em: darkpatterns.org/types-of-dark-pattern/bait-and-switch. Acesso em: 30 dez. 2017.

Darkpatterns.org. Types of Dark Pattern [On-line]. 2017c. Disponível em: darkpatterns.org/ types-of-dark-pattern. Acesso em: 30 dez. 2017.

Doward, J.; Gibbs, A. Cambridge Analytica Influence the Brexit Vote and the US Election? Londres: *The Guardian,* 4 de março de 2017 [On-line]. Disponível em: theguardian.com/ politics/2017/mar/04/nigel-oakes-cambridge-analytica-what-role-brexit-trump. Acesso em: 30 dez. 2017.

Dzamic, L. Should Behavioural Economics in Marketing Be Regulated — Or Hyped-Down? (Blog). *BOBCM*, 21 de janeiro de 2017 [On-line]. Disponível em: bobcm.net/2017/01/21/should-behavioural-economics-in--marketingbe-regulated-or-hyped-down/. Acesso em: 30 dez. 2017.

Einstein, M. *Black Ops Advertising: Native ads, Content marketing and the covert world of the digital sell,* Nova York: OR Books, 2017.

Ellison, M. Election 2017: Scottish Voters Targeted by 'Dark Ads' on Facebook. *BBC,* 7 de junho de 2017 [On-line]. Disponível em: bbc.com/news/uk-scotland-scotland-politics-40170166. Acesso em: 30 dez. 2017.

Gallacher, J.; Kaminska, M. Facebook Needs To Be More Open About Its Effect On Democracy. Londres: *The Guardian*, 12 de junho de 2017 [On-line]. Disponível em: theguardian.com/commentisfree/2017/jun/12/general-election-social-media-facebook-twitter. Acesso em: 30 dez. 2017.

Hunt, E. Social media Stars Face Crackdown Over Money From Brands. Londres: *The Guardian*, 16 de setembro de 2017 [On-line]. Disponível em: theguardian.com/technology/2017/sep/16/social-media-stars-face- crackdown-over-money-from-brands. Acesso em: 30 dez. 2017.

Kemp, N. Compulsive Content: When Netflix Is Competing With Sleep Are We Entertaining Ourselves To Death? Londres: *Campaign*, 28 de abril de 2017 [On-line]. Disponível em: campaignlive.co.uk/article/compulsive-content-when-netflix-competing-sleep-entertaining-ourselves-death/1431200. Acesso em: 30 dez. 2017.

Lanchester, J. You Are the Product. *London Review of Books*, n. 6, v. 39, pp 3-10, agosto de 2017 [On-line]. Disponível em: lrb.co.uk/v39/n16/john-lanchester/you-are-the-product. Acesso em: 30 dez. 2017.

LastWeekTonight. Native Advertising: Last Week Tonight with John Oliver (HBO) [On-line]. 2014. Disponível em: youtu.be/E_F5GxCwizc. Acesso em: 30 dez. 2017.

Levin, S. New AI Can Guess Whether You're Gay or Straight from a Photograph. Londres: *The Guardian*, 8 de setembro de 2017 [On-line]. Disponível em: theguardian.com/technology/2017/sep/07/new-artificial--intelligence-can-tell-whether-youre-gay-or-straight-from-a-photograph. Acesso em: 30 dez. 2017.

Lustig, R. The Pursuit of Pleasure is a Modern-Day Addiction. Londres: *The Guardian*, 10 de setembro de 2017 [On-line]. Disponível em: theguardian.com/commentisfree/2017/sep/09/pursuit-of-pleasure-modern-day-addiction. Acesso em: 30 dez. 2017.

Morozov, E. Moral Panic Over Fake News Hide the Real Enemy — the Digital Giants. Londres: *The Guardian*, 8 de janeiro de 2017 [On-line]. Disponível em: theguardian.com/commentisfree/2017/jan/08/blaming--fake-news-not-the-answer-democracy-crisis. Acesso em: 30 dez. 2017.

O'Neil, C. *Weapons of Math Destruction*: How big data increases inequality and threatens democracy. Nova York: Crown Publishing Group, 2016.

PBS. The Drug-Like Effect of Screen Time on the Teenage Brain. *PBS News Hour*, 4 de maio de 2016 [On-line]. Disponível em: pbs.org/newshour/show/the-drug-like-effect-of-screen-time-on-the-teenage--brain. Acesso em: 30 dez. 2017.

Peppers, D.; Rogers, M. *The One to One Future*. Nova York: Bantam Doubleday Dell Publishing Group, 1998.

Postman, A. My Dad Predicted Trump em 1985 — It's Not Orwell, He Warned, It's Brave New World. Londres: *The Guardian*, 2 de fevereiro de 2017 [On-line]. Disponível: theguardian.com/media/2017/fev/02/amusing-ourselves-to-death-neil-postman-trump-orwell-huxley. Acesso em: 30 dez. 2017.

Postman, N. *Amusing Ourselves to Death:* Public discourse in the age of show business. Nova York: Penguin Books, 1985.

Research Councils UK. Empathic Media: Theory-Building and Knowledge-Exchange with Industry, Regulators and NGOs [On-line]. 2017. Disponível em: gtr.rcuk.ac.uk/projects?ref=AH%2FM006654%2F1. Acesso em: 30 dez. 2017.

Rushkoff, D. *Program or Be Programmed*: Ten commands for a digital age, Nova York: Shoemaker & Hoard, 2011.

Rushkoff, D. *Present Shock*: When everything happens now. Nova York: Penguim, 2014.

Rushkoff, D. *Throwing Rocks at the Google Bus*: How growth became the enemy of prosperity. Nova York: Penguin, 2016.

Schultz, E. J. See Kendall Jenner in Her

New Pepsi Ad, Nova York: *AdAge*, 4 de abril de 2017 [On-line]. Disponível em: adage.com/article/cmo-strategy/kendall-jenner--pepsi-ad/308551/. Acesso em: 12 dez. 2017.

Suich, A. Little Brother. Londres: *The Economist*, 11 de setembro de 2014 [On-line]. Disponível em: economist.com/news/special-report/21615869-technology-radically-changing-advertising-business-profound-consequences. Acesso em: 30 dez. 2017.

Conclusões

Este livro é a nossa contribuição para a construção da resposta à muito debatida pergunta "Por que Conteúdo?" Quanto mais descobrimos vários pontos de vista, mais percebemos que o quadro é mais complexo do que esperávamos. Esperamos que essa complexidade tenha sido um pouco reduzida pela leitura do livro. O que achamos disso? Aqui estão as principais conclusões para nós.

O "por quê?" está se tornando mais importante do que o "como?"

Para citar Simon Sinek, e Dave Packard antes dele, começando com a pergunta "por quê?", muito do "como?" do Conteúdo também poderia ser respondido. A confusão, as divisões, a controvérsia, foram todas reduzidas. Acreditamos firmemente agora que o Conteúdo deve ser um *ethos* e uma forma de pensar, uma visão mais ampla das formas de ganhar a atenção do consumidor no mundo com escassez de atenção. Não nos parece mais uma disciplina isolada, algo que deveria ser colocado em seu próprio departamento. Não deve ser uma tática, talvez nem mesmo uma estratégia, mas uma *filosofia* que deve alimentar tudo o que uma organização faz em todos os pontos em que toca o consumidor.

Não deve ser, em particular, um conjunto de táticas rápidas e sujas, uma "solução", como frequentemente acontece hoje em dia. Ainda não é um substituto da publicidade, mas poderia melhorá-la. O Conteúdo é uma lente fundamental para manter o cliente no centro da imagem e para permitir que as marcas o encontrem na "interseção da permissão e do desejo".

O Conteúdo é um sintoma da evolução do marketing

Ele expressa amplas e profundas tendências evolutivas do marketing moderno e, como tal, é bastante difícil, se não impossível, de ser definido para além do que se fala sobre ele. Qualquer tentativa, com exceção de uma, a que temos assistido até agora, reduz o seu alcance e é prejudicial ao seu potencial. Foi por isso que adotamos o "C" maiúsculo para denotar o princípio, por oposição à entrega. A exceção é a mencionada "filosofia", focada na experiência do cliente: a maioria das pessoas com quem conversamos concorda que um bom Conteúdo tem de *merecer* a atenção do público. É , "pull" e não "push". Fornece uma boa troca de valores, é empático. Esforça-se por defini-lo para além do obsoleto. É antigo e é novo, mas o que vemos hoje é... uma fase transitória, "liminar", um trampolim evolutivo e um "lugar reservado" ("placeholder") para uma abordagem mais amplamente adotada — seja qual for o nome — para basear mais os esforços de construção da marca em merecidas "impressões *opt-in*". O dinheiro segue a atenção, que é cada vez mais difícil de comprar.

Experiência e propósito podem ser respostas para o déficit de atenção

O conjunto de forças que impulsionam a formação da paisagem da mídia, do marketing e das agências é fundamental demais para ser facilmente descartado. O digital, como a força mais poderosa de mercantilização de tudo, tem reiterado a necessidade de *relevância* e *experiência* para combater a escassez de atenção e a explosão da "distorcibilidade". As marcas devem pensar "menos sobre como evitar ser esquecidas, e mais como ser escolhidas".

Foco na experiência e propósito podem ser as respostas. A mentalidade do "projetar para o tempo e o espaço" afasta as coisas da simples comunicação — apenas "mensagens" — e também da entrega de produtos e serviços. É a essência do pensamento de design centrado no homem e um lugar onde a comunicação encontra experiência. Ela tem *empatia* — uma palavra muito usada e necessária, mas também muito abusada — em seu coração; a palavra que está se tornando cada vez mais um foco transformacional para clientes e agências.

Muitos dos especialistas com quem falamos, de todos os lados da indústria, acreditam que as organizações não têm escolha senão começar a definir melhor o seu propósito de existência para além da simples obtenção de lucro. Isso é difícil de fazer com a empatia. No entanto, uma vez que eles fazem isso, muitas das regras tradicionais de fazer negócios e marketing começam também a ficar corroídas.

Torna-se um passe livre para ir a qualquer direção e expressão — mensagem, produto, serviço — que proporciona uma experiência emocional, significativa e útil aos consumidores. Os grilhões de formatos e categorias de produtos, até mesmo categorias de negócios, também começam a quebrar. Criar um negócio de experiência empresarial, ainda um desafio formidável para muitos, vira as coisas ao avesso: o marketing torna-se um centro de lucro, o Conteúdo torna-se um modelo de negócio. Trata-se de uma oportunidade para os diretores de marketing mais esclarecidos começarem a ganhar novamente um mandato mais amplo nas suas empresas, para além das comunicações de marketing e do atual papel do "departamento de coloração".

O Conteúdo pode ser a base do "branding cultural"

Propósito, experiência, valores e autenticidade não são mais do que construções culturais. As marcas nunca devem esquecer que "a conexão com as pessoas é um exercício social que é realizado por meio de uma construção confusa e obscura chamada cultura". No mundo onde a atenção e a confiança têm de ser conquistadas, a ressonância cultural é importante. Isso se aplica tanto interna quanto externamente.

O Conteúdo, olhado através da lente cultural, torna-se uma expressão potencialmente poderosa do propósito organizacional e da cultura. Ajuda tanto os consumidores como os funcionários a alinharem os seus valores com os da organização.

Para os consumidores, em vez de apenas enfiar mensagens de vendas pela goela abaixo, ele fornece uma plataforma significativa para tornar a marca parte de seu repertório cultural pessoal e um meio de autoexpressão: *Eu gosto disso, eu sou assim*. Um mantra semelhante, mas ligeiramente alterado, também funciona para os empregados: *Eu valorizo isso, eu sou assim*. Dado um espaço emocional e utilitário mais amplo que o Conteúdo proporciona não só para contar, mas também para demonstrar as culturas das empresas aos seus públicos, ele tem um papel que está muito além das atuais comunicações de marketing. A teoria e a prática modernas de negócios e marketing reconheceram isso, oferecendo uma série de abordagens para a construção da ressonância cultural de uma marca. Isso também é reconhecido em muitas entrevistas com clientes e agências no livro.

A jornada do cliente agora precisa ser considerada por todos

Não há uma parte dela em que o Conteúdo não possa desempenhar um papel. É agora, ou deveria ser, uma jornada de Conteúdo. O Conteúdo é o único candidato real, baseado no que vimos, para a abordagem geral do "arquétipo" digital, acima e além dos formatos de entrega atomizados e caixas de disciplina. O bom e velho funil está longe de estar morto, mas agora está também muito mais detalhado e em tempo real: consiste numa variedade de pontos de contato diários em que os consumidores — potenciais e atuais clientes de marcas — procuram coisas relacionadas com a categoria a partir da qual precisam de algo. Esses Momentos que Importam (MTMs), no modo de falar do Google, são pequenas unidades de *contexto* em que um grande Conteúdo poderia ser entregue. Ele abrange tudo, desde SEO e *shopper* marketing para todos os passos que, atualmente, são propriedade da CRM. Mas agora, esse é o jogo de todos, como TOFU (topo do funil — publicidade) se funde com BOFU (fundo do funil — CRM). O foco na entrega de relevância significativa e emocional, em grande parte por meio do Conteúdo, pode ser um fator unificador que cura a atual fissura entre as partes do funil. Os modelos de negócio legados e as "memórias musculares" estabelecidas por várias agências são as maiores barreiras para a adoção dessa mentalidade para o desenvolvimento de negócios.

Nova teoria do "produto de agência" é necessária para curar a atual divisão binária

Há uma fenda na indústria de agências, uma equação binária de uma espécie impulsionada pelos modelos de negócios e culturas de especialização existentes. Essa fenda tem várias descrições, mas todas estão relacionadas com a divisão intelectual entre os chamados paradigmas "branding profundo" e "otimização de pontos de contato". O primeiro é frequentemente referido como "marca", "emocional", "criativo", "grande ideia" ou "cérebro direito", em oposição ao segundo como "promocional", "programático", "plataforma", "desempenho" e "cérebro esquerdo". Achamos que isso está profundamente errado e reflete a indústria em seus estágios iniciais de confusão ao tentar responder ao desafio digital.

No entanto, um novo tipo de consolidação já está em curso, em grande parte impulsionado pela mídia e pelas agências de relações públicas, por um lado, e por consultorias mais ágeis, por outro. Eles perceberam que há um novo lugar de "inserção" entre os clientes e as agências criativas tradicionais, potencializado pela compreensão combinada de dados, tecnologia e consumo de mídia por parte dos consumidores. Serão experimentadas várias novas receitas, desde a fusão de "histórias e sistemas" e a aquisição de competências de editoras e de Hollywood, até o reforço da equipe criativa tradicional de "dois átomos" com tecnólogos criativos e cientistas de dados.

No entanto, acreditamos que pode haver outra maneira de pensar sobre isso, um conjunto de óticas mais do que um conjunto predeterminado de variáveis formatadas. Isso está ao alcance de todas as agências, independentemente da sua especialização. Chamamos isso de Utilidade

Empática (UE), pois contém dois dos ingredientes mais poderosos de cada experiência: Ressonância Emocional e Utilidade Intensiva. Eles não são opcionais. A UE deve ser responsável por cada MTM. O que é útil não tem de ser chato; o que é emocional não tem de ser caro. Os "youtubers" mostraram-no de forma convincente. É uma forma de as agências curarem a fratura, mesmo dentro dos modelos de negócio atuais. O que é preciso é mais abertura de receptividade.

Finalmente, outro espaço para as agências crescerem é fazer por seus clientes, coletiva e individualmente, o que eles agora fazem por seus produtos: vendê-los melhor *internamente*. As organizações, assim como as pessoas-chave nelas, são um produto cultural que os funcionários têm de *comprar* para manter ou aumentar o seu crescimento. Ela é fundada em seu propósito — quais agências criativas são as mais bem posicionadas para articular e, em seguida, narrar emocionalmente. O futuro da publicidade (e das agências) também pode ser interno.

Os dados ainda são uma promessa não cumprida

É o exagero da promessa que mancha a paisagem de cartão postal do delta onde os dados fluem para o Conteúdo empático e significativo. Os dados deveriam ajudar a informar e inspirar grandes ideias de Conteúdo, suporte de otimização pré e pós-implantação e identificação de alvos contextualmente. No entanto, a promessa ainda não foi cumprida. Grandes conjuntos de dados são difíceis de processar, apesar de mais uma promessa de Big Data, uma vez que são na sua maioria privados, anônimos ou simplesmente não muito úteis; os desafios legais abundam; alternativas mais baratas e fáceis são muitas vezes igualmente, ou mais, eficazes. Até agora, o Programático tem sido prejudicado por controvérsias de controle que o retratam como uma gigantesca máquina geradora de resíduos. Para piorar a situação, as perspectivas mais amplas que o Big Data deveria ter fornecido acabaram por ter o seu próprio tipo de estreiteza de visão.

Na pressa de obter a mais nova promessa brilhante da "grande" eficiência automática, a indústria esqueceu-se de manter as fontes "ricas" e "densas" de insights de dados — os insights etnográficos qualitativos que frequentemente fornecem a resposta para o "por quê?" do comportamento do consumidor, não apenas "o quê?". Mais tarde, levou à criação dos cada vez mais eficientes "robôs para colher fruta", esquecendo-se de regar a árvore da marca por meio das emoções e da empatia para mantê-la em crescimento.

A síndrome da "Miopia de Conteúdo" é real — e perigosa!

O Conteúdo não é apenas um sintoma, mas também uma *síndrome*, uma promessa fraca em si, mas não cumprida, de uma maneira mais experiencial e intencional de fazer negócios. Avisos e críticas sobre o estado atual do pensamento e da prática do Conteúdo são, acreditamos, amplamente justificados. Afinal, o fato de apenas uma em cada vinte peças de Conteúdo produzir qualquer engajamento e de cinco por cento dele produzir noventa por cento de todo o engajamento é de se fazer pensar. A máxima de Theodore Sturgeon que noventa por cento de tudo é ruim, aplica-se aqui também, não ajudado pelo fato de que em um ano a indústria tinha gerado três vezes mais material do que no anterior! O Conteúdo, em geral, não funciona — cair na mesma armadilha do silo de que ele deveria ser uma melhor alternativa a: publicidade ruim.

Parte do problema é o *hype*. Teoricamente posicionada como a nova resposta a tudo no marketing, a superestratégia do novo pensamento, perdeu a perspectiva de, atualmente, ser apenas uma pequena fração de uma pequena fatia das comunicações do mercado, em si uma pequena fatia de marketing. O outro problema é a paixão por "novos e brilhantes sistemas de entrega", "*martech*", que tornaram possível criar e publicar *algo* com maior rapidez e eficiência, sem parar para perguntar *o que* é e *por quê*. Esses "caminhões" de transporte de Conteúdos contribuem enormemente para a confusão dos meios de comunicação para o qual supostamente deveriam ser a solução. Contribuíram também para que uma parte maior dos orçamentos das comunicações fosse atribuída ao Conteúdo, ajudando no processo a gerar a percepção do futuro que chega — e a transformar cada vez mais o Conteúdos em uma "palavra C".

A reorientação estratégica agora é desesperadamente necessária, mas a dinâmica da indústria não é atualmente favorável a essa reorientação.

Os desafios éticos com Conteúdo e mídia moderna estão crescendo

Olhando para os desenvolvimentos diários, por vezes sente-se que há todo um complexo industrial empenhado em enganar o público. Opacidade das "armas de destruição matemática" algorítmicas, práticas de dados duvidosas, manipulação de "*dark UI*" e vício embutido nas plataformas modernas de tecnologia de consumo, a erosão das paredes entre o editorial e a publicidade — tudo isso contribui para a percepção de que cada vez mais práticas de marketing estão sendo "*black ops*" em uma implacável "corrida para o fundo do tronco cerebral". Em outras palavras, tentar contornar, de formas mais nefastas, as barreiras psicológicas e funcionais que contribuem para o desaparecimento da publicidade on-line.

Há um certo paradoxo nisso: são predominantemente os próprios benefícios do Conteúdo para os marqueteiros que são considerados um perigo para nós também; o fato de que ele não se parece com qualquer publicidade antiga e que poderia ser maliciosamente envolvente quando benfeito. Além disso, há ainda a questão de a tecnologia se tornar cada vez mais inteligente e mais "empática", alimentada com cada vez mais dados sobre nós, alguns dos quais fornecidos de livre vontade. Apesar dos enormes benefícios potenciais para a sociedade, o colapso acontece quando nós, enquanto consumidores e, mais importante ainda, cidadãos, perdemos o controle sobre isso. Já estamos vendo isso acontecer e, a essa luz, iniciativas como a GDPR parecem bastante diferentes do que apenas do ponto de vista da indústria do marketing. Uma das acusações mais graves do marketing de hoje baseado em dados é que ele está se tornando um negócio de vigilância.

O desafio ético mais sério para marcas, agências e a mídia moderna (plataformas) é, no entanto, o mais insidioso. É a acusação de banalização das nossas vidas. No Ocidente, pelo menos por agora, Orwell é largamente posto de lado; o sistema de pesos e contrapesos mantém a repressão à distância. Não temos que temer a fome de informação e o isolamento impostos pelo estado. Pelo contrário, temos que temer a ameaça do *Admirável Mundo Novo* huxleyano — o excesso de informação e a cessão aos nossos impulsos e opiniões fundamentais; a premissa de que ninguém tem de proibir quaisquer livros, pois muito poucos são realmente lidos; ninguém tem de esconder a verdade de nós, pois estamos nos afogando num mar de irrelevância; não somos controlados por infligir dor sobre nós, mas por infligir prazer. As marcas sempre entenderam "o apetite quase infinito do homem por distrações".

A forma como a indústria vai responder a estes desafios irá definir a forma como vamos viver no futuro próximo.

Novos espaços imersivos poderiam ser modificadores do paradigma "somente Conteúdo"

O que pode ajudar a responder aos desafios coletivos citados é a chegada de novos ambientes imersivos como AR e VR (misturados em MR) e assistentes virtuais inteligentes alimentados por aprendizado de máquina e IA. Altamente e emocionalmente carregados, empáticos e viscerais, eles não são gentis com as grosseiras interrupções publicitárias do passado. Algumas delas, como os assistentes virtuais, nem sequer são criados para serem interrompidos por marcas, ou pelo menos não temos modelos plausíveis para isso ainda sem incorrer em danos à marca. É marketing de permissão com energia nuclear. Neste mundo "sem fronteiras" que nos imergirá completamente, o Conteúdo pode significar algo completamente diferente dos resultados do momento, grande parte baseados em textos e filmes. Os Conteúdos podem, e irão, tornar-se parte do nosso ambiente, incorporados no nosso campo visual e inseparáveis do "R" (realidade).

É uma mudança de jogo, uma grande oportunidade, mas também uma responsabilidade enorme para as marcas. Contar histórias já não será suficiente; "contar histórias" e "viver histórias" se tornarão a norma. Pode acontecer que a nova realidade forneça os ingredientes-chave para a vitória final do *convite versus interrupção*. Mas, dadas a adaptabilidade e a criatividade das melhores marcas da sua história coletiva até agora, essa vitória ainda pode ser a promessa de um futuro mais distante. Uma coisa é certa: o pensamento no Conteúdo estará no centro da questão.

Epílogo — a história do Quaker

Os *Quakers* oferecem exemplos de líderes empresariais que fundaram bancos e outras grandes empresas que existem até hoje, como o Barclays e o Cadburys, cujo sucesso empresarial ajudou a financiar sua filantropia e provocar mudanças sociais. Eles tinham um propósito.

Para os leitores inclinados a tentar sentir algo ao pensar no Conteúdo como uma melhor promessa para fazer marketing no mundo digital por meio das formas abordadas anteriormente, aqui está um simples exercício de visualização *Quaker* para medir ações propositais.

Sente-se confortavelmente e feche os olhos. Imagine o mundo em que você, sua família e seus amigos gostariam de viver; por um período de cinco a dez minutos, pense nos relacionamentos que você tem, o que você faz e por quê.

Então construa sobre ele: pense no papel que você desempenha profissionalmente (ou pessoalmente) para fazer esse mundo acontecer; suas ações, a maneira como você conduz seu papel e negócio, a maneira como as pessoas trabalham, se comportam e interagem umas com as outras; como o negócio é feito geralmente em tal mundo e o impacto que tem sobre a sociedade, cultura, planeta...

Então, depois disso, toda vez que você estiver prestes a tomar uma decisão profissional ou fazer algo, faça a si mesmo duas perguntas simples: 1) Aumenta as chances de fazer com que esse mundo melhor aconteça?; 2) Diminui as chances de fazer esse mundo melhor acontecer?

Retire o quakerismo, e ele ainda funciona para todos, para tudo, incluindo a construção de marcas mais bem-sucedidas e de melhor Conteúdo. A menos que você tenha desafios morais intransponíveis — e os negócios globais modernos estão, muitas vezes, nas proximidades de tais posições — essa visualização criativa nos ajuda a enquadrar aonde estamos tentando chegar, em vez de deixar que qualquer estrada simplesmente nos leve a algum lugar.

Agradecimentos

Gostaríamos de agradecer aos nossos editores Jenny Volich, por encomendar este livro, Charlotte Owen, por nos apoiar com energia e otimismo durante um processo complicado de produção e Chris Cudmore, por sua presença tranquilizadora. Somos sinceramente gratos a todas as pessoas brilhantes que generosamente compartilharam suas ideias para o livro:

- Ana Andjelic, diretora interina da Agency, Fashion Tech Lab
- David Berkowitz, diretor de marketing da Storyhunter
- Rob Blackie, fundador da Rob Blackie Digital Strategy
- Adam Boita, diretor de marketing da Pernod Ricard UK
- Paolo Bonsignore, diretor de marketing global da Asko Appliances AB
- Mark Boyd, fundador da Gravity Road
- Mark Bullingham, diretor comercial de grupo na The Football Association
- Tia Castagno, diretora global de inovação da Vizeum
- Sylvia Chan-Olmsted, professora e diretora de pesquisa de

consumo de mídia na University of Florida, Faculdade de Jornalismo e Comunicação

- Patrick Collister, líder criativo na ZOO EMEA para o Google
- Izabela Derda, ex-chefe de entretenimento da Havas Sports & Entertainment e chefe de Conteúdo da Havas Media Group
- Gini Dietrich, diretor executivo da Arment Dietrich, Inc.
- Scott Donaton, diretor de Conteúdo da DigitasLBi_US
- Dom Dwight, diretor de marketing da Taylors of Harrogate
- Mara Einstein, professora de Estudos de Mídia no Queens College, City University of New York
- Ian Forrester, SVP Global, Insight at Unruly
- Bob Garfield, jornalista, apresentador do programa *On The Media*, WNYC
- James H. Gilmore, cofundador, Strategic Horizons LLP
- Andy Goldberg, diretor de criação da GE
- Tom Goodwin, vice-presidente executivo de inovação, Zenith USA
- Simon Gosling, futurista da Unruly
- Elena Grinta, professora-adjunta e cofundadora do Osservatorio Branded Entertainment (OBE)
- Chris Hackley, professor de Marketing na Royal Holloway, University of London
- Jonathan Hardy, professor de Mídia e Comunicações da University of East London
- Mark Higginson, diretor administrativo da Twenty Thousand Leagues
- Omaid Hiwaizi, diretor global de estratégia de experiência da Blippar
- Bob Hoffman, oficial chefe de agravação do Type A Group
- Thomas Kolster, fundador e diretor criativo da Goodvertising Agency
- Martin Lay, antigo diretor de marketing da GO Vauxhall
- Joe Lazauskas, chefe de estratégia de Conteúdo na Contently
- Grace Letley, diretora de inovação estratégica da Vizeum

- Rebecca Lieb, analista e sócia-fundadora da Kaleido Insights
- Tim Lindsay, CEO da D&AD
- Marshall Manson, sócio, Brunswick e ex-CEO da Ogilvy PR UK
- Antony Mayfield, CEO e sócio-fundador da Brilliant Noise
- Chris McCarthy, diretor de estratégia criativa no Google ZOO
- Andrew McStay, professor de Vida Digital na Bangor University
- Vince Medeiros, cofundador e editor do TCO
- Dejan Nikolic, cofundador e CEO da Content Insights
- Dave Norton, fundador e diretor da Stone Mantel
- Neil Perkin, fundador da Only Dead Fish
- Raymond Pettit, vice-presidente de análise da comScore, Inc.
- Alex Pickering, diretor de marketing de De'Longhi, Kenwood e Braun no Reino Unido e na Irlanda
- Edward Pilkington, diretor de marketing e inovação da Diageo na Europa
- B. Joseph Pine II, cofundador da Strategic Horizons LLP
- Jane Power, diretora de marketing e atendimento ao cliente da Bupa ANZ
- Mark Ritson, professor-adjunto da Melbourne Business School
- Robert Rose, conselheiro-chefe de estratégia do Content Marketing Institute
- Mark Runacus, diretor de estratégia, data and insight em Karmarama
- Douglas Rushkoff, professor de Estudos de Mídia e Ativismo no Queens College, City University of New York
- Sasha Savic, diretora executiva da Mediacom US
- Jan Sebastian Schmalz, gerente de projetos da Porsche AG
- Ryan Skinner, analista sênior da Forrester Research
- Paul Snoxell, sócio-fundador da SNOXISHERE
- Brian Solis, analista principal da Altimeter (a Prophet company)
- Mika Tasich, tecnólogo criativo
- Simon Thompson, diretor global de comércio digital do HSBC
- Ed Warren, diretor criativo de grupo na Sunshine

- Huw Watkins, consultor principal associado da Q5
- Richard Wilding, fundador e CEO da WMW
- Lee Wilson, chefe de SEO no Vertical Leap
- Mark Wnek, fundador e mentor-chefe do New Breed Talent Army
- Faris Yakob, fundador e diretor da Genius Steals LLC

Sobre os autores

Crédito da foto: Jonathan Cole

Lazar Dzamic, ex-chefe do planejamento de marca para a Europa Central e do Norte do Google ZOO, é um criativo estrategista, acadêmico e escritor. Sob sua orientação, o Google ZOO em Londres introduziu a nova disciplina de "Ciência Criativa de Dados", focada em explorar o vasto universo de dados do Google para desvendar insights emocionais para contar histórias criativas. Nas suas palavras: transformar a luz em calor. Ele também é um premiado diretor de planejamento em várias agências integradas de Londres e um autor best-seller em seu país natal, a Sérvia. Leciona na Faculdade de Mídia e Comunicação Social (FMK) da Singidunum University, em Belgrado, onde mora com sua família, um pequeno caderno de anotações e uma bateria.

Justin Kirby é consultor, educador e líder de criação com mais de vinte anos de experiência na indústria como estrategista digital, produtor e empresário. Ele tem escrito sobre o impacto das tecnologias interativas nos negócios e no marketing desde o início dos anos 1990, e entre seus livros estão *Connected Marketing: The viral, buzz and Word of mouth revolution* (2005) e a série *Best of Branded Content marketing* (BOBCM), que ele criou e comanda desde 2013.

Justin preside e ministra conferências ao redor do mundo, atua como juiz em prêmios, é consultor de marcas e agências e realiza palestras regularmente nos variados níveis de conhecimento nos campos de publicidade, negócios, design e marketing.

Nota do editor

Foram feitos todos os esforços possíveis para garantir que as informações contidas neste livro fossem precisas no momento da publicação. A editora e os autores não podem ser responsabilizados por quaisquer erros ou omissões, independentemente da causa. Nenhuma responsabilidade por perdas ou danos causados a qualquer pessoa agindo, ou abstendo-se de agir, como resultado do material desta publicação pode ser aceita pelo editor, pela editora ou por qualquer um dos autores.